U0940044

·译 序·

白开元

罗宾德拉纳特·泰戈尔（1861—1941）是印度大诗人。他从八岁开始练习写作，一直到逝世前口授最后一首诗——《你创造的道路》，创作生涯长达七十余年，为后人留下九万余行的各类诗作。

其实，泰戈尔也是一位散文高手。编入孟加拉语《泰戈尔全集》的散文集多达五十六部，书信是他散文的重要组成部分。

泰戈尔在寄给五哥五嫂的书信中，以诙谐的语言记叙首次远离亲人的落寞心情，面对浩瀚大海的奇特感受，第一次洗土耳其蒸气浴的乐趣，令他心旷神怡的山川湖泊、田野村落，显示出状写景物的非凡才华。此外，他辛辣讽刺个别旅英孟加拉人崇洋媚外、无聊地模仿英国陋习的拙劣行径，对某些英国人的傲慢、偏见和无知做了无情抨击。他把旅英生活的体会用与亲人面对面交谈的口语抒写出来，开创了以白话文写散文的先河。

泰戈尔写给妻子、儿孙的信给人留下的深刻印象是，他是一个感情专一的丈夫、教育有方的父亲和极为慈祥的爷爷。

在进行文学创作的同时，泰戈尔与文友广泛交流，阐述他所遵循的美学理论，表达他对各种文体作品的睿智看法，也总结他的深切体会和审美经验。

泰戈尔认为，“作者心里，有一种人性，作者的外部社会中，有另一种人性。这两者相聚的结果使文学中诞生新人。在这些新人中间，作者的本性和外部的人性建立联系，否则，就没有生动的创作”。他对有些人把“资产阶级或无产阶级的属性”贴在文学作品上，以及根据作者阶级出身评判其作品的做法表示极大不满。他说他作品中展现的，是极其质朴的人性，反映历史是次要任务。

用泰戈尔认可的艺术尺度去衡量他和其他文豪的作品，不难发现，以缜密构思、精当语言表现人性的作品，至今广为流传。而以某个历史事件为题材的作品，则仅具有史料价值。泰戈尔的文论或许能给当代作家一些有益启示。

1890年，泰戈尔遵从父命，只身前往河流如网的孟加拉水乡，经管祖传田庄近十年。他在写给侄女英迪拉的大量信件中告诉我们，他在农村结识了在城里从未接触过的社会底层的各种人物，感受到了他们的喜怒哀乐，从而拓宽了视野，积累了丰富的文学素材。他的创作风格不知不觉从浪漫主义转向了现实主义。这一时期他写了散发乡土气息的诗集《金色船》《瞬息》《收获》，以及《邮政局长》等一批优秀短篇小说，给人以耳目一新之感。

恒河平原一幅幅绚丽景色让泰戈尔陶醉，但孟加拉农民的赤贫和生存环境的恶劣，震颤了泰戈尔的心。他心中萌生了帮助他们脱贫致富的念头。经过深入考虑，他把创建合作社和兴办教育当作人生两大目标。作为一个富家子弟，他后半辈子致力于帮助农民走上富裕道路的执着精神，是令人钦佩的。

泰戈尔一生关注国家和人类的命运与前途。1919年，印度发生阿姆利则惨案，泰戈尔在致印度总督切姆斯福特勋爵的公开信中，愤怒宣布放弃英国政府授予他的爵士头衔，对殖民政府的血腥暴行表示强烈抗议。在给圣雄甘地的复信中，他指出甘地的理想“就是印度的理想”。他赞同甘地倡导的非暴力不合作运动，呈上两首短诗，对甘地的崇高事业表示支持。

泰戈尔曾十二次远涉重洋，访问几十个国家。出访期间写的大量书信记录了他的所见所闻和与各国人民的友谊。

1927年泰戈尔访问爪哇，受到外国元首般的盛大欢迎。他写给亲人的信中描述了那里淳厚的世风民情，给他留下美妙回忆的佳美兰乐器演奏，典雅柔美的巴厘舞蹈以及两大史诗对爪哇文化的深广影响。他访问爪哇的一大成果，是把爪哇的蜡染技艺带回印度，从此流传开来。

1930年泰戈尔访问俄国期间写给亲友的信表明，这次访问是他人生道路上的重要里程碑。在座谈会上，他就土地所有制、人权、家庭、自由等问题，与苏俄有关人士进行深入探讨。虽然他不能接受苏联政府采取的某些强制性措施，但许多闻所未闻、见所未见的巨变，使他深受鼓舞。他盛赞“普及教育的完美措施和教育事业的迅速发展对印度群众来说是一个神话故事”，他看到了“从前躲藏在贫穷后面的工农群众，如今昂首阔步走在社会的最前列”。他将俄国天翻地覆的变化与苦难阴影笼罩的印度做了比较，看清了西方国家的文明对印度显示武力的本相。他对暴力革命的疑虑终于消散，呼吁印度人民起来与殖民当局做斗争的声音更加高亢：那警察的袭击算不了什么，告诉我们的后代，勇往直前吧！

在近代的世界文豪中，泰戈尔与中国有着特殊的亲密关系。1937年7月7日发生卢沟桥事变，泰戈尔在支持中国人民抗战的公旁。用完餐起身时，我的脑壳里发生了混战。我看不清东西，腿挪不动，摇摇晃晃，勉强走了两步，一屁股瘫坐在长凳上。旅伴搀扶我走上甲板，我用力扶着栏杆站定。那是个漆黑的夜晚，天空乌云密布，冰凉的海风迎面袭来。客轮向两侧喷着火花，茕茕独行在杳无人烟无边无际的海上。海水哗哗地涌涨，四周是望不尽的浓稠幽暗。这是何等沉闷的氛围！

我未能站多久，头晕得厉害，赶紧抓住旅伴的手返回客舱，倒在床上。一连六天，我没有力气抬一下脑袋。我们的侍者不知何故向我投来十分爱怜的目光，白天有一顿没一顿地给我送菜送饭。我毫无胃口，一口没吃。他向我发出警告："你老不吃饭，过几天会瘦得像只老鼠。"他表示愿意不辞辛苦，为我效劳。我一再感谢他，下船给了他比口头致谢更加实惠的玩意儿。

六天后，客轮即将抵达亚丁，大海平静了一些。我们的侍者进舱，耐心地劝我起来活动活动身子。我听从劝告，挣扎着从床上爬起来。果然，我羸弱得像老鼠，脑袋仿佛尖了，和肩膀很不协调；四肢仿佛是偷来的一件肥大衣服，极不熨帖。出了客舱，我蹒跚着走上甲板，斜倚船舷。在舱内闷了几天，此时沐浴于海风中，有一种死而复生的舒畅感觉。

正值正午时分，忽然，我看见海上行驶的一条木船。四周望不见海岸，我和别的旅客都非常惊奇。听见木船上的人扯开嗓门呼喊，客轮徐徐停下。木船上的几个人划着舢板靠近客轮，从软梯上爬了上来。他们是阿拉伯人，前往阿曼首都马斯喀特，途中迷失方向。偏偏船上的淡水桶被撞破，水流了个精光，可是船上有许多旅客。

客轮的水手给了他们足够的淡水，展开一张航行图，指示航向，告诉他们大约几天的航程。他们千恩万谢地下船去了。我担心他们能否平安到达马斯喀特。

9月28日，星期六。早晨从梦中醒来，只见前面是重重叠叠的山峦。这是一个晴和、美妙的黎明，旭日喷薄而起，海面异常安谧。山区的景致如此绚丽，我难以用语言描述。山顶上的彩云低垂着，仿佛吮吸了过量的阳光，站不住，慵懒地倚着峰巅。镜子般清澄、平静的海面上，滑过一条条帆船。一幅美丽的海滨画卷展现在我们面前。

客轮停靠亚丁港，我提笔写家信。刚写了台鉴，就发觉经过几天折腾，脑子里乱糟糟的。智力王国呈现无政府主义状态，不知该怎样往下写。文思犹如蜘蛛网，一捅就破，理不出头绪来记叙旅途经历。我落到这步田地，未能及时寄信给你，但愿你觉得没有理由生我的气。

我对大海不那么尊敬了。想象中的大海和我亲眼看到的大海，相去甚远。站在岸边觉得大海宏阔、壮丽，但到了海上，它似乎变样了。感觉上的变化是有缘由的。我伫立孟买的海滩遥望大海，蓝天碧水在地平线交汇。我曾遐想我穿透地平线的屏障，扯起地平线的帷幔，我面前便出现无际的碧水。地平线后面说不清道不明的东西，曾在我的想象中浮荡，那时未想到地平线后面还有地平线。行至大海中央，客轮仿佛不动了，稳定在地极圈内。地极圈如此窄小，严重限制想象的飞翔。不过，你看，实情应当严加保密。从蚁垤[1]到拜伦，历代骚人墨客，凝望大海，心潮起伏，诗兴大发。我若不如此，岂不叫人耻笑！处于伽利略的年代，我这样胡言乱语，说不定也会身陷囹圄。也许，这么多诗人歌颂大海，我说几句怪话，无关紧要。我觉得，波涛澎湃的沧海的确十分壮美，不幸的是，浪卷波翻，我就头晕，壮美的景致旋转得模糊不清。

我走出客舱，引起其他旅客的注意，我也暗暗打量他们。我生来畏惧女性。同女旅客擦肩而过，总怕发生麻烦。查诺格先生活到今天，肯定建议我离开女性一万尺远。我不敢与女旅客接近的缘故，首先，是怕思想王国发生可悲的混乱。其次，担心一张口说出不得体的话，惹得心胸狭隘的太太、小姐又羞又恼。要知道，她们向来不能容忍违背她们习俗的言谈举止。再次，在她们礼服的茂林里徜徉，难免局促不安；用餐若为她们切肉、切烤鸡，心不在焉难免切断手指。思之再三，我打定主意，远远地躲着她们。我们船上不缺少女性，但男士们一路上抱怨她们中间没有一个摩登女郎或迷人的倩女。

从亚丁到苏伊士，客轮航行五天。经欧洲大陆赴英国的旅客，下了船在苏伊士换乘火车，前往亚历山大港。另外一艘客轮在那儿等候他们。登上那艘客轮，穿越地中海，直达意大利。我们是过境旅客，必须在苏伊士下船。

我们在苏伊士换乘火车。铁路两边是绿色的农田，有的地方，

[1] 印度史诗《罗摩衍那》的作者。

枣树挂着一嘟噜一嘟噜的枣子。田野里镶嵌着一口口水井，一间间农舍。房子是四角形的，没有立柱、游廊。四壁开一两扇窗户，谈不上什么建筑美。不过，我以前想象非洲从头到脚是漫漫黄沙，此时纵目远眺，并未见到那种模样。绿原上枣树林中闪现的黎明，我认为十分迷人。

我第一次踏上欧洲的土地，到达一个陌生的国家之前，想象那一定是个神奇的国家。真的身临其境，神奇感竟荡然无存。听我说到了欧洲不觉得新鲜，有的旅客不禁露出惊诧的神色。

火车向前飞驶。我们终于见到了慕名已久的蒙特塞尼斯大隧道[1]。法国人和意大利人从山的两端同时挖掘，几年后，双方准确地在山中央会合。火车穿越大隧道花了整整半小时。黑暗中，我有一种憋闷的感觉。列车里昼夜亮着灯，因为几乎每隔五分钟就驶进一条隧道，见到阳光的时间极短。从意大利到法国，一路欣赏清溪、江河、镜湖、村庄、崇山峻岭，忘却了旅途劳顿。

上午到达巴黎。安顿停当，我们到土耳其浴室洗澡。先坐在一间温暖的屋子里，不一会儿，有些人大汗淋漓。我不出汗，被带到更热的屋子里，这间屋子像火炉，睁着眼，眼睛火辣辣的。几分钟后，我受不了了，出来时汗水汩汩地往外冒。在另一间屋里躺下，一个人高马大的侍者为我全身按摩。他一丝不挂，肌肉发达的健壮躯体，我从未见过。我暗自思忖:“捏我这只‘蚊子’何需他这门‘大炮’呀!”他夸我身材颀长，假如横里再长些肉，在人们眼里将是个

[1] 此处指仙尼斯峰铁路隧道(Mont Cenis Railway Tunnel)，1857年开工，1871年完工。

标准的美男子。他手脚不停地为我按摩近半个小时。降生凡世后我的肉身沾染的污秽，全被他擦净了。按摩完毕，他带我到另一间屋，用热水、香皂、海绵一丝不苟地洗刷我的身子，然后在毗邻的屋里手提大水壶往我身上浇热水。突然，热水没了，浇上来的是冰似的凉水。热水、冷水轮番浇完，叫我站在一个大水箱里，上下，左右，前后，箭一般的水朝我身上喷射，在砭人肌骨的“箭雨”中站立片刻，我胸膛里的热血仿佛都凝结了。像战场上的败将，我喘着气哆嗦着走了出来。旁边是池塘样的水池，问我愿意不愿意下去游泳。我断然拒绝。我的旅伴扑通一声跳了下去。浴室的人看着他游泳，大发议论：“瞧，瞧，姿势太难看了，跟狗似的。”

土耳其浴室里的沐浴到此宣告结束。我觉得，到这里洗澡和把身体送到洗衣房去，是一回事。

告别巴黎，渡过英吉利海峡，我们到了伦敦。映入眼帘的是黑烟、阴霾、雨雾、泥浆和人们来去匆匆的神态。我从未见过像伦敦这样阴郁、昏暗的城市。我在伦敦待了一两个小时，离开伦敦时，长长地舒了口气。我的朋友告诉我，初识的伦敦不惹人喜欢，住了一段日子，交往多了，才能看清她的风姿。

罗毗[1]

1878年

[1] 泰戈尔的小名。

二

五嫂：

几天前，我们参加化装舞会。那天前来参加舞会的男女络绎不绝，身着各种各样的服装。宽大的舞厅，被煤气灯照得如同白昼，舞厅的一角，乐队在为六七百名俊男美女演奏舞曲。大厅里拥挤得无立锥之地，可把它称为德里的“月光市场”。

每间房里，一群男女手拉着手，急速地旋舞，简直是一对对疯子。每间屋里有三四十对舞伴，实在太挤了，难以计算多少人碰了别人的肩膀。有一间屋成了香槟酒的“俱卢战场”[1]，到处是肉和酒，人如密林。姑娘们不间断地跳舞，脚不停地挪动两三个小时。

一位女士装扮成雪山女神，浑身雪白，身上装饰的珠子，在灯光下闪闪发亮。另一位英国女人装扮成穆斯林妇女，穿一条红灯笼裤，外罩过膝的绸裙，头上缠的一块布像帽子，装饰得体。另一位打扮成孟加拉姑娘，主要服饰是一条纱丽和一件胸衣，外面是一条披纱，比穿英国服装显得更俏丽。还有一个女子打扮成英国女仆。

我装扮成孟加拉地主，身穿的绒布上衣和缠头布点缀着金丝银线。我们中的另一位装扮成阿逾陀的领主，所穿的白绸裤、白绸衬衫、肥大的白绸罩衣和头上的缠头巾，以及束的腰带，都缀有金线。阿逾陀的领主们也许不穿这种衣服，他会被发现是假领主的。我们另一位孟加拉人装扮成阿富汗司令。

---

[1] 印度史诗《摩诃婆罗多》中般度族和俱卢族激战的战场。

上星期二，我们应邀参加一位绅士家举办的舞会。黄昏出门，通常穿御寒的厚衣服，但晚会上穿薄黑毛料衣服才符合风俗。作为晚装之一的衬衣，必须洁白，一尘不染，外穿开胸毛料背心，白衬衣的前部露在背心外面，脖子上系白领结，最外面是一件燕尾服。燕尾服前面至腰部敞开着，与我们前下摆至膝盖的制服不同，它前面的下摆至腰部，但后面的下摆不开口，像尾巴似的悬垂着。入乡随俗，我们不得不穿尾巴悬垂的制服。参加舞会，要戴一双白手套，因为，跳舞要拉着女士的手，男士光着手，会弄脏女士的纤手。她们戴手套的话，手套也可能被男人的手弄脏。在别处与女士握手，得脱掉手套，但在舞厅，恰恰相反。

言归正传，九点半钟，我到了他们家里。舞会还没有开始。女主人站在门口，与特别熟悉的来宾握手，对陌生的来宾点点头表示欢迎。在这个白人的国家，举办家庭舞会，男主人不起重要作用，他出面接待客人，或者在卧室酣睡，谁也不介意。

我们走进客厅。煤气灯光下，客厅十分明亮，上百位美女的丰姿之光，使煤气灯光黯然失色，这儿正欢度“容貌节”。一进客厅，不禁觉得眼花缭乱。客厅的一侧，乐师们在弹钢琴，拉手提琴，吹笛子。四周墙边，摆着椅子。墙上的几面镜子，反射出耀眼的煤气灯光和迷人的美姿。舞厅的木板地不铺地毯，打上蜡，在上面行走不小心会摔倒。地板越滑，越适合跳舞，因为光滑的地板上，行动自如，脚不费劲儿，轻飘飘地滑过来滑过去。

楼房四周的布局有些像回廊，具有隐蔽性，树木茂盛，放着几张长凳，被称为恋人的幽会林。跳舞跳累了，或者厌烦人声嘈杂，青年男女就来到这幽静之处，沉浸于甜蜜的谈情说爱中。

走进舞厅的时候，给每位客人一张烫金节目单，上面写着今晚演奏的舞曲。英国舞分为两类，一类是男女旋转的舞蹈，通常是两个人一起跳；另一类舞由四对舞伴面对面站成四角形，手拉着手，交叉着挪步，做出各种舞蹈造型，有时不是四对，而是八对舞伴。旋转的舞叫圆形舞，交叉走动的舞叫方形舞。

舞会开始前，女主人介绍男女来宾，即把一位男来宾带到一位女来宾面前，说："张小姐，这是李先生。"张小姐和李先生于是互相点头致意。与张小姐认识之后，李先生如想和她跳舞，就从口袋里掏出那张烫金节目单，客气地问："您被邀请跳某某舞了吗？"张小姐如说"没有"，李先生就得说："我能和您共享某某舞的欢乐吗？"张小姐如说"谢谢您"，这意味着李先生时来运转，可与张小姐共享此舞的欢乐了。于是李先生在节目单上舞名的旁边写上自己的名字，在张小姐的节目单上写上邀请者的名字。

舞会终于开始。旋转—旋转—旋转。一间客厅里，大约有四五十对舞伴在欢舞。人靠人，人贴人，这一对舞伴碰到那一对舞伴，然而依然旋转—旋转—旋转。随着节奏分明的舞曲，一双双脚有节奏地挪动，舞厅里气氛极为热烈。一支舞曲终了，跳舞随之结束。男舞伴把女舞伴带到餐厅，那里的餐桌上摆满水果、甜食和酒。两人尽情享受，或者坐在幽静的树林里，喁喁低语。

我不善于与生人交往，有的舞我跳得非常熟练，但也不愿和陌生人一起跳。说真心话，我不喜欢邀请别人跳舞的方式。与经常交谈的人跳舞，心情当然不会不愉快。如同玩纸牌那样，哪个人与水平极差的人合作，免不了对搭档发火。舞场上的女人也常常对舞技蹩脚的舞伴流露出厌烦情绪。我的舞伴说不定在跳舞的时候暗暗诅咒我尽早归天，舞跳完了，我松了口气，她也如释重负。

记得第一次进入舞厅，我大吃一惊。我看见一百多位白种女人中间，竟有一位棕色皮肤的印度姑娘。见到她，我的心情十分激动，我急不可耐地想和她交谈。哦，多少天我没见到棕色面孔了！她脸上布满孟加拉姑娘淳朴、文雅的表情。我也见过很多英国姑娘温文尔雅的表情，可说不清与她的不同之处是什么。她的发式也与孟加拉姑娘相似。我终于明白，天天目睹白皙面孔和裸露的无羁的美，我心里有些厌烦了。不管怎么说，英国姑娘完全是另一种人，我还没有接受所有的英国生活方式，能让我与她们敞开心扉交谈。我没有勇气超越平日熟悉的行为规范。

罗毗

1878年

三

五嫂：

这封信里，我简单介绍一下这儿家境富裕的时髦女性的情况。如欲把她们管教得服服帖帖，得设法让她们在印度那些厉害的婆婆和守寡的小姑子身边待几天。她们是豪门富户的女儿或显赫人物的妻室。她们有用人，自己不动手干活儿，有管家统管一切家务，有护士照看她们的孩子，有家庭女教师辅导她们的子女学习，料理其他琐事。此外，你猜猜看，她们还有何事可做呢？只剩下一件，那就是梳妆打扮。可梳妆也有侍女侍候，并非光是她们自己动手。从早到晚，她们手中捏着完整的白天。早晨躺在床上，紧闭门窗，不让阳光射入，她们硬是把白昼压短了。她们斜卧在床上用早餐，十一点之前离开卧室，就认为起得很早了。起床后的第一件事是梳妆。具体细节，未曾亲眼看到，没法告诉你。

据说，最近沐浴是英国的一种时尚，不过流行的地区尚不广大。有夫之妇允许裸露的部位——面庞和颈项，一天之内，数次仔细地濯洗。身体的其他部位，她们看不到有那么细心擦洗的必要，因为，勾魂的主要魅力在脸部，只要脸不生锈尽可高枕无忧。身体的其他部位，一个月用海绵擦洗两次，她们认为就足够了。我住在一个英国人家里，他们听说我每天洗澡，感到很为难。他们家里没有盆浴设备，只得借来一只浅底圆浴盆。

有人来做客，与客人交谈是家庭主妇的职责。同时来许多客人的话，她的责任是把寒暄和笑颜平均地分配给众人，不能同某个人说很长的话，给某个人过多的关照。这是一项艰巨任务，恐怕要多次练习，方能应付自如。我发觉，她们通常对某一位来宾说完一句话，立即望着众人莞尔一笑。有时则看着一个人开始说话，一面说一面环视所有的客人。有时像发牌那样唰唰唰地把一句句话撒向一个个客人，说得如此之快，如此娴熟，让人感觉到她们手中捏着一大沓言词的纸牌。比如，她们对一个人说：“早晨天气真好，对不对？”随即飞快地转身看着另一个人的脸说：“昨天晚上，妮尔松太太在音乐厅唱的歌，太好听了!”所有入座的女宾，一个接一个为妮尔松太太唱的歌加添形容词，一个说：“好听，非常优美。”另一个说：“令人陶醉!”第三个说：“无与伦比!”第四个做结论般地说：“难道不是这样吗?”在我看来，这是每天上午，必须重炒的一碗“套话”的冷饭。

尽管如此，客人照样来来往往。女主人经常捐款给伦敦的缪蒂图书馆，从那儿经常借几本借期很短的小说，拿回来阅读、咀嚼。

此外，还有爱情的表演，媚笑和甜言蜜语的交换，矫揉造作的气恼。男宾冷不丁说句俏皮话，女宾便举起纤小的拳头，嗲声嗲气地训斥:“啊——你这个坏东西，调皮鬼，烦人的家伙!”顿时，引起一阵哄堂大笑。如此这般，迎接客人，送别客人，阅读新出版的小说，创造和追求时髦，娇滴滴地调情，乃至谈情说爱，是她们的“例行公事”。

如同我们国家从小为女孩准备嫁妆，不必让女孩念太多的书，因为女孩长大了不去上班，这儿的女孩也只做适度包装，让女孩学到结婚所需要的文化知识，以便日后以出阁的价格出售。例如，学会唱歌，弹钢琴，熟练地跳交际舞，结结巴巴讲几句法语，织毛衣，做针线活儿，女孩就成为五彩玩具，可以陈列在婚姻商店的橱窗里了。在这方面，一位印度姑娘和英国姑娘的差别，相同于印度玩具和英国玩具的差别。我们的孟加拉姑娘不必学会弹钢琴和其他手艺。印度姑娘和英国姑娘都读几年书，两者都是为被送到婚姻商店出售做准备。在这儿，男人是主宰，女人对他们绝对忠顺。对妻子发布命令，在妻子的心灵上套笼头，任意驱使，是上帝赋予丈夫的权利。

除了时髦女郎，英国还有各种各样的女人，否则，世界就原地不动了。中产阶层的妇女轻重活儿都得干，她们没有颐指气使的资本。早晨起来，首先巡视厨房，检查厨房是否干净，是否已购买适量物品，是否已放在固定的地方。接着，吩咐家里人去购买必要的食物、佐料，要动脑筋精打细算，尽量省钱。昨天剩下的肉骨头，今天凑合用它熬一碗汤。前天用餐完毕，剩下几块肉，今天把它变个花样，又送上餐桌，等等，等等。之后，要为孩子织袜子，做衣服，甚至缝制自己的大部分衣裙。她们命中注定享受不到阅读小说的福。我发现她们至多能看报纸，而且不是所有的人。许多人的文化知识只达到读信、写信、看发票和记账的水平。她们说："政治和其他大事，让男人们去倒腾，我们只配做些其他小事。"软弱是这些女人的骄傲，她们中许多人不累就趴倒了。她们对待知识的态度，同样令人沮丧。她们理直气壮地说："先生，我们不懂那些高深学问。"知识的贫乏和脑筋的迟钝，成了她们炫耀的本钱！

这儿中产阶层的女性不认真学习文化知识，她们的丈夫并不为此懊丧，她们的生活由琐事凝聚而成。傍晚，丈夫从工作单位回到家里，她们送上一个亲吻（不言而喻，不同的家庭，吻的热烈程度有所不同）。家里已为丈夫生了壁炉，菜饭准备就绪。晚上，妻子做针线活儿，丈夫绘声绘色地为她朗诵小说。壁炉里火很旺，屋里暖融融的。外面正下雨，门窗关闭着。妻子也可能一面弹钢琴，一面为丈夫唱歌。中产阶层的家庭妇女心地纯朴。虽然她们未能进入高等学府深造，但她们的知识面很广，思维敏锐。在英国，交谈是增长知识的手段。她们从不深居简出，她们与男女朋友聊天。亲朋聚会，议论复杂的社会问题，她们专心倾听，发表自己的观点。耳聪目明的人关注哪些事情，如何审视，她们心里一清二楚。因此，围绕一个话题，她们从不提出令人吃惊的幼稚问题，从不目瞪口呆地坐着，她们非常自然地与亲朋好友谈天说地。应邀参加聚会，她们从不阴沉着脸，从不羞怯，她们在熟人身边不做过分亲热的动作，也不远离他们，保持着合乎社会礼仪的距离。她们在人前神情愉快，脸上总挂着亲切的笑容。尽管她们不太幽默，但从别人的笑话中得到充分的享受。她们由衷地赞扬她们喜爱的事物，听到有趣的事，禁不住开怀大笑。

罗毗

1878年

1879 年

写给乔迪宾德拉纳特[1]的信

一

五哥：

与印度相比，这里的房间既矮又小，窗户关死，吹不进一丝风，阳光透过玻璃射进来。这种小房间一生火，暖烘烘的，适宜过冬。

一连三四天，天空布满厚厚的灰云，淅淅沥沥地下着雨，四下里一片昏暗。我独自坐在黑乎乎的小屋里，心情烦闷，度日如年。不光是我，英国人遇上这种鬼天气，也忍不住要咒骂。他们的恶劣情绪，此时自然不合圣典的要求。

这里的房子，门窗洁净，进屋不见灰尘。地毯严实地覆盖着地板，楼梯擦得锃亮。一眼望过去，眼睛感到不舒服，那是房东所不能容忍的。他们拾掇的主要目的，就是连小物品也让你看得顺眼，即便是丧服，也觉得雅致。

我们所说的“干净”有不同的含义。英国人饭后不漱口，原因是漱口水从嘴角淌下来极不雅观。在他们眼里，不雅观即不干净。这儿感冒咳嗽是常见病，房间里放个痰盂很有必要。可是痰盂这劳

[1] 泰戈尔的五哥。

什子不雅观，绝对争不到房间的一个角落，吐痰问题全靠手绢来解决。印度关于干净的概念大不相同，房间里乐意放个痰盂，厌恶上衣兜里携带那腻味的东西[1]。这儿眼睛是太上皇，口袋里的手绢无人看见，包什么悉听尊便。但头发要洗净、梳平，面孔、双手保持清洁，不洗澡也无妨。英国人衬衣外面有西装、大衣，整件衬衣看不见，只有袖口、领口露在外面。有一种衬衣能扣上假领口，拆下单送洗衣房，方便之处是穿脏了不用换衬衣，换换假袖口、假领口就行了。

这儿女用人腰里系的围裙，没有什么东西不擦，你见过闪闪发亮的玻璃盘吧，那就是万能消毒剂——围裙擦出来的，但无伤大雅，一点不难看，印度的所谓“肮脏”加不到他们头上。这儿缺少清洁意识，归功于冬季。不管什么什物，印度人不用水洗就认为不干净，但这儿大可不必用一盆盆水刷呀冲呀地折腾一番。冬天物品不会很快弄脏，食物不容易腐烂。全身裹得严实，躯体也不会沾那么多灰尘。总之，保持清洁有众多便利。

印度讲究卫生，可是保持清洁方面又表现出不该有的懈怠。好端端的池塘，什么脏物不往里扔？浅坑里水黄乎乎的，照样洗澡。前胸后背抹些油，在池水里泡两泡，我们的想象中，肉体已经无比圣洁。与身体和饮食有关的东西，我们弄得相当干净。但房间不那么整洁，有时甚至很乱很脏。

我结识的英国人越来越多。他们中的穆先生是个中年大夫。他

[1] 指吐在手绢里的痰。

是一位纯正的英国人，不喜欢英国以外的任何东西。英国对他来说就是整个世界。他想象的翅膀从未飞过多佛尔海峡。由于想象力贫乏，他觉得不可思议的是，不按照十章《圣经》行事的人，说谎怎么会心慌。他的论据主要源自对非基督教徒的道德准则的怀疑。谁不是英国人，谁就不是基督教徒。作为见所未见的一个创造物，非基督教徒竟会有人性，他想不通。他的座右铭是：快乐地学习，快乐地教人。但依我看，他该学的东西甚多，可传授的学问甚少。他的英国文学知识少得出奇。他阅读几份月刊，获得微不足道的浮浅知识。他感到奇怪的是，一个印度人居然是什么学校的毕业生。当地妇女冬天把手插在圆形毛织品内御寒，她们叫它 muff。初到英国，见到这新鲜玩意儿，就问穆先生那是什么东西，我的孤陋寡闻使他惊骇得如同从高空坠落下来一般。

我看许多英国人犯一种通病：他们以为我对英国的一切了如指掌。有一回我参加舞会，一位少女问我："您觉得那位新娘漂亮吗？"我被问蒙了："谁？这儿有新娘？"舞厅里那么多姑娘，鬼知道哪位是新娘。她吃惊地说："新娘头戴一朵柠檬花，您认不出来？"

我认识的两位葛小姐是牧师的女儿。她俩是大忙人，从早到晚，照管梅迪那村的居民，安排星期日业余学校的课程，筹建工人戒酒协会，为工人组织文娱活动。她俩尤其关心外国侨民，向我们通报城里何处举办艺术节，带我们去欣赏。早晚抽空和我们聊天，常常带着男孩子来教我们唱歌。好几天我和她们一起在街上闲逛。她们对我们可谓关怀备至，体贴入微。

葛大小姐为人谦和，性格内向，回答问题好像总无把握，含糊其词地说："是——不——大概——不清楚——"有时想不出该说什么，有时说了半句哽住了，找不到恰当词句。问她对某一事件的看法，她吞吞吐吐，面露难色。要是问："你看今天会下雨吗？"她回答："怎么说哩。"她绝不胡乱猜测。她不明白我不指望从她口中听到卜算灵验的《吠陀》经典。

我尚未见到第二个女性像葛二小姐那样豪爽开朗。她的神情给人的印象是，她心里没有一道伤痕。她为人热诚，跟人说话总是笑容满面。可是生活非常简朴，从不浓妆艳抹，矫揉造作。

有一天，穆大夫请我们参加晚宴。邀请的主要目的不是吃饭，而是为大家提供一个相聚、娱乐的机会。我们准时到他家里，步入客厅，向主妇表示敬意，然后与其他来客互致问候。客厅不大，客人很多，椅子不够用，大部分男士站着交谈。每来一位女士，主人或主妇把她介绍给我们。我们同她寒暄几句，在她身边或站或坐片刻。交谈一般以天气为发端。女士说："今天天公不作美啊。"我们无疑得表示同感。她接着猜度，对我们印度人来说，这样的糟糕天气是不堪忍受的，并真诚希望天空马上转晴，等等，等等。从天气这个话题，往往引发一通高论。

出席晚宴的两位佳丽，不消说，晓得自己相貌出众。在英国，"美貌"受到膜拜，"玉容"不会忘记推销自己，容貌的傲岸从不沉睡，四周不绝于耳的恭维使它终日清醒。舞厅里，美女的价格昂贵，为获得与之共舞的殊荣，男士的邀请接踵而至。众多的男士随时准备为她效劳。英俊、潇洒的男子也颇受青睐，是客厅里女士们的darling（亲爱的）。

我估计你读到这里肯定迫不及待地要来英国了。你这个美男子来到这个女性追慕风度翩翩男人的国度，四周顿时响起：

泰戈尔和五哥乔迪宾德拉纳特

暴风似的吁吁娇喘，
雷云轰鸣似的惊叹。
扑簌簌滚落的香泪，
如倾盆大雨一般。

出席晚宴的葛氏姐妹是公认的绝色佳人，不知为何默默无言，表情严肃。葛大小姐生性不爱交际嬉笑，自始至终占据墙边一张椅子。葛二小姐身靠椅背，也旁若无人地坐着。我和另一位男士身负逗乐她俩的重任，不幸的是，我不善辞令，不是此地所谓的光彩夺目的人物。

主人一直等待请一位精通声乐的中年妇女弹钢琴的机会。女宾中她最年长，打扮下的功夫也最深，十指戴满戒指。我若是东道主，见她戴超量的戒指，心里早就明白，她在家里就下定了献艺的决心。

她弹完一支曲子，女主人一再热情地请我唱歌。我进退维谷，我知道他们并不特别爱听印度歌曲，但做一个受欢迎的客人的难处，又在于无法逃出可笑的境地。

梯先生重重咳嗽两声，作为我唱歌的序曲。客厅里立刻安静下来，我艰难地完成了任务。与此同时，礼貌的堤坝被女宾的笑声震裂。她们有的机灵地把笑声转化为咳嗽；有的假装拾落在地上的东西，弯下腰隐藏笑声；有的无计可施，把脸藏在伙伴的背后；比较镇静的，用眼神互拍电报。那位中年女音乐家的脸上，漾着一丝轻蔑的微笑。我见了，全身的热血顿时变成冰水。

唱完歌，我满面通红。客厅里响起一阵赞扬声，但领教了女宾们的笑声之后，我没有把赞扬声收进耳朵。

这儿的聚会名目繁多，什么聚餐会、舞会、游园会、茶话会、单身汉联谊会、草坪联欢会、野餐等等。达克尔先生说，如果说欧洲大陆残存着一些分散的不幸的社会的话，那么较之其他社会，英国社会的突出之处，就在于它是个经常举行晚宴的社会。

罗毗

1879年

二

五哥：

什么东西引起初到英国的孟加拉人的特别关注？进入英国社会，孟加拉人最初有什么感受？我暂且不从亲身经历来回答这两个问题，因为我尚无发表议论的足够资格。带我到英国的几位孟加拉人，旅居英国多年，洞悉英国，我现在和他们住在一起。来英国之前，我听了他们的详细介绍，所以，对我来说，这儿的新鲜事物寥寥无几。

与当地人交往的过程中，我并未一步一个跟头地学会礼节，故而先不谈个人感受。这封信里，只写几位孟加拉人对我讲述的经历。

他们启程前往英国，轮船上为旅客服务的英国侍者，首先使他们陷入尴尬境地。他们先生长先生短地叫那些侍者，吩咐侍者做事，心里别扭得很。总之，旅途中他们异常窘迫。他们说让他们感到难堪的事情里，不单有惶惑，更有羞耻。举手投足，寒暄交谈，唯恐不合社交礼仪。在船上与英国人接触的机会不多。有些英国人刚刚离开印度，见到叫惯了他们老爷的我们这些印度人，高鼻子冲天，耸耸肩膀，转身离去。偶尔遇到文明的英国人，见你孤单无伴，主动打个招呼。他们是彻头彻尾的"文明"人，一般出身于豪门贵族。

这儿的街巷里麇集着约翰、琼斯、托马斯姓氏的英国人。到达印度的一个地区，他们的尊姓大名就传遍那个地区。他们手执皮鞭子（不光为驯服胯下的马）骑马走过一条街，满街的人诚惶诚恐地为他们让路。他们做一个手势，印度一个王国的御座就晃动起来。因此，他们一时"神经错乱[1]"，我看不出这是什么异常现象。前世、今世没骑过马的人，让他骑马，他势必挥动鞭子抽打坐骑。他不知道拽一下缰绳，马立刻朝前奔跑。

然而，常常也能遇见一两个高雅的绅士。他们在常驻印度的英国人身患严重"传染病"的威胁下，仍旧保持性格的纯真。他们拥有不可抗拒的支配权和统治权，却并不骄横。住在印度不受社会纪律的约束，奴仆前呼后拥，对于高尚的灵魂，这是一种严峻考验。

[1] 指英国人主动和孟加拉人打招呼。

言归正传，客轮已经停泊在英国的绍达姆卜顿港。孟加拉旅客弃船登岸，乘火车很快到了伦敦。下车时，一位英国士兵迎上前去，谦恭地问他们有何需求，他能为他们做些什么。他帮助他们取行李，叫来一辆出租车。他们在心里感叹："啊，英国人真懂礼貌。"他们未曾预料英国人如此彬彬有礼，连忙把一先令塞到他手中。塞吧，任何一个孟加拉青年，受到任何一个白人的礼遇，都会毫不心痛地破费一先令。

对我讲述往事的朋友，是旅英孟加拉人。他们已记不清当年见了英国各种细小物品有过什么想法。依然记得的，是给他们留下深刻印象的人和事。

到达英国之前，他们的旅英朋友为他们租了房子。他们进屋一看，里面铺着地毯，挂着名画，竖着一面很大的穿衣镜，此外有卧床、几张椅子、一两个玻璃花瓶。靠墙是一台小钢琴。天哪！他们急忙叫来朋友，怪怨道："我们是来过贵族生活的？我们的父母不是百万富翁。这样的房子，我们住不起。"

他们的同胞觉得可乐，忘了好多年前初来乍到，也出过同样的洋相。蓦然想起新来者是为填饱肚皮犯愁的孟加拉人，他们用见多识广的口吻说："这里每间屋子都有这些陈设。"新来者感慨万端地回忆：在国内，住一间潮湿的屋子，木板床上铺条苇席。几个人在抽水烟。几个棋迷光着脚，下身围块布，专心下棋。院子里系一头黄牛，墙上贴着牛粪饼，游廊里晾着湿衣服，等等，等等。他们说开头几天坐在椅子上，躺在软榻上，围着桌子吃饭，在地毯上踱步，感到很不自在。坐在沙发上，一动不动，生怕弄脏弄坏沙发，总觉得沙发是房间的装饰品，使用不当，损坏了，房东是不会高兴的。这就是他们当初的心态。

另外还有一件要事相告。英国存在称作房东的高级动物，与房客有着千丝万缕的联系。讨价还价，交房租，购买食物，样样事情得找他们。我的朋友们前脚进屋，后脚来了一位英国女人，语调温和地向他们道声早安。他们语无伦次，对她们的文明态度给予恰如其分的物质回报，手足无措地站着。看着旅居英国的同胞坦然地和她交谈，他们惊奇万分。想想看，这是一个穿鞋戴帽、衣着整齐的活生生的英国女人呀！新来的孟加拉青年不禁对旅英同胞肃然起敬，不敢妄想有朝一日非凡的勇气也使他们挺起胸膛。安顿好新来的朋友，老房客们打道回府，拿他们的无知足足取笑一个星期。

上述的那位女房东每天客客气气地问新房客："你们需要什么，不需要什么?"他们说，听她说话，心里特别舒服。他们中间的一位说，有一天不知为什么第一次发火，稍稍严厉地训了她几句。那一天，他兴奋不已，尽管那天太阳不曾从西方升起，高山不曾行走，烈火不是冰冷的。

他们住在铺着地毯的房间里，心满意足。他们说："在国内，我们从未有过一样叫作自己的房间的尤物。我们家里，十几个人进进出出。我正在写文章，哥哥在旁边摇头晃脑地背书。家庭教师坐在苇席上，大声教小弟弟念小九九。这儿，我自己的房间里，书摆得整整齐齐，找书很方便。文化用具各就各位，不必担心哪天三五个小孩进来弄得乱七八糟；哪天下午两点从学院回来，发现三本书不翼而飞，找了半天，原来我的小外甥女和她叫来的小朋友，躲在角落里看书上的插图哩。这儿，我坐在房间里，门虚掩着，谁也不会闯入，总是敲了门再进来。房前屋后，没有叫嚷、号啕大哭的小孩。幽静的住所，不受任何骚扰。”所以，一提起印度，他们的脾气就变坏。

印度的男士很少同英国现代男性社会交往，因为同他们交往，需要一副洒脱、愉快的面孔，用期期艾艾、软绵绵的语气拘谨地应答“是”“不”是让人瞧不起的。应邀的哪个孟加拉客人，在餐桌上能用沉着、温和的声调，与邻座的女性说一句半句甜蜜的悄悄话，与女宾为邻享受到的天堂的快乐，便同时从他的头发、他的鞋跟、他的全身泄露出来?！可见孟加拉人在女性社会拥有市场。孟加拉的闺阁射不进阳光，但出门要戴面纱的满月般的秀脸，足以使四壁生辉。我们的心鸟飞出幽深的闺阁，飞进玉容的自由的月光中，胸襟豁然开阔，于是情不自禁地放声歌唱。

一天，我们新来的孟加拉青年，首次应邀赴宴。宴会上，外国人得到高规格礼遇。他挽着主人年轻美貌的女儿的玉臂，款款地在餐桌旁落座。我们孟加拉人不能自由地与本国女性接触，初到英国，一时半会儿摸不透英国女人的心思。出于礼节的考虑，她们笑容满面地倾吐幽默，让我们开心，其真意我们未必领会。我们甚至突然感到，某位女士脉脉含情地凝视着我们。于是，我们那位孟加拉青年毫无顾忌地对英国小姐讲述印度的种种陈规陋习，称他热爱英国，无意返回印度。最后煞有介事地吹嘘自己。例如，他在逊德尔大森林里猎虎，几次死里逃生。那位机灵的小姐看出他爱上了她，自尊心得到极大的满足，又朝他的心口射去一支支蜜语之矢。

咳，这也许是高明的编造！哪儿有印度少女羞怯地应答“是”

或“不”，她们的嗓音是那么轻微，在面纱后面便隐逝了。哪儿有金发女郎的朱唇间倾泻的甜言蜜语，像无从获得的琼浆玉液在听众[1]的血管里奔流!

或许你已猜到，用下等材料塑成的名叫孟加拉人的一样物件，成为称作旅英孟加拉人的一种杂烩了。我没有从头到尾详写整个演变过程。他们的潜移默化，由许多小事聚合而成，一一道来，是一部精彩的长篇小说。

要认清旅英孟加拉人的面目，必须在三种场合进行观察，即观察他们在英国人面前是什么态度，在孟加拉人面前是什么态度，以及他们在同类面前又是什么态度。观察他们在英国人面前的神情，你会大饱眼福。他们说每一句话，始终让温文尔雅压塌肩膀。发生争执，他们小心翼翼地择选最软的词汇驳斥对方，讲了不同意见，急忙表示十二万分的遗憾，请对方给予十二万分的谅解。一个旅英孟加拉人默默地坐在一个英国人面前，不管要不要讲话，他的每一个动作，每一个表情，都显露出登峰造极的谦恭。你注意一下他在同类面前的模样，就能窥见他的本性。一个旅居英国三年的孟加拉人，对在英国仅住了一年的孟加拉人，态度十分傲慢。这三年的和一年的之间发生争论，你准看到三年的有一种高屋建瓴的气势。他用那种姿态、那种语调说的每一句话，仿佛早已与文艺女神萨罗莎蒂反复推敲，是不容更改的最后结论。对与之争论的同类的观点，他不时嗤之以鼻:“荒谬绝伦!”或者当面讥笑:“你这个傻瓜!”

[1] 指泰戈尔自己。

在一回，一个孟加拉人问正在闲聊的同胞："请问先生做什么工作?"旁边一个旅英孟加拉朋友恶声恶气地训他："瞧你，问得多么荒唐!"那副腔调让人感到，一如撒谎、偷盗等悖违教典的训诫，问他人的职业亦属大逆不道。

我们有一天谈到印度的祭祀，父母故世，一家人吃素，不化妆，等等。

一位旅英年轻人问我："先生，你肯定认为这是陋习吧?"

"为什么是陋习?"我吃惊地反问。"我看哪，亲戚亡故，如果英国人吃素，印度人不吃素，你必定加倍憎恨不吃素的印度人，并认为不吃素，印度才如此衰落。"

你可能知道，英国人觉得十三个人一桌吃饭不吉利，一年之内，必有一人丧命。旅英孟加拉人请客也从不请十三个人，问他为什么忌讳十三，他坦率地说："我自己不信那一套，但请来的客人害怕，只好按他们的规矩办事。"同一天，一个旅英孟加拉人星期天不许他亲戚的男孩在人行道上玩耍，问他这样做是不是太过分了，他理直气壮地反驳："街上的行人会怎样看我们呀?"

有几位孟加拉人宣称，他们要在印度推广英国的公寓出租制度，这是他们唯一的志向。另一位孟加拉人决心改革孟加拉社会，他觉得英国成双成对的男女跳舞非常顺眼。他观察一些普通事情上英、印两国男女性的差异，接着像稚童那样就某些细节冥思苦想，坐卧不安。一位定居英国的孟加拉绅士抱怨："印度的女孩不会弹钢琴，不能像英国姑娘那样落落大方地接待客人，几天后登门回访。"如此这般，他们历数一件件小事，拿印度和英国做比较。"愤怒计"显示，他们的火气腾地越过了血压警戒线。由趣味相投的一群朋友簇拥着的一位孟加拉新潮人物，大发感慨："想到回归故里，几个女人围着我一把鼻涕一把眼泪地絮絮叨叨，回国的欲望顿时烟消云散。"换句话说，他希望妻子一见到他，立刻叫喊着"宝贝，亲爱的"，发疯似的扑上去和他拥抱，接吻，脑袋贴粘着他的脖子，凝立不动。

餐桌上一般手持刀叉朝下叉切食物。你看他们那么专注地研究朝下叉切食物的原因，不能不对他们产生三分敬意。哪种外套的款式时髦？现代贵族穿肥裤还是窄裤？跳华尔兹舞还是波尔卡舞、玛祖卡舞？吃了鱼再吃肉，还是吃了肉再吃鱼？他们都掌握了绝对可靠的情报。这些鸡毛蒜皮的事情，孟加拉人竟然反复琢磨，符合不符合人家的习惯，非弄他个水落石出。这种锲而不舍的精神，英国人听了恐怕也要自叹弗如。其实，你用刀吃鱼，英国人见了不会惊讶，他晓得你是外国人，但旅英孟加拉人在场，少不得让你尝尝讽刺的滋味。你要是用雪利酒杯饮香槟酒，他圆睁着眼望着你，仿佛你的无知破坏了世界的幸福和安宁。黄昏你若身着晨礼服，他会像法官似的下道命令把你关进冷清的"单身牢房"。看见哪个孟加拉人返回英国后吃羊肉蘸芥末，他不阴不阳地来一句："你走路干吗不头朝地脚冲天？"

我注意到一桩怪事：孟加拉人在洋人面前抨击同胞和本国风土人情，措辞之激烈，远远超过从小在印度长大的英国人的咒骂。他随心所欲地胡诌瞎编，开心地嘲笑印度的封建迷信。他说印度有个名叫帕维贾尔吉的团体，由吟唱《毗湿奴颂歌》的歌手组成，还详细地介绍他们的巡回演出。逗笑聚会者的热望，驱使他笨拙地模仿印度土著舞女跳的不登大雅之堂的舞蹈。聚会者一面欣赏一面捧腹大笑，使他更加得意。他由衷地希望谁也不把他当印度人看待。孟加拉的假洋鬼子的一块心病，就是怕人识破他的真相。一个孟加拉人走在街上，另一个印度人上前搭讪，用印度斯坦语问一两个问题。他一听怒火中烧，一言不发，扬长而去。他巴望谁见了他都不知道他会讲印度斯坦语。一位有音乐天赋的孟加拉侨民采用罗姆勃罗沙德调创作一首民歌，上封信里，我抄了一部分。大作的其余部分，我回忆起来了，现抄录如下 。作者不是崇拜湿婆之妻萨玛[1]的歌手罗姆勃罗沙德，而是喜马拉雅山之女柯丽的信徒。他对柯丽唱道：

母亲，来世我是一个洋人，
一头金发，戴个礼帽。
抹掉倒霉的土气和姓名。
母亲，我握着一只白皙的纤手，
漫步回廊花亭；
我把脸扭向一边，
怕只怕她见了黑脸叫我黑人。

前面我提到的房东，有义务为房客服务。房客多了，他们雇用人或叫亲戚来帮忙。外国人多半愿意租美貌的女房东的房子。搬进赁房，他们很快与房东的年轻女儿打得火热。两三天之内，房东就

[1] 萨玛是湿婆妻子的名字之一。

为房客起个英文名字。再过一礼拜，赠给房客一首以其姓名为题的诗作。有一天，房东的女儿给房客送去一杯热茶，嗲声嗲气地问："要不要放糖呀？"他笑容可掬地回答："不，纳莉，你摸过这杯茶，我看就不必放糖了。"

我认识的一位旅英孟加拉人，亲切地叫房东的女佣"二姐、三姐"。他对"二姐、三姐"尊敬得不得了。哪位"二姐、三姐"来到他房间或隔壁房间，他的同胞要是唱歌，嘻嘻哈哈地开玩笑，他会羞得无地自容，连忙阻止："安静，安静！埃米丽小姐看见你们这副样子，会怎么想呀！"

我记得在国内的时候，我们宴请一位从英国归来的朋友。席间，他喟叹道："吃饭没有女性作陪，对我来说，可是破天荒第一遭儿。"

这儿一位孟加拉侨民宴请朋友，也请了房东和女用人。她们中有一位穿着脏衣服。主人彬彬有礼地请她更衣。她机敏过人地婉拒道："你钟爱的人，邋里邋遢，你照样爱她。"

我再简述一下旅英孟加拉人的另一怪癖：他们多数不承认自己已经结婚，因为在年轻的处女社会里，已婚男子价钱低廉。自我介绍未婚，与英国处女交往，放肆一些无妨；自我介绍已婚，未婚的女伴就不容你出格了。因此自我介绍未婚，能多占便宜。

有些孟加拉人发现他们处于我的描写之外，但孟加拉侨民的一般相貌，在我所见所闻的基础上大致已得到了反映。

归国的孟加拉人的境况如何，不得而知，不敢妄加议论。但在印度住了一段日子返回英国的孟加拉侨民的情况，我大体了解。他们不再那么热爱英国。他们纳闷：是英国变了，还是他们自己变了？

过去，他们喜欢英国的任何东西，现在他们不喜欢英国的冬季、雨季，回国一点儿不伤心。他们讲以前非常爱吃草莓，认为在他们吃过的水果中，草莓的味道无与伦比。这几年莫非草莓的味道变了？比起草莓，他们更爱吃印度的水果了。以前他们对英格兰德芬希亚尔产的冰淇淋的偏爱，简直到了无以复加的地步，可现在觉得印度的酸奶更加爽口。

孟加拉人只要回到印度就业挣钱，建立家庭，养儿育女，他们的根便扎进祖国的泥土里，心情变得恬淡。下班后跷着二郎腿，摇扇纳凉，满足于平平稳稳地消度岁月。

罗眦

1879年

三

五哥：

这儿仍是夏天。美丽的太阳悬挂中天。两点钟已敲过。温煦的微风，像印度冬日中午的风那样怡人。外面阳光照在身上暖洋洋的，也使人产生落寞之感。此时的心情，不知如何对你倾诉。

现在我们到了隶属德芬希亚尔的达尔吉市，住在海边，寓所隐藏在山的怀抱里。天气晴朗，没有云彩，没有浓雾，也没有幽暗，到处是树木，鸟儿歌唱，花儿吐艳。在坦波里兹·威尔士逗留的时候，我曾想，爱神如果住在那儿，就得在一片片灌木、荆棘林中搜寻，摘来三四朵野花，为他制作花箭。但在达尔吉市，野花取之不尽，爱神如果发明格林机关枪似的花箭，每分钟发射一千支，昼夜不停，那爱神的箭库，也不会罄空。这儿遍地是野花，走路踩花不可避免。我们每天上山游玩，看见牧人在放牛、放羊。山路极陡，上下很困难。有的山路特别狭窄，被两边高大的树冠遮暗。为登山方便而修筑的石级已经破败，石缝中滋生了蔓草。四下里洒满温醇的阳光，一阵阵热风，使我们想起印度。气温稍高一点，就可以看到，比起伦敦，这儿的生灵更没有精神，马慢悠悠地踱步，行人没精打采，疲疲沓沓，没有一点儿朝气。

我非常喜欢这儿的海滩。潮水涌来，海边巨大的礁石沉入水中，只有礁顶露在水面上，看似微型岛屿。水边屹立着高高低低的山崖，水浪长年累月地冲刷，使底部形成洞穴。潮水退去，我们钻进去坐在岩石上。洞里积储几泓清水，海藻东一堆，西一堆，闻得到大海沁人心脾的气息。上下左右怪石嶙峋，我们多次试图摇动那些怪石。每回我们捡到许多形状各异的贝壳。

有的山头斜悬在水面上。有几天，我们奋力爬上险峻的山头，俯视汹涌起伏的海浪。哗哗的涛声不绝于耳，扬帆的小木船在海面上滑行。四周阳光灿烂，我们头上撑伞，头枕石块，躺着聊天。消除疲倦的这么好的所在，别处还有吗？每次上山我总要找个山石环围、林木遮翳的幽谷，安安静静地读一会儿书。

罗毗

1879年

四

五哥：

我现在住在卡先生家里。卡先生，他的夫人，他们的四个女儿、两个儿子、三个用人，我，以及名叫戴维的一只狗，组成一个特殊家庭。卡先生是医生，须发几乎全白了，但体格健壮，精神矍铄。他性格温善，和蔼可亲。卡太太把我当作亲人，天冷我不穿厚衣服，少不得受她的嗔怪；一日三餐，她觉得我吃少了，就非要我吃到她认为肚子已填满为止；英国人惧怕咳嗽，哪天我偶尔咳嗽两声，她马上命令我停止洗澡，叮嘱我服十几种药；临睡前，吩咐用人端来热水，看着我烫了脚才放心离去。

卡先生家里，卡大小姐起得最早。她下楼后第一件事是检查早餐是否准备就绪，往火炉里加添三四铲煤，餐厅不一会儿便温暖如春。少顷，楼梯上响起沉甸甸的脚步声，卡先生龇牙咧嘴地哈着气来到餐厅，烤烤手脚、前胸后背，拿着报纸坐在桌旁，照例先吻大女儿，再和我互道早安。他是个乐天派，总和我开几句玩笑，然后拣重要的新闻念给我听。

卡先生一杯咖啡下肚，另外两个女儿才一阵风似的下楼，亲吻父亲。父女之间有君子协定，哪天她俩比父亲起得早，哪天卡先生给她俩二十五先令作为奖励，反之，罚款五先令。奖金、罚款，微乎其微，但日久天长，她俩该得的奖金，已有两三英镑之多。每天早晨，债权人向债务人索债，债务人总是一笑了之。卡先生有时理直气壮地撒赖：“这太不公道!”我每每被推到仲裁人的位置上：“哎，泰戈尔先生，您说，赖账是文明行为吗?”由于拖欠太久，卡先生已是“债台高筑”。

第五位进入餐厅的是卡太太。我们一般九点半前用完早餐。卡大公子第一个吃完，急匆匆地去上班，卡先生的小儿子、小女儿吃饭时间最长。哟，我忘了狗先生——戴维，它一直在炉边烤火。它体形小巧，蓬松的长毛遮住眼睛、脸盘。尽管年事已高，一只眼睛瞎了，却仍然得宠，习惯摆出一副王爷的架势，除了客厅，没有一间屋中它的意。平时它高踞于一张最华贵的椅子上，椅子被占领，它只得蹲在旁边另外一张椅子上，显出愤世嫉俗的神情。

戴维早餐的份额是三块饼干。领到配额，它静静地等我和它玩耍：抢下它叼着的饼干，在地板上滚。早先我起晚了，它叼着饼干蹲在卧室门口汪汪汪叫，看到我被打搅有些气恼，现在不再叫了，轻轻地用爪子推门，默默地等待。我开门出来，它摇着尾巴又蹦又跳，喜悦之情溢于毛发。接着瞧一眼饼干，瞧一眼我的脸。

用完早餐，卡太太戴上手套，指挥女仆从四楼到一楼拾掇物品，打扫房间，擦拭门窗。她在厨房里一张一张看购买肉类、蔬菜和面包的票据，记账付款。有关家庭要事，上楼请示，由卡先生定夺。

她还检查厨房里物品是否收拾干净，是否放在固定的地方。买的肉肥瘦是否合适，是否缺斤少两。偶尔也和厨娘一起做菜。从早晨到中午一点多钟，一件事接着一件事，忙得不亦乐乎。

大女儿常常是她的帮手。二女儿每天用掸子打扫客厅。女用人用拖把拖地，而物品上落下的灰尘，总是由女主人亲手拂去的。三女儿缝制枕套、袜子、椅子布套，写信，练习唱歌、弹乐器，是家中最主要的歌手和乐手。

今天学校放假，小儿子和小女儿正玩得开心。

一点半，用完午餐。大家各忙各的。

这时，往往有客人来访。卡太太也许戴着老花镜，在客厅里正缝补卡先生一双破袜子；小女儿正在为未来的小侄子织一件毛衣；二女儿得空坐在火炉旁边，读一本格林写的英国历史书；大女儿也许看望她无话不谈的知心朋友去了。

大约三点光景，客人来了。女用人在客厅里大声通报："埃先生和埃太太……"说话间，他们已经进来。家庭主妇和女儿放下袜子，合上书本，对他们表示热烈欢迎。

主人和客人首先就天气交换一致的看法。埃太太接着谈一则趣闻：欧克斯先生四十三岁上患了麻疹，四天未能上班，昨天才去上班。同事们就他的麻疹无情地嘲笑了他一番，当然也有人对他表示同情。谈话就麻疹这个话题进一步展开。卡太太说，吉先生的三儿子也患了麻疹。接着自然而然地谈到吉先生堂叔的妹妹伊小姐旅居澳大利亚，最近与上尉波先生结了婚。

海阔天空地聊了半天，客人才起身告辞。

下午，我们有时一起外出散步。六点左右回家用晚餐。饭后大约七点钟，大家坐在客厅里。炉火很旺，客厅里暖融融的。我们坐在炉火周围，常常弹琴唱歌。我已学了几首英语歌，是卡小姐教我的。我唱歌，通常是卡小姐伴奏。不过，晚上也抽一些时间学习，一星期六天，轮流学不同的书籍，一般要学习到夜里十一点半或十二点。

我和两位卡公子关系融洽，他们管我叫“阿泰尔叔叔”。小女儿埃塞尔希望我是她一个人的阿泰尔叔叔。她哥哥汤姆提出当我侄儿的要求，她非常恼火。汤姆故意逗她生气，大叫一声“我的阿泰尔叔叔”，她立刻紧紧地搂着我的脖子，噘着小嘴，呜呜哭泣。

纯朴的汤姆一刻也闲不住。他长得胖乎乎的，头大，嘴也大，常常一本正经地提些古怪的问题。

“喂，阿泰尔叔叔，耗子成天干什么?”有一天他问我。

叔叔回答:“它们偷吃厨房的食物。”

他皱着眉头想了想:“偷吃? 嗯，为什么偷吃?”

“它们饿了。”

回答引起汤姆的反感。他受到的教育是，不问一声拿人家的东西，属于不道德的行为。他一句话不说，就走开了。

埃塞尔不顺心哭鼻子，汤姆总是好言劝慰:“哦，可怜的埃塞尔，别哭了，可怜的埃塞尔!”埃塞尔觉得自己是贵妇人，有一回坐在椅子上板着脸，怒斥汤姆:“别来打搅我!”汤姆不小心摔痛了直掉眼泪。我逗他:“嘿，男子汉哭什么?!”这时埃塞尔快步跑到我身边，神气活现地说:“阿泰尔叔叔，我小时候在厨房里摔倒了，可我没哭。”我的天，她小时候!

诺先生——大夫的大儿子，住在家里，但我经常见不到他。他白天在办公室，傍晚才回家，难得见上他一面。他和伊小姐双双坠入了爱河，俩人情投意合，如胶似漆，星期日一起在教堂做两次礼拜。卡大公子平时下午一有空就去恋人家喝茶，星期五必定在她家用晚餐。两位情人在一起是何等快活，再也不愿和家人一道消闲。星期五傍晚哪怕天塌下来，卡大公子照样洗梳金发，脸上抹雪花膏，穿上刷净的外套，提着伞出门。有一天出奇地冷，卡大公子不住地咳嗽，我猜他将改变常规，岂料刚敲七点，他打扮整齐又赴宴去了。

不长的时间内，我与卡家结下了深厚友谊。卡二小姐实话相告：她们起初听说一位印度绅士要住在她们家，心里怕极了。她和小妹妹躲到亲戚家里，一个星期不敢回来。后来得到确切消息，这个印度人没有文身，两片嘴唇没有缝合挂上首饰，这才放心地回家。但她们说头两天同我说话，仍不敢正面看我，大概是怕见到奇特的模具里浇铸成的面孔吧。后来见了，不知有何感想。

住在卡家，我真是“三生有幸”。每天晚上，唱歌，弹曲，读书，愉快地消度时光。现在，埃塞尔是一刻也离不开阿泰尔叔叔了。

罗毗

1879年

1889年

写给英迪拉·黛维[1]的信

媲媲[2]：

维伊鲁比调乐曲的旋律飘进耳朵，人心里对世界就产生一种神奇情感。似乎有一只规则之手在不停地转动着器官之柄，随着凄凉的嘎嘎声，从宇宙中心，仿佛袅袅传出一支沉郁的乐曲。于是，上午的太阳光线全变得暗淡，树木仿佛在默默地聆听。天空仿佛弥漫着人世的泪雾——换句话说，仰望高远的天空，似乎觉得有一双不瞬的蓝眼睛闪烁着泪光，俯视着大地。

加尔各答泰戈尔家族故居朱拉萨迦

叔叔罗毗

加尔各答

1889年6月

[1] 泰戈尔的侄女。

[2] 英迪拉·黛维的小名。

1890年

写给穆丽纳里妮[1]的信

小媳妇[2]：

今天我们将抵达一个叫亚丁的地方。许多日子之后，终于又将看到陆地了，但不能在那儿下船，原因是怕把那儿的传染病带上船来。到了亚丁要换船，这是一件特麻烦的事情。

这次海上旅行途中，我又生病了，真是一言难尽啊。一连三天，稍微吃点东西，马上吐得精光。头晕得厉害，身子摇摇晃晃，不想起床，真不明白，人居然还活着。

我记得很清楚，星期日夜里，我的灵魂脱离躯壳，飞回了朱拉萨迦。你睡在一张床上，身边躺着小丫头蓓丽[3]。我同你稍稍亲热了一番，我说，小媳妇，你记住，今天星期日夜里，我脱离身躯，回家与你相会了。等我从英国回来，我要问你，你可曾见到我。接着我吻了蓓丽，又悄悄地回到船上。我病倒的时候，你们会想起我吗？

旅途中我神魂不宁，急于回到你们身边。此时此刻，老觉得已

[1] 泰戈尔的妻子。

[2] 穆丽纳里妮的昵称。

[3] 泰戈尔大女儿玛杜丽洛达·黛维的小名。

泰戈尔和新婚妻子

没有老家一样的地方了。回国进了家门以后，再也不想到哪儿去了。

上船一星期，今天第一次洗澡。可洗了澡，一点儿也不舒服。用咸海水洗澡，全身黏糊糊的，头发讨厌地缠结在一起，身子怪难受的。我打定主意，下船之前，再也不洗澡了。大约一星期之后到达欧洲，踏上那儿的陆地，才能过真正的人的日子。

今天夜里，尽管海风凉爽，客轮并不剧烈摇晃，身上也无病痛，可大海丝毫不惹人喜爱。一整天，坐在船顶上一张大椅子上，不是和洛肯[1]聊天，想心事，就是看书。晚上在船顶上铺张席子躺下，尽

[1] 洛肯特罗纳德·帕里特的简称。

量不进船舱。进了舱房，浑身不得劲。夜里突然下起了大雨，不得不把席子挪到雨水溮不到的地方。大雨从那时一直下到现在。

昨天阳光明媚。我们船上有两三个小女孩，她们的母亲去世了，这次跟着父亲乘船去英国。我看着这几个可怜的孩子，同情心油然而生。他总带着她们散步。他没有钱为她们买漂亮衣服，不知道今后怎样过日子。她们在雨中跑来跑去，他劝阻她们，可她们说在雨中玩得很开心。他听了微微一笑，也许看到她们玩得很快活，就不再阻止。默默地望着她们，我想起了自己的孩子。昨天夜里，我梦见了蓓丽。她来到了船上，她太美了，太漂亮了，我简直无法形容。你跟我说说，我回国的时候，应为孩子们带哪些礼物？收到这封信，如写回信，也许我在英国可以收到。记住，星期二是往英国发送邮件的日子。替我多亲亲孩子们。你也让我亲吻几下。

泰戈尔

马沙里亚号船上

1890年8月29日

1891年

写给英迪拉·黛维的信

一

媳媳：

我热爱静静地偃卧着的大地，我真想伸出双臂，拥抱她的树林、河流、原野，拥抱她的喧阗、岑寂，拥抱她的黎明、黄昏，拥抱她一切的一切。

我们从大地获得的财富，难道能从天堂获得？我不知道天堂赐予了什么，但像人世间如此温柔、如此软弱、满心忧郁、不完美的人的这种珍宝，是从哪儿送来的呢？我们的泥土母亲，我们的大地，在她生长着金色作物的农田，在她仁慈的河流两旁，在交织着苦乐、爱情的村寨里，把千千万万贫困的人心中泪水的珍宝装在怀里送来了。

我们这些不幸者却无力珍藏，也无力保护。各种隐秘的强大势力，扑过来从我们的怀里抢走那些珍宝，但可怜的大地仍然力所能及地做着自己的事。

我深爱这片热土，她的脸上是广袤的愁容，她好像在心里说，我是大神的女儿，可我没有大神的威力；我爱人，可我保护不了人；

我开创了一项项事业，可一项也没有完成；我给予新生，可阻挡不了死神伸过来的手。

我贫苦的母亲是如此无助，如此孤苦，有着那么多的缺憾，终日怕失去爱而忧心忡忡，为此我仇视天堂，更加爱她的茅舍。

叔叔罗毗

卡里格拉姆

1891年1月

二

媲媲：

哪个欧洲国家也有印度这样空廓、澄明的蓝天和一望无际的原野，不得而知。这样的地貌使我们的民族得以发现大千世界的无穷离情。我们的普尔比调和杜里特调歌曲表现的是大千世界内心的喟叹，而不是一家一户的恩怨。世界的这块土地是勤劳的、温柔的，但有局限性，它的情感没有机会对我们的心灵施加影响。世界的恬远、罕见而无限的情感，使我们变得冷漠。所以，弦琴弹出多变的维伊鲁比调歌曲，紧紧地吸引印度的心。

叔叔罗毗

波迪夏尔

1891年1月18日

三

媲媲：

我吩咐水手把船泊在公事房对岸的沙洲旁边，下船心里感到特别舒畅。这一天和四周的氛围都让我觉得非常惬意，我真不知道如何对你讲述。

我和广阔的原野仿佛是久别重逢，她惊讶地说：“啊——是你！”我几乎同时说道：“啊——原来是你！”说罢我俩并肩而坐，不再说话。河水在潺潺流淌，河面上阳光熠熠闪耀，空旷的沙洲上生长着一丛丛灌木。流水声，中午宁静的光照，树丛里几只鸟的呖呖啼鸣……这一切组成神秘梦境。

我真想做一番细致的描写，不写别的，就写这潺潺的流水声，这阳光灿烂的时光，这空清的沙洲。每天巡游我都想动笔，写作是我的癖好，我一再在心里对自己这样絮叨。

驶过了几条大河，我的船进入一条小河。河边村姑们在沐浴，洗衣服，有一位穿着湿淋淋的纱丽，戴着面纱，左胳肢窝下夹着水罐，晃动着右手往家走去。男孩子浑身是泥，欢叫着互相泼水。一个男孩没腔没调地瞎唱：“宝贝呀，叫我一声爷爷！”

目光越过高高的河岸，看得见不远处村里的茅草屋顶和竹篁的枝梢。浓云消散，太阳露面了，蜷缩在天边的残云，像一团棉絮。吹来的风已有一丝暖意。

小河上没有太多的船只。只有几只尖头小船满载着干树枝和劈柴，在木桨“豁哧豁哧”疲惫的划水声中慢吞吞地行进着。岸上，渔夫把网挂在竹竿上晾晒。上午农村的活计仿佛停顿了片刻。

叔叔罗毗

希拉伊达哈

1891年2月

四

媳媳：

篷帆高挂，船儿在朱木那河上行驶。左侧的河岸上，黄牛在吃草。右侧的河岸看不真切。湍急的河水冲击着河岸，泥块扑通扑通落进水里。奇怪，这么大的河上，除了我们这艘船，竟看不见第二只船。周围的河水哗哗地流淌，清风呼呼地吹拂。

昨天傍晚，船泊在一片沙洲旁边。这是朱木那河的一条小支流，一边是大片的白沙，杳无人影；另一边是翠绿的农田，远处有一座村庄。

我不知道我还会说多少次，这河流、田野、村庄上的夜晚是多么幽美，多么阔大，多么安宁，多么深邃，然而只有默不作声时才能深切地体验，接着讲话，必然异常激奋。

当夜色中一切景物渐渐变得模糊不清，只能隐约地看见河水和堤岸的界线，树木和农舍融为一体，眼前是一个混沌的宏阔世界时，恍惚中我觉得，这是童年时代我读过的童话中的神奇世界，那时，科学的世界尚未形成，创造刚开始几天，整个世界笼罩着苍茫暮色和令人毛骨悚然的死寂。那时七大海洋十三条大河边，迷宫中倾国倾城的公主沉入千年酣睡。英俊的王子和大臣的儿子——他的随从，策马奔驰在德邦达尔平原上，排除千难万险，去寻找公主。

这儿仿佛就是那遥远的广阔世界的清寂河畔，弥漫着憧憬、幻想和迷茫。你也可以认为，我就是那个多情的王子，胸怀实现不了的愿望，在夜色中徘徊。这条小河是那十三条河中的一条，我尚未到达那七大海洋。在许多鲜为人知的河畔，在许多陌生的海滩，未来的月光溶溶的静夜，在等待我。

之后，翻山越岭，洒下一串串泪水，忍受许多痛苦，有一天我的故事忽然讲完了。你也恍然省悟，我刚才是在讲故事，故事讲完了，夜深了，现在孩子们该睡觉了。

叔叔罗毗

朱哈里 水路上

1891年6月16日

五

媲媲：

昨天收到回复的电报，杂事料理停当已是黄昏时分，我吩咐船夫解缆起航。

天上没有一丝云彩，月亮悄然升起，微风吹拂。木桨豁哧豁哧地入水出水，小河上船儿吃力地逆水行进。周围仿佛是天国仙境。这时，其他的船只泊在岸边，落下篷帆，系牢缆绳，在月光下安然入睡。

行至这条小河与朱木那河交汇处附近一个安全的地方，我坐的船也泊下了。然而，安全的地方有许多缺憾。例如，没有风，贴靠着其他船只，好像进了一只闷罐子，还闻得到岸边树林里腐烂的气息。

我对船夫说："这边一点儿风也没有，把船撑到对岸去吧。"

对岸没有高耸的堤堰，河面与陆地几乎一般高，稻田甚至灌积了齐膝深的水。船夫把船撑到那儿，抛下铁锚时，我们身后的天上亮起一道闪电。我躺在床上，头靠近窗户，望着农田。突然，传来了惊慌的叫喊声："风暴来了！""快抛铁锚！""结牢船缆！"在水手们的"快干这，快干那"的呼叫声中，毁灭般的风暴来临了。

穆斯林水手在安慰船上的人："别怕，兄弟们，诵念真主的圣名，真主是我们的救星！"于是大家都举起双手，虔诚地呼喊真主。

我们的船窗挂的帘布在风中哗嗒哗嗒地飘动，船儿像铁链加身的鸟儿，扑扇着翅膀。飓风哇啦哇啦地吼叫，像可怖的兀鹰嗖地凌空而下，啄住桅杆，要将木船撕成碎片。木船在痛苦地呻吟着，挣扎着。过了好久，下起了大雨，狂风才渐渐停息。

泛舟朱木那河，本想换换空气。谁承想让我吸进那么多疾风，数量之多出乎意料。好像谁对我开玩笑说："今天让你如愿以偿，吸一肚子风，接着让你喝河水！让你喝饱吃足，今后就再不用喝啦！"在自然的眼里，我们难道是他的孙子？他可以随时随地要弄我们？我以前曾经说过，生活是严肃的嘲讽。理解这种嘲讽的含义有些困难。因为，不管同谁开玩笑，他总不乐意接受玩笑的趣味。你想想看，半夜三更，我安稳地躺在床上睡觉，要是神明抓住世界抡起来

诗人巡视乡村乘坐的木船

甩打，谁还找得到逃命的路吗？毫无疑问，这是神明新奇的戏弄，这样的恶作剧来得太突然了，吓得达官贵人半夜里从床上一跃而起，光着身子上气不接下气地逃窜。这还是不足挂齿的戏耍？楼房的天花板塌下来，砸在刚醒的迷迷瞪瞪的老实人的头上。这算是开了个小小的玩笑吗？倒霉的楼主人在银行里填写支票，付给修缮楼房的瓦匠们工钱，把玩奥秘的自然之神见了岂不要笑掉大牙！

叔叔罗毗

萨加特普尔 水路上

1891年6月20日

六

媲媲：

下午，船儿泊在当地一座村庄的码头上。我坐在船上，看一群孩子快活地玩耍。但这几天日夜跟着我的几个士兵，惹得我很不愉快。他们认为，孩子们的游戏太粗野了。船夫们坐在一起聊天，开怀大笑，他们也觉得那是对国王的不尊敬。农民把黄牛牵到码头上，让牛饮水，他们立刻上前挥舞棍子驱赶，以维护帝国的尊严。换句话说，国王的周围成了没有笑声、没有游戏、没有声响、没有人烟的荒漠，在他们的眼里，帝国的尊严才得到有效维护。

昨天，他们也凶神恶煞似的跑过去驱赶游玩的乡村孩子，我把上层人物的尊严抛到九霄云外，严厉地制止了他们。事情是这样的：

河岸上放着一根很粗的桅杆，几个光屁股小男孩蹲在地上商量了一会儿，觉得他们齐声喊着号子，推动桅杆，那是一种极有趣的新游戏。怎么想就怎么干！

他们一面推桅杆一面高喊："小伙伴们干哪，嗨哟！用力推哪，嗨哟！"桅杆转一圈，他们中间就爆发出一阵大笑。

男孩子中间有一两个女孩，她们的脾性、举止与男孩截然不同。她们是因为缺少女伴，不得已加入了男孩的行列。她们的性情无法赞同这种乱哄哄的费力的游戏。一个女孩一声不吭，走上前去，严肃而平静地坐在桅杆上。

男孩们愣住了，有趣的玩耍戛然而止。其中两个男孩歪着头寻思了一会儿，他们似乎觉得解决眼下这个难题的最好办法，是向她屈服。他们悻悻然走出一丈来远，懊丧地望着神色庄重凝然坐在桅杆上的女孩。他们中一个顽皮的小家伙，走过去，试探着轻轻推一下女孩。她不搭理他，照样悠然自得地坐着休息。年龄最大的男孩，指了指旁边可供她休息的地方，可她使劲儿摇摇头，双臂交抱在怀里，扭一下身子，挺直腰杆稳坐不动。那个男孩于是以臂力与她讲理，并立即赢得了胜利。

欢呼声再次响彻天空，桅杆又开始滚动了。过了片时，那个女孩摈弃女性的清高孤傲和高洁个性，摆出随遇而安的样子，参与了男孩们这种颇具刺激性但并无什么意义的游戏。但从她的表情可以看出，她好像在心里说："男孩子根本不懂什么叫游戏，他们只会凑在一起瞎闹。"如果她手边有一个盘着发髻的黄泥娃娃，她难道还会同傻头傻脑的男孩一起玩推桅杆这种无聊游戏吗?

不久，男孩们又想到另一种玩法，那也是很有趣的。两个男孩抓住一个同伴的手和脚，一左一右地甩了起来。毫无疑问，这其中有一个大奥秘。其他男孩见了全都欢呼雀跃。但女孩见了觉得无法忍受，一脸厌恶，离开现场，回家去了。

接着发生了意料中的意外，两个男孩一松手，被晃悠的男孩咚地落在地上。他爬起来，气呼呼地撇下游伴们，走到远处的草地上躺下，头枕着交握的双手。他愤怒的表情在无言地宣告：他不再与这个冷酷无情的世界保持任何联系，一生不同任何人游玩，独自仰面静卧，数夜空的星星，看云彩的游戏，聊度余生。

年龄最大的男孩见他一副愤世嫉俗、过早地断绝尘缘的果决神态，急忙跑过去，把他的头搂在怀里，后悔地请他原谅，关切地问："身上哪儿碰疼了吗？小兄弟，别生气，快起来吧！"

不一会儿，我看见两个男孩像两只小狗，手拉着手又亲热地玩开了。不到两分钟，屁股摔疼的男孩又被同伴们抓住手脚甩悠起来了。

哦，孩子们有着多么奇妙的兴致，多么坚强的意志，多么稳固的理性！那个男孩一怒之下停止游玩，走到远处仰面躺在地下，一会儿又笑嘻嘻地站起，主动让同伴们当玩具晃悠。这些孩子多么自由！世界上有多少孩子能像他们这样头枕着手躺在草地上？大地的乐园里，为这些好孩子专门建造了居室。

叔叔罗毗

萨加特普尔

1891年6月

七

媲媲：

前天，我静坐窗前，望着渔船上一个渔夫唱着民歌渐渐远去。歌声不那么动人，但突然把我的思绪牵向了童年——那时我曾和父亲乘船游览帕德玛河。一天深夜两点左右醒来，推窗探头望去，如镜的水面映着皎洁月光，一个小伙子在小船上撑着竹篙，嗓音甜美地唱着我从未听过的渔歌。我忽发奇想，假若我的生活从那一天重

帕德玛河

新开始，进行新的探索，就决不让它枯燥乏味，充满懊悔。我唱着诗人写的情歌，驾一叶扁舟，穿过惊涛骇浪，周游列国，寻访名胜古迹。逢人做自我介绍，也设法了解别人。全身洋溢青春的活力，像罡风呼啸着掠过天涯海角。末了返回故园，和诗人一样消度充实安逸的晚年。

叔叔罗毗

希拉伊达哈

1891年10月6日

致信洛肯特罗纳德·帕里特[1]

一

洛肯特罗纳德：

关于写作，你提的建议非常好。比起为月刊写作，写信给朋友要容易得多。因为我们大部分思绪好像野鹿，看到陌生人，就飞快逃走。此外，在驯养的思绪和驯养的鹿之间，看不到森林的天然美景。

这件事可以用两种方法做成。一是确定一个题目，两人展开争论——不过，令人担忧的是，不等争出个结果来，这个题目就可能渐渐枯燥了。二是只写信——换句话说，不确定题目，随便写，完全是为写而写。也可以说，就像在清闲的日子，两个朋友一起逛街，走到哪儿都没有关系，迷了路，也不必向哪位主人做解释。

一本正经地走在街上，谈论不相关的事情的机会不多。不过，就像比应买的物品，随便买的杂七杂八的东西常常更令人喜欢一样，大部分时间谈论不相关的事情，更有意思。比起正题，边边角角的话题，谈起来心里感到更愉快。在大多数时候，神猴哈努曼和罗什

[1] 泰戈尔留学英国时的同学。

曼那比罗摩[1]，毗湿摩比坚战[2]，卡玛拉摩妮比苏尔雅穆琪[3]，更讨人喜爱。

当然，全讲不相关的话，无异于发疯。但因此顺着自己鼻尖延伸出去的直线，从前言到结尾，笔直地往前走，就会构成由机器模子里浇铸出来的一篇文章，不像是人用手做的一件事了。无人否认，也需要那种中规中矩的文章，但在各地，它看上去完全是多余的。读了那些文章觉得，仿佛“真实”带着与它相关的一长串理由，不知从哪儿突然完整地显身了。见了它，不会觉得，它在人心里也成了人，在那儿有与它同岁的许多同胞兄弟；一个广大的内心世界里，有它一片神奇的游乐地，它从作者的生命中获得了生命。觉得仿佛一个金口玉言的天神说了句“成为那样的文章吧”，它便成了那样的文章，就如同说，让那儿有光明，那儿立刻就亮堂堂的了。于是，我们要为它动脑筋儿，竭尽全力用脑子消化它。它的声音，不能熟练地进入我们各种活跃的想法产生、游戏和生长的内心世界。必须做好充分准备与它见面，小心谨慎地同它对话。我们只能部分地了解它，而不能像家人一样完全了解它。

地图和画的差别很大。地图不能透视，远处、近处都一样，处处不偏不倚。每个部分，经过精确计算，确定正确位置。但一幅画中，许多东西隐藏起来了，不少大的东西变少了，不少小的东西变大了。尽管如此，仍觉得它比地图真实，看一眼，我们的心立刻就

[1] 罗什曼那和罗摩是《罗摩衍那》中的人物。

[2] 毗湿摩和坚战是史诗《摩诃婆罗多》中的人物。

[3] 卡玛拉摩妮和苏尔雅穆琪是般吉姆的长篇小说《毒树》中的人物。

认出它来。我们的眼睛看错的东西，当即进行修正，画就不成其为画了，只能成为地图，就得动脑筋儿把它重新调整。但这种局部修正是非常吃力的。在我们整个天性不热情参与、不减轻彼此的责任和不把自己的部分东西分配的地方，我们不能健康成长。比起矿物质，有生命的物质，我们能更快地接受、消化，由于同样的原因，不掺和其他物质的纯正真实，带着坚硬的逻辑性，对我们大部分消化器官来说，是很难消化的。所以，能把人鲜活的一部分与真实融合，会让人喜欢的。

做那种事儿，首先，不可能从头到尾一口气给它一个完整的真实。因为，我们在心里只能获得大部分真实的征兆，我们要把我们的智力送到它的后面，动脑筋，搞搞打打，想方设法树立它的整体形象。不给予它一个合理、完整的形态，我认为，它就成不了一篇像样的文章。为此，要用各种人为的木材和稻草，把它塑造得较为复杂一些。

我读英文报纸和书籍，常常觉得，有人总想把一句话变为一篇文章或一本著作，于是，每日的英语文学中说的废话，实在太多了——寻找真实，是多么艰难！讲的那些话，本来很简单，很简短，却非要把它弄得那么艰涩，那么臃肿！我感到，英语文学的标准越来越高了——没有三卷，就不算是小说，看一眼月刊的一篇篇文章，太可怕了！我觉得报纸《十九世纪》如果没有那么多版数，它的文章就更精致，更值得一读。

我认为，一部小说应有多大篇幅，般吉姆先生的小说称得上是楷模。幸运的是，他没有模仿英国小说家写特大篇幅的小说。他假如也写得那么长，也必定不堪卒读，尤其不能为批评家们所容忍。一部部英语小说中，过多的描述，过多的事件，过多的人物，让我觉得那是文学的一种野蛮。它就像孟加拉地区通宵演唱的贾德拉戏曲。在古代，那是件好事。那时，没有印刷厂和出版社，一部手抄本古籍可用很长时间细细咀嚼。虽说我很喜欢乔治·艾略特[1]的小说，可我总觉得，写得太啰唆了。要是没有那么多人物，那么多事件，没有颠三倒四的那么多话，她那几本书就更精彩了。这让我想起看到波罗蜜的感受：自然女神在一只波罗蜜里面密密麻麻塞进很多核，把一只波罗蜜弄得特大、特重，让一个人的小小的胃实在无法消受，可让人的手累得要命。把一只波罗蜜敲碎，制成二三十个，看上去就顺眼了。乔治·艾略特的一部部长篇小说，就是文学的一只只波罗蜜。看到才华，人当然感到惊讶，但看到美，人才会欣喜。毫无疑问，对于作品的生存期来说，质朴、简明和美是最重要的因素。

竭力扩大真实，给予它一个符合时尚的形式，其实是对真实的贬低，这是无益的。应该这样表达真实：让人立刻知道，这就是我的，是从特定的心灵以特定的方式呈现的。我的喜好，我的厌恶，我的怀疑，我的信任，我的过去，我的当下，与它紧密相连。若能这样，真实看上去就不是一块顽石了。

我觉得，关于文学，这就是我的基本观点。当一个真实脱离作者而出现，把故乡的一切尘土清除干净，戴着假面具，被人认为是无人性的自生的真实时，可以给它科学、哲学和历史等名字。但当

[1] 乔治·艾略特（1819—1880），英国女作家。

它同时又介绍它的故乡，不掩饰自己的人形，表述自己的意愿和人生轨迹，就可把它归入文学。所以，科学和哲学均可融入文学，渐渐消失。它们先是冒出来，笔直地生存数日，之后，越是融入人生，就越成为文学的有机部分，身上就越落下千百个心灵的千百个印记，不必像侨民似的，居住在我们心灵王国。

就这样，当真实获得文学形式时，就完全适合让大众使用。

由于它很容易为大众使用，对民众来说，很多时间，它会失去其特殊光荣。以人生装扮真实之后加以展示，似乎不是件易事。由于可不费劲儿地接受它，似乎创造它却非常容易。

嗯，你不认为我们自觉或不自觉地给予人以最高荣誉吗？我们如果在某种文学中，在得到许多错误观点的同时，获得一个活生生的人，难道不会将其永久保存吗？知识会陈旧，不再受欢迎，但人能永远在身边相伴。真实的人，每日去了又来。我们片面地看待他，忘记他，失去他。然而，我们一生最热衷于做的事情，是掌控人。在文学中，活泼的人幽禁着自己。我们日日可以感受到与他的隐秘关系。生活的欠缺，在文学中得到弥补。与永恒的人相处，我们完美的人性不为人知地形成，我们从而学会了简朴地思考、爱人和工作。文学的这些效果不可目睹，为此，许多人在教育内容中给它一个最差的位子。不过，我坚信，尽管它看上去极为平常，但没有科学和哲学，在文学中也可以塑造人。但没有文学，在科学和哲学中是不可能塑造人的。

我刚才谈的话题，跑到哪儿去了？我刚才所说，尚未就某个特定话题展开全面争论，也没有得出结论。不过由于两人心灵的摩擦，在思绪之河中涌起的形态各异的波涛上，各种色彩的光影可以做游戏，有这些就够了。文学中不总有这样的机遇，大家都忙于全面阐述观点，因此，大部分月刊，可以说是寿终正寝的观点的博物馆。在生意盎然的环境中，各种看法以各种姿态行走的地方，读者获准进入的权利极少。当然，那儿只看到动作、舞蹈和表象，不可能把一样东西拿到手里，反复把玩。但从中获得的一种知识和愉悦，是不容易从其他物品获得的。

泰戈尔

1891 年

1892年

写给侄女英迪拉·黛维的信

一

媲媲：

近日，这儿的自然之神在冬天和春天之间徘徊。上午可能刮北风，河水和田野在寒风中瑟瑟战栗。可到了傍晚，上弦月升上天际，河水和田野又可能在南风中喜颤。

显然，春天已经姗姗临近。许久之后，今天对岸的花园里一只杜鹃又开始歌吟了，人们的心绪也活跃起来了。黄昏时分，可以清楚地听见对岸村里的人在吹奏乐器，放声高歌。由此可见，他们现在不急于关闭门窗，上床睡觉。

今天是十五，开启左船窗的上空，一轮皎皎圆月俯视着我的面孔。也许她在窥视我是否在信中说了她的坏话，也许她在猜疑，人间的凡人正交头接耳地议论她的瑕疵，而不赞美她的皎洁。

沉寂的沙洲上一只鹧鸪在呖呖啼唱，河面平静，没有一条船，对岸茂密的树木笔直地伫立着，水中倒立着它笔挺的影子。如同惺忪的眼睛硬睁开看到的东西，圆月之夜的天空显得有些模糊。

明天傍晚开始，夜里会越来越黑。料理完公事房的事情，穿过这条小河的时候，我将看到，我客居他乡时的这位情女离我稍稍远了一点儿。昨天，她对我袒露了她神秘而博大的芳心，可今天似乎产生了一点儿怀疑，那样袒露无遗是否明智。所以她又一点一点地遮掩芳心了。

确确实实，在冷清的异乡，大自然如同亲人。这两三天我的确在想，从圆月之夜的第二天开始，我将看不见皎洁的月光了。我仿佛已从一个陌生的地方走向另一个陌生的地方。处理完杂事，每日黄昏时分，在河畔等待我的恬静而熟稔的美，从此不复存在，我只得在黑暗中回到我的船上。

然而，今天是今春第一个圆月之夜，我要把我的感受记下来。也许多年之后，我会记起这个宁静的夜晚，连同杜鹃的欢唱，连同对岸泊着的船上闪烁的灯光，连同粼粼闪光的河水，连同树林里黑毯般的浓影，连同超然、冷漠的灰暗天空。

叔叔罗毗

希拉伊达哈

1892年1月14日

二

媲媲：

上午，和风轻轻吹拂，我不想做任何事情。不知不觉十一点、十二点钟敲过了。我没看一页书，没动手做一件事，一上午一动不动地坐在一张椅子上。脑子里掠过一些凌乱思绪，闪现一些不完整的想法，可我感到无力将它们归纳整理表达出来。一句歌词在脑海里萦回：足镯叮叮当当。上午气候宜人，暖风习习的河中央，足镯声仿佛时左时右在后面回响着，只是不显露，也无人将它展示，所以我久久地静坐着。

水位下降了许多，没有一处的水深过腰部，所以船泊在河中央毫不困难。我右侧的沙洲上农民在耕地，不时把黄牛牵到河边饮水。我的左侧是希拉伊达哈的椰子树和芒果园。女人们在码头上洗衣服，沐浴，汲水，用方言大声说笑。

年轻的姑娘们无休止地戏水，洗净了身子，又扑通一声跳进河里。她们无忧无虑的大笑声是那么悦耳。男人们神色庄重地下河，履行公事般地全身浸泡几次，擦几下上岸走了。而女人们似与河水结下了不解之缘。两者有许多共同点，友情深厚。

河水和女性同样以甜美的嗓音喁喁低语，同样光彩照人——看看那富于清丽的姿态、轻盈的步履和天然神韵的水浪吧，她在烈日下被晒得略显悴憔，但任何力量不能把生命般的她劈为两截，使之分崩离析。她伸出双臂拥抱严酷的大地，大地看不透她内心深处的奥秘。她不生产作物，但她不渗入大地深处，大地就长不出一棵草。

丁尼生[1] 把女人与男人做了比较，说女人是水，男人是烈酒。今天我却认为，女人是河水，男人是陆地。女人与河水朝夕相处，相得益彰。女人头顶着其他重物是不雅观的。但从清泉、水井、码

[1] 丁尼生（1809—1892），英国诗人。

头汲水，任何时候都不能认为那是不高雅的。沐浴，擦洗肢体，走下池塘的石阶，坐在齐腰深的水里闲聊，女人们组成一幅美丽画面。

我看到，女人们爱河水，她们有着相同的秉性。男人没有女人和河水那种不停的动态和甜美的声音。乐意的话，我还可以昭示她们更多的相同之处，但时间不早了，不应该为一件事一瘸一拐地走得很远。

叔叔罗眦

希拉伊达哈

1892年4月7日

三

媲媲：

昨天是阿沙拉月[1]初一，雨季隆重地举行新的登基大典。这一天很热，下午，天上覆盖着浓重的乌云。

昨天我暗自思忖，雨季的第一天，我不能在枯井般的船舱里消磨时光，站在外面让大雨淋得浑身湿透，那样更好。印历1299年[2]，不会第二次进入我的人生。仔细想想，阿沙拉月初一还有几次光临我的今生哩，全加在一起，有三十天，就算是长寿了。迦梨陀娑写了千古绝唱《云使》之后，至少对我来说，阿沙拉月初一是一个具

[1] 印历3月，公历6月至7月。

[2] 印历1299年相当于公历1892年。

有特殊意义的日子。

我常常想，一天天的日子进入我的生活，有的日子被朝阳和夕阳染红，有的日子因浓云而变得凉爽，有的日子在满月下像洁白的花儿一样绽放，它们的价值难道还低吗？我难道还不够幸运吗？

一千年之前，迦梨陀娑热情欢迎的阿沙拉月初一，携带它满天的财富，每年出现在我的生活之中——那是古城优禅尼的不朽诗人的日子，也是世世代代有着说不完的悲欢离合的千千万万男女的日子。

那极其古朴的阿沙拉月初一，每年在我的生活中减少一个——最后，这迦梨陀娑赞美的日子，这《云使》生动地描绘的日子，这印度雨季恒久的第一天，在我的人生中消失殆尽。每每深刻地认识到这一点，我就想再次满怀深情地注望这个世界，更自觉地迎接一生中每一天的日出，像送别挚友一样送别每一天的日落。

我如果是修道士一类的人，也许会觉得，人生短暂，不能虚度每一天，应该诵念着毗湿奴的圣名，多多行善。但我不是那种人，所以，我常常慨叹，如此美好的日子，竟从我的生活一天一天减少，我无力把它们全部留住！这富丽的华彩，这明媚的阳光，这清秀的绿荫，这满天无声的辉煌，这充斥天国与凡世之间一切空虚的宁静和旖旎，为这一切，所做的努力还少吗？这是庆祝多么盛大节日的场面！然而我们中间却没有对此做出应有的反应！我们竟在远离自然的地方居住！一颗星的光芒越过亿万公里，穿过几十万年，在无尽的黑暗的路上飞驰，抵达我们的地球，但不能进入我们的心田，离开我们的心田似乎还有亿万公里！绚烂的黎明和黄昏，像方向女神扯断的项链的一颗颗宝石，坠落大海，但一颗也没有落入我们的心中。

乘海轮前往英国的途中，我看见的红海平静的水面上冉冉下垂的火红的夕阳，如今在哪儿？那一天我见到了是我的红运，那个黄昏未遭到冷落而失去意义，则是我一生的幸运。昼夜无穷无尽，除了我，世界上没有第二个诗人见到那令人叹为观止的夕阳。它的色彩染红了我一生的年华。

这样的一天天，是一笔笔财富！我在贝纳迪花园别墅里居住的几天，在三楼顶上度过的几夜，在西屋和南屋的走廊里目睹的几场暴雨，在恒河畔昌德纳格尔别墅里欣赏的几个黄昏，在大吉岭的兴贾尔山顶上遥望夕阳下坠和明月升起……这些美好而辉煌的时刻，都珍藏在我的私人档案里了。小时候，在春天的月夜，我躺在楼顶上，美酒的白沫般的月光洒落下来，使我陶醉，我仿佛掉进了酒池。

我来到这个世界，这儿的人全是古怪的生灵，他们日夜制定法规，建造壁垒。他们小心翼翼地拉上帘布，好像怕两眼看见什么东西似的。世界上这些生灵实在太怪异了！他们怎么不为花儿穿上罩衣，怎么不在月亮下面搭个天棚哩，那倒也是让人觉得奇怪的。这些甘当盲人的人，坐在漆黑的轿子里，在世界上行进，究竟见到了什么？假如真有人们企望和追寻的来世，那我宁可离弃遮盖得严严实实的世界，再生在自由、开放的美的乐园里。

只有那些不能把自己真正沉浸于美之中的人，才冷淡美，认为它是感官的财富。但是品尝了美之中不可言传的韵味的人懂得，美是超越感官的一切功能的，且不说眼睛、耳朵，即便怀着一颗心进入其间，也未必能贴近向往的美的极致。

我穿上绅士的衣服，在城里的大街上行走，文雅地与衣冠楚楚的绅士们交谈，虚度着我的年华。这样做，在我心里是不文明的，不文雅的。

唉，我这是在胡诌什么！诗中主人公才会说这种话，按照旧的套路，说完自己写的三四页话，就以为自己是人类社会中最高贵的人。说真的，我为所说的这些话感到疚愧。其中的真实，已被多年来滔滔的话语掩盖了。世界上的人都在高谈阔论，我是他们中间的一个“佼佼者”，对此，我突然醒悟了。

叔叔罗毗

希拉伊达哈

1892年6月

四

媲媲：

今天清晨，我躺在床上，清楚地听见码头上村姑们发出“呜噜呜噜”快乐的口哨声。听着听着，我有些神思恍惚，可我又很难说明白我为何如此。

也许在她们的快乐声中，蓦然觉得，世界上流动着一条辽阔的事务之河，我与大部分事务却毫无干系。我与世上大部分人无亲无故，可他们从事各种各样的工作，有着各自的欢乐、痛苦，欢度各自的节日。世界何等宏大！人类的家庭无穷无尽！从遥远的地方，生活的喧嚷一阵阵传过来，带来完全陌生家庭的些许消息。当人们意识到：对我自己来说，不管“我”多么伟大，我也不能遍布整个世界；世界的绝大部分，我不了解，我不熟悉，与我没有亲缘关系，其间没有“我”。于是就觉得，在这个浩大、松散的世界上，自己非常渺小，遭到遗弃，被抛弃在一个角落里，心中不免产生深深的哀怨。

此外，在那快乐的“呜噜呜噜”声中，从往昔到未来，自己的生活，像一条漫长的路呈现在眼前，从它影影绰绰的悠远的两端，同样的“呜噜呜噜”声，也传到我耳中。就是在这样的感受中，我开始过今天的生活。

待会儿管家、账房先生和佃农们来了，“呜噜呜噜”的回声，就会远离村庄。显身的年轻力壮的“现时”，将以胳膊肘推开极其虚弱的往昔和未来，向我行礼，肃立在我面前。

叔叔罗毗

希拉伊达哈

1892年6月22日

五

媲媲：

今天上午，一个乐手用唢呐吹奏的维伊鲁比调乐曲，太美了，简直难以用语言描述。我眼前的辽阔天空和清风，仿佛也因心中压抑不住的激动的哭声而起伏着。这支乐曲极其凄切，也极其悦耳。

我不明白人的嗓子为何流泻不出这样的乐曲。比起人的嗓子，唢呐孔中竟能吹出更多的感情！此时，他们正在演奏穆尔坦调乐曲，让人感到悲凉。世界这片绿原上仿佛罩上了泪水之幔。整个世界仿佛从扯开的穆尔坦曲调之幕下浮现出来。如果大千世界时刻从一支支这样的乐曲中显现，那就太精彩了。今天，我特别想学唱各种歌曲，学唱普帕里调歌曲，学唱忧伤的雨曲，学唱动人心弦的印度斯坦民歌。然而，目前我对歌曲几乎是一无所知。

叔叔罗眦

萨加特普尔

1892年7月5日

六

媲媲：

今天几小时之前，我死里逃生。我从潘梯返回希拉伊达哈。高挂的新帆鼓满呼呼的劲风，船行似箭。雨季的河道里水快要溢出来了，波浪喧哗着翻涌。我时而举目四望，时而埋头看书。

上午十点半光景，戈鲁伊河的大桥遥遥在望。水手们在争论，桅杆会不会碰撞大桥。木船继续向大桥驶去。水手们很有信心地说，不必担心，我们的木船正驶入逆流。到了桥前面，如果看到桅杆会碰到桥身，马上落下篷帆，木船就会自行后退。

但是，到了桥跟前发现，桅杆肯定将与桥相碰，而且桥前有个

泰戈尔家族田庄寓所

急速旋转的大旋涡，使河水完全改变了流向。显然，前面等待我们的是船翻人亡的危险。然而没有时间做周全的考虑了，转眼间木船朝大桥冲了过去。桅杆咯吱咯吱倾倒下来，我惊慌失措地对船工们说："你们快闪开，桅杆砸了脑袋，你们就完了！"

在这紧急关头，另一只船迅速划了过来，把我接了上去，并用缆绳拽拉我乘的木船。达波希和另一个水手嘴里咬着绳索，游到岸上，拼命拉船，许多围拢过来的人也热情相助。大家上了岸，穆斯林水手说："是真主救了我们，要不就没命了。"

这是固体、液体们偶然的相聚。我们失声惊叫，心惊胆战，木桅杆还是碰了大铁桥，下面的河水乘机兴风作浪，把船儿往上推。该发生的躲不过去！河水不曾停流片刻，桅杆不曾降低一毫米，铁桥原封不动地矗立在那儿。

叔叔罗毗

希拉伊达哈

1892年7月20日

七

媲媲：

许多日子以后，今日独自坐在船窗前，我心里略微感到松快。风帆高挂，船儿顺流而下。冬阳悬天，正午暖融融的。帕德玛河中没有航船。黄澄澄的寂寥沙滩，宛如碧水与蓝天的一条分界线。北风中河水粼粼抖颤，波涛不兴。

我斜倚窗口，微风拂面，心舒神爽。近日被骄阳灼烤之后，我有些疲惫。此时，自然的清凉耐心地侍奉，扩散着甜美的惬意。我整个身躯也像浅清的河流，在温煦的阳光下慵懒地闪光，写信常常走神。

当河水潺潺流动，四周生命的律动，朗照，青空，音籁，辽阔柔和的葱茏，崭新的蓝色地平线，交织成色彩、舞蹈、音乐和美的节日，呈现在眼前时，我的心不觉陶醉了。我眼前的大地是古老的，又像我累世钟爱的人，是常新的。我与她有着殷深而久远的情感。我恍惚记得，亿万年之前，年轻的陆地在沧海里沐浴完毕，昂首伫立着赞颂朝气蓬勃的太阳的时候，地球肥沃的新土和元古生命的激情，把我养育成一棵大树。那时还没有动物，浩瀚的大海日夜翻腾，经常如愚昧的母亲，疯狂拥抱新生的陆地。我通过我的肢体汲取第一束阳光，怀着婴儿似的莫名的兴奋，在苍穹下摇晃；以密集的根须抓住泥土母亲，吮吸她甘美的乳汁。神秘的欢乐催绽我的新叶，催开我的花朵。当天空密布乌黑的雨云时，稠浓的暗影似熟悉的纤手抚摸我的绿叶。此后，我一代又一代地诞生在地球的沃土里。我与大地面对面坐在一起，使隐隐忆起往昔的情义。

此刻，河畔田野里，大地母亲身着金光闪闪的罗裙。我扑向她的脚边，扑向她的怀抱。就像生养许多孩子的母亲，不会专注而细心地观察每个孩子的行踪，大地母亲中午凝望天际，追忆着洪荒时代的景象，不曾向我投来一瞥，我却不住地絮叨。

时光就这样悄然流逝，不知不觉已是中午。冬日毕竟短促，太阳眼看着西坠了。

叔叔罗毗

希拉伊达哈

1892年12月9日

致信洛肯特罗纳德·帕里特

一

洛肯特罗纳德：

一棵树不能称之为自然。同样，你要是把一段描写称之为文学，我就很难对你解释我的观点了。毫无疑问，描写是文学的一种手段，但不能用它来限制文学。一段有关夕阳下坠的描写中，作者的生活体验可能很少，也许那段描写很难理解。但之后不断读到他的许多描写，我们就能体味他内心的感受。我们就能明白，作者是否已看到心灵与外在景致的接触，他是把自然看作人的家庭四周的墙壁的画，还是把人的家庭看作神秘的宏大自然的部分本相——或者，自然与人融合，受制于每日千百种相邻的关系，在它面前，展现一个遍布世界的家庭场景。

阐述这样的观点，不是文学主旨，但它不为人知地在我们的心上起作用——有时给较多的欢愉，有时给较少的欢愉；有时在心上留下一大块厌世的痕迹，有时带来深情的爱的欢乐。描绘的黄昏景色，不仅透现夕晖，作者的心空的光辉，也时而黯淡疲乏地，时而深沉宁静地，时而清晰地，时而模糊地，融入其间，同样缤纷我们的心。若非如此，你所说的那种描述，是不能借用语言的。语言从来不能像用线条勾勒的画那样，把不混杂的不变的形象送到我们面前。

不消说，我们不认为，平庸作者的平庸风格值得期待。你想一想，欢庆节日的队伍在路上行进，我的一个朋友从走廊里看到它的一小部分，而另一个朋友从走廊里看到它的大部分或主要部分，还有一个朋友上了二层楼，不管从哪个方向观察，却只看到自家的走廊。每个人凭借自己的特长，看到世界的一个个场景，有的人视野开阔地远望，有的人只看到自己。除了自己看不到别的景物的人，对于文学来说，他只是一座没有窗户的监狱。

不过，这个比喻不能说明我的全部观点，也说得不透彻。我的主要观点是：文学世界是指与人相融的世界。让我们从三个角度观察夕阳，即科学领域的夕阳、画笔下的夕阳和文学的夕阳。科学领域的夕阳下坠，纯粹是太阳下山的一个事件。画笔下的夕阳，让人不单看到下坠的太阳，也看到与水面、陆地、天空和云彩相伴的太阳。文学的夕阳让人看到的，是反映到人生活中的，由水面、陆地、天空和云彩相伴的夕阳——不啻是拍的夕阳的一张照片，而是表现与我们心灵共鸣的夕阳。就像暮空的影子落在海水上面，产生一种难以言喻的美，天空的清亮影子，落进透明的海水，获得一种新的特性，世界的影像落进人们的生活之中，获得生命和性灵。我们把自己的苦乐和希望赋予自然，是做一件新鲜事儿，是在高耸入云的世界之美中，创造一个不朽的生命——它立刻就配进入文学。

在自然景色中可以看到，朝阳和夕阳在各地并不一样显现，并不一样神奇。在翠竹下面生长着浮萍的池塘，在各种光亮中仅仅表现自己，但那也不是清晰的，而是极为复杂、极为模糊的。它不具备足够的透明和广度，不能在自己中间全新而纯净地展示晨空。关于瑞士山中的湖泊，你比我有更多的体验，所以你能够说那儿的日出和日落美不可言。在人中间也有这种情况。大作家以广阔的视野反映的所有事物中，一部分是他自己的，另一部分是外界的；一部分是原形的，一部分影像的精确展示其多寡，是困难的。不管井底之蛙的那种狭小想象多么想表现景物，它往往最重视的，是其特殊形态。

由此可见，作家的人生理论越是阔大，越是不会以渺小浮浅的决定去击碎人类社会和自然的巨大奥秘，而是让自己的人生朝十个方向扩展，把整个大千世界引入自己心中，构成宏大的体悟，他文学范围就越广大，那种人生理论的中心点就会在隐逝。因此，在杰作之中，有必要找出一种特殊观念和细微的同一性。我们这些水平低下的评论家，以自己闭门造车的观点把它围困，就会在其中一步步促发自我矛盾。但在一个极为难以抵达的中心部位，有着解决问题的广阔所在，那就是作家的心田——在大多数情形下，对于作家来说，那也是一个未被发现的王国。从莎士比亚的作品找出一个特点之所以困难，就是因为那是个极为宏大的特点。他在心中创造的人生的基本理念，是不能以三四个相连的观点锁捆住的。于是有人产生误解，他的作品中似乎没有创作的共性。

当然，我并不是说，应在文学中直接认知它。不过，毫无疑问，它像内心世界的吉祥女神，从后面往我们心中注入文学趣味。

我们看到，我们需要直接或间接地了解人。关于人，我们不需要支离破碎的观念，我们需要本真的人。我们需要人的欢笑，需要人的哭泣。人的情爱和憎恨，对于我们的心灵来说，就像阳光和雨水。

然而，这欢笑、哭泣，这情爱、憎恨，从何而来呢？从福尔斯答夫、达格贝利到李尔王、哈姆雷特，在莎士比亚创造的人的世界中，人性中永久的幽深的啼笑之泉，是无人不晓的。比起一部表现社会的长篇小说中的日常对话和零碎的欢笑、哭泣，我们在莎士比亚的作品中感受到了更多的真实。虽说长篇小说的叙事，是我们每日生活的逼真画面。但我们知道，今天的一部反映社会的长篇小说，明天就可能成为虚影，但莎士比亚的作品不会成为虚影。所以一部反映社会的长篇小说不管写得怎样形象丰满，不管语言和写作技巧多么完美，也比不上莎士比亚最差的一个剧本。如果能弄明白，我们为什么觉得，比起社会小说中日常家庭生活的逼真描写，莎士比亚作品中有关每日罕见的强烈激情的描述，更加真实，何谓文学的真实，就一清二楚了。

我们从莎士比亚作品见到的是永恒的人，真正的人，而不仅仅是用嘴讲述的人。莎士比亚自始至终剖析人物，揭示他的全部人性。他的微笑让嘴唇微微张开，不会让皓齿显露。他的泪水在眼角悄然滴落，未被手绢擦干，但像自然界被划破的瀑布一样倾落，像自然界嬉戏的山泉一样奔涌，兴高采烈。其中有一座观察的高峰，屹立在那儿，人性最远大的景致，一目了然。

关于戈迪耶的著作，我的看法，与此恰恰相反。我们在戈迪耶奠定作品的基础之上，看不到世界永恒的真实。在人们的爱中扎下永久的根的美，没有疲惫，没有满足。在有爱的人的口中传播的美，展示世界无穷的秘爱。人历来在美的怀里长大成人。戈迪耶不把我们置于那样的美中，而把我们带进转瞬即逝的海市蜃楼之中，那海市蜃楼不管多么完整，建造技术不管多么娴熟，也不是宏伟的，不是永久的，因此是不真实的。不，并非完全不真实，只有极少的真实。换句话说，在有特殊性格的特殊人群的特殊环境中，它是真实的，一到外面，就没有地位了。所以，占有的人性越多，文学的真实就越大。

然而，许多人说，文学中只有一种真实，即表现的真实。换言之，我要阐述的东西，表达的方法不恰当，就是虚假的，只要恰当，就是真实的。

从某个角度而言，这样说是正确的。表现是文学的第一个真实，但它是最后的真实吗?

生物王国的第一个真实是原生质，但最后的真实是人。原生质在人体内，但人不在原生质里面。此时此刻，从一个角度，可以把原生质称为生物的楷模，从另一个角度也可以把人称为生物的楷模。

文学最初的真实，仅是表现，可它最终的真实，是表现具有感官、心灵和灵魂的人。莎士比亚的诗作，源自儿童的歌谣。如今，我们不用最初的标准，而用最终的标准来衡量文学。如今，我们不仅要看是否已表现，而是要看表现了多少。我们关注的是，表现的那部分中，仅是感官满足了，还是感官和脑子满足了，或者感官、脑子和心灵全满足了。基于这种认识，我们说，某部作品中，真实是多还是少。不过应当承认，获得表现，是文学最初和最重要的目的。有表现，即使没有情感的荣耀，它也是文学，但没有表现，就没有文学。打个比方，枯树是树，但不是活的树。

我在前一封信中，也许对此未给予足够重视。在你的抗议中，我所有的观点渐渐形成，变得清晰了。

然而，越是深入讨论，我越是感到，殚精竭虑表现整个人类，是文学的生命。因此，你要是举起一小块文学说："人类在里面的什么地方?"那我就无言以对了。不过，你若全面研究文学的全部权限，你和我就不会有分歧了。人河哗哗地流淌，它所有的苦乐和理想，它所有的人生，不会在一个地方停顿，而只在文学中停一会儿。所有的人不在音乐、绘画、科学和哲学中。所以，文学受到专宠。文学是各国人性的永不耗竭的宝库。每个民族，是如此喜爱自己的文学，是如此自豪地保护自己的文学。

我老是担心，你会生我的气，说：“实在没法把这人带到争论的目的地。”我时而增加时而减少内容，时而转弯抹角地从不同的角度阐述我的看法，每次重复，都清除或改变以前说的一些话。这样一来，确定争论的目标，对你来说就很难了。可你早就知道，我从不干零敲碎打地进行争论的这种事儿。不把所有的事情理出个头绪来，我就觉得没劲儿。你不时以尖刻的抨击切断话题，为修补断裂之处，不得不第二次蹦回到起始点。另外，我的比喻，也许使你恼火，坐立不安。不过，我这个老毛病，你是知道的呀。一旦急不可耐地想表达心里的一个想法，我的心灵就把它装扮成比喻的神像，让它粉墨登场，省得啰啰唆唆说一大堆话。这有点儿像用象形字母代替孟加拉字母。可这种写作方法太老套了，心里话不直接说，而是派代表去说一通。总这么做，在逻辑世界里的交流，就不可能清楚地进行下去。不过话说回来，我先承认这是我的过失，如果你心里觉得满意的话。

你在信中写道，你想中止与我的争论。果真中止，我就有大麻烦了，只好就部分话题进行争论，所有的观点，从现在到辞世，就没法对你解释清楚了。自己的大部分看法，自己就不能直接认知了。虽说在我的举止行为和作品中，它们自己做着自己的事情，但我还能随时找到它们吗？从此，再发生争执，不出告示，我是不能突然把它们中的哪一位叫到跟前了。我不知道对方的名字，也不认识对方。

伏案写作的泰戈尔

写作的便利在于，有机会熟悉自己的观点。写作的同时，可以接触它，感知它，每走一步，了解新我的同时，也获得新的快乐，写作也受到鼓舞，继续向前推进。新鲜的喜悦和激情，常常使作品更加生动，更加耐人寻味。但也有不利的一面。获得的一知半觉，当然不能称之为成熟。在这方面坚持做下去，要逐渐修正一些看法。在书信中，可以慢慢地进行修正。在抗议者面前，难以保持镇定，只会更加固执。所以，你我千万别面对面，而以笔对笔更好一些。

泰戈尔

1892年

二

洛肯特罗纳德：

你在信中说，古代文学中未诞生理论。那时，文学完整地出现，它未一分为二，从中未冒出理论。你举这个例子，是想说，生活的基本理论，与文学没有不可分割的关系，两者所谓的关系，是偶然出现的。

由此可见，你我之间只有语言方面的争论。我所说的基本理论，你不接受，为此，最后我得祈求原谅，尽管我不遗余力地一次次解释了“基本理论”这个单词。在这封信里，让我再澄清一下吧。

我们不像古代的人那样观察自然和世界。“科学”走来，在整个世界中倒进了一种溶化剂，把万物分解，水和牛奶，奶皮和黄油，分离开来。所以，毫无疑问，关于大千世界，人们心里的想法已有了很大变化。在我们这个时代，完全不可能像吠陀时期的隐士那样面对朝霞，吟唱颂歌。

古代和现代的主要区别在于，古代的民众中间，思想和观点高度一致，它如同玫瑰花蕾中间，所有的花瓣一层层包裹着，只靠一个小小的尖顶，把自己向上托举着。那时所有的生活信念，尚未支离破碎，通过完整的生活，文学像阳光一样纯洁地闪射出来。通过现代破裂的社会和分裂的人性，文学完整的洁净已无从显现，而分解为七种颜色展现出来。为此，古典文学和浪漫文学之间出现差别。古典文学是洁白的，浪漫文学是五彩的。

在印度古人没有裂缝的心田，世界的七种颜色凝聚着，表现为一种牢固洁白的形态。之所以如此，是因为当时的怀疑并不厉害。

“怀疑”做的第一件事情，是指出各种物品的差别。在远古时代，“相信”的小弟“怀疑”尚未出生。因此那时大千世界尚未归属“相信”和“怀疑”这两大阵营。或许因为“怀疑”仍然幼小，尚未拥有对世上每样东西提出自己要求的年龄和智慧。“相信”是当时的霸王。结果，人与自然没有什么区别。我们不认为朝霞、天空、月亮和太阳属于和我们不同的另一种类。甚至驱动我们前行的各种意愿，本是人性各个部分，也被我们赋予单独的完整人性。现今，我们称这样赋予人性为意象或修辞。但那时这不是修辞。受到“相信”的点金棒点触，一切是活生生的。“相信”不能容忍任何破裂。它以自己的创造力遏制所有差异，填补一切裂缝，不遗余力地维持统一。

许多人说，由于上述原因，古代文学中有极纯的文学成分。换句话说，当时，人们在各地塑造自身，以自己的苦乐、喜爱、厌憎、惊奇和欢乐振奋大千世界。我多次说过，人的自我创造方法，就是文学创作的方法。许多人认为，古时候，这种现象是很多的。那时，一触及人的想象，一样样东西全变成人了。所以文学是很容易成为真文学的。

如今，科学越是使自然和人类分离，自然就越是在我们跟前活跃起来。人的创造力失去了自己古老的权力。人往自然中注入的意念，渐渐回到自己中间。先前，人性无限扩展，天堂人间都有人心的跳动，眼下它渐渐缩小，只局限于人类社会了。

人的自我表现，既存在于古代文学中也存在于现代文学。举古代文学的例子，只能使我的观点愈加明确。

但是，使用“理论”这个单词，给我带来了大麻烦。坐在我们知觉的后面起作用的精神力量，是不能给它“理论”这个名字的——我们已经直接目睹的，才能称它为“理论”——那精神物质，有人部分地知晓，有人一无所知，却按照它的示意，做着生活中所有的事情。那东西是极重的融合物，不像理论中得出的结论那样，可以压缩捆绑得紧紧的。它是与知识、情感和想象交融成的不可分割的融合体。内在的性格、外在的知识和一生的意愿，在我们人生的基石上汇回，形成一种空前的统一，文学是那不可抵达的内宅的文学。我大致上可为那样的“统一”取名为生活的“基本理论”。因为，虽然从作者和文学的角度而言，它不是理论，但在评论家的心目中，它是理论。如同世界上连续发生的事情，是一个自然过程，当科学家看到它的恒定性，就为它起名为“规律”一样。

我所说的融合体只要处于融合状态，人性就不可分解，因此是不会有自我意识的。当那些成分之间出现矛盾，彼此的冲突中，才会产生脱离其他方的独立意识。那时我们就会明白，我的信念是一样东西，客观真实是另外一样东西，而我的想象领域也是独立存在的。我们把大家族般的精神家庭分开时，便认识到每个部分各自的重要性。

然而，它们是一起出生，一起长大成人的，即使分开，也有聚会的场所。文学就是那种欢聚的语言。文学不再有以前那样的忘我，因为，此时的聚会不是永久的聚会，是离别前的聚会。如今，我们单独研讨科学、哲学和历史，之后，到了一定的时候，在文学中间，在精神统一之中，我们获得快乐。以前，文学必然产生，如今，文学必不可少。人性破裂了，为此，急于要在文学中间品尝自己完美的滋味。当下，特别需要文学，文学更受宠爱了。

如今，天地间一般难以接触到完整的人性。我们在社会中部分地展示自己。我们的旅程，超不过在死硬的规则中能走的里程。我们在微笑和琐碎话语中把自己覆盖起来。一到人前，我们不由自主地克制自己，正襟危坐，若不突然受到重大事件的震撼，或者由于全身洋溢着强烈激情而忘怀一切，我们自己不会获得自己的真正标记。在莎士比亚时代，也时常有这种突发事件和强烈激情，在电光下，人的一切，刹那间一目了然。现在文明有序的社会中，突发事件渐渐少了，强烈激情被千百条堤坝包围，像被驯养的熊，藏起自己的尖爪利牙，跳舞取悦于社会——仿佛它是社会的舞女，仿佛它难忍的饥火和抑制的怒火，不在毛茸茸的皮下日夜燃烧。

在文学领域，莎士比亚的戏剧、乔治·艾略特的小说和苏克比特的诗歌中，隐秘的人性获得自由，浮了上来。在它的冲击下，我们的一切立即苏醒，我们完全认识到了我们受阻的、骨折的、尘封的、残缺的人生。

在这种宽广的呈现中，没有低俗。因此，莎士比亚剧本不是低俗的，《罗摩衍那》《摩诃婆罗多》不是低俗的。但婆罗多·昌德拉的作品是低俗的，左拉[1]的作品是低俗的，因为那些作品只有部分呈现。

有必要把这个话题说得再清楚一些。

我们期待在文学中看到所有的人。但不总是能如愿以偿，只能看到所有人的一个代表。可是让谁当他们的代表呢？我们不反对承认某种东西是所有人的，它就是所有人的代表。爱情、悲悯、善良、愤怒、凶狠，是我们的各种心情。它们在某种情况下制控人性，对此我们不会鄙夷，不会憎恨。因为它们的额头上，全有王室标记。

[1] 左拉（1840—1902），法国作家。

它们的脸神采奕奕。人们的或好或坏的千百种事情上，它们全打上王室的印章。人类历史的每一页上，布满它们千百个签字。如果在文苑什么地方把王座送给“贪馋”，谁乐意接受呢？可是人世间“贪吃”难道不是真实？它难道不比我们许多高尚行为更广泛吗？然而，我们断然拒绝它当我们人性的代表，因此，文学中没有它的地位。不过，左拉要是把“贪吃”当作小说题材，并为此争辩说，“贪吃”是世界上一个永久的真实，因此，它为什么不能在文学中得到一席之地呢？我们的回答是：我们在文学中不要这种真实，要人。

还有像“贪吃”这样的许多生理行为。它们不是“王族”的刹帝利，而是首陀罗，是奴隶。它们在薄弱地区常常篡夺王位，但在人类历史上从未获得长久的光荣——社会中它们最终进化为法国食品和法国小说。

“完美”假如不是文学的生命，我们在左拉的小说中就看不到什么欠缺。它的证据是，科学中没有低俗。它零星地展示零碎的东西。而当文学呈现人性的某一部分时，总把它当作一个庞大整体的代表树立起来。为此，它被选为我们心灵之村的德高望重的村长。

我不知道上述言论与我们讨论的内容是否一致。不过，我要说的是，之所以说得这么多，是想把话题说得更清楚一些。

总之，我认为，文学就是谈人。

莎士比亚和古代诗人能看清人，能毫不费力地展示他们的形象。如今我们在半清醒的状态下，进入自己的内心，看见的是隐秘的人。完全清醒了哩，受制于老习惯，躲藏起来。因此，当下的作品中，常常在作者的特性中，看见人性。或者，用想象力把一些零散的表象联结起来，进行塑造。心灵王国也是极其复杂的，道路极为神秘。英语中所谓的 Inspiration(灵感)，是一种痴迷状态，作家在一种半醒的力量的影响下，很大程度上脱离人为世界的控制，进入人性之王的朝廷所在的地方，走到心灵的王座的前面。

不管是以自己的苦乐还是以别人的苦乐，不管是叙述性格还是塑造人品，都必须表现人。其他全是辅助手段。

叙述性格也是辅助手段。因为，性格究竟如何，文学不会为此伤脑筋，但性格在人的心中和人的苦乐的周围，怎样显现，这是由文学来展示的。甚至，除了语言，做不成任何事情。画家以颜料作画，颜料中不掺和人的生活。但诗人用语言描述，他的每一个词，在我们的心声中得到滋养。“剔除融进其中的生活，使语言成为僵硬的成分，单纯的描写就可成为诗”，这是绝对不能被接受的。

展示美也不是文学的目的，只是一种手段。哈姆雷特的形象，不是美的形象，是人的形象。奥赛罗的烦躁是不美的，是心情的外露。

但必须说明一下，美凭什么特质在文学中获得地位。人心与自然美景时时交融。其中，人心多于自然景物。因此，人在自然美中感受到自己。我越是领略自然美，在自然中间，我的心扩展得越广。

然而，自然美并非诗人描写的唯一内容。自然的凶悍，自然的残酷，也是值得描写的。可那也是我们心灵的东西，不是自然的东西。凡是不美的，不安分的，不凶悍的，不神圣的，其间没有人的特性的，或者因习惯和其他原因，与人没有密切关系的，对它们的描写，不可能在文学中获得席位。

我觉得，我的第一封信中，我强调表现作家自我，这似乎被理解成了它就是文学的基本目标。你丝毫不能原谅我当初细小的过错。之后，不管我说什么，那过错也不能从你的心中消失。如同亚当因第一次的罪过，只得带着他繁殖的子孙离开天堂，你抓住我第一个过错，逼迫我带着我的一切信念和论据离弃我的立场。

我本应该说，并非表现作者自我，表现人性，才是文学的宗旨（我心里至少有这个想法），它有时是通过自我，有时是通过他人；有时以自己的名字，有时以别的名字，但都有人性的形式。作家不过是媒介，而人才是文学的目的。我当初的信中如果没有说明这样的观点，你尽可认定，那是疏忽所致。唉，首先谈理论，接着加上像我这样的一个阐释者。这教人想起以前听说的一件事：有一个哑巴，偏偏让黄蜂蜇了一下——他本来除了哼哼什么都不会，被蜇痛了，哼哼就更厉害了。

我这样讲述，仿佛是在追猎心灵之鹿。我在一只动物后面奔跑，不停地变换位置，有时在山顶上，有时山洞里。因此，我所有的论述中，尽管目标一致，走的路却也许不同。但你若对此表示原谅，做我的同伴，在我的旁边奔跑，我那只鹿即使不落网，你至少是可以看见的。换言之，我的要求是，我对你解释出了错，你自己纠正就是了。我如果不能带你去捕鱼，把鱼塘交给你，你只管自己撒网。能否捞到几条，我就无法预言了——这究竟是你的命运，还是我的命运所致，随你怎么说都行。

然而，我对你不满的是，你拽着我“心里话”的辫子，把我的心里话全拽了出来，但把你的心里话遮得严严实实。我仿佛同一柄活的大刀搏斗，我被人捅了好几下，却不能回手捅别人一下。我一次次昂首挺胸地站着，一次次给你打击的机会。这能说是公平较量吗？

我是婆罗门，搏斗的热情不会给我快乐。说实话，我如知道有这种局面，会保持沉默。我说过，文学的目的，是塑造完整的人。你以为如何？

我听说你正前往加尔各答，我也要去那儿。看来，争论有可能告一段落。但在大多数情况下，终结就像服奎宁阻挡发烧一样，不是一下子痊愈，就是继续呻吟。过了几天，又看到全身瑟瑟发抖了。

泰戈尔

1892年

1893 年

写给英迪拉·黛维的信

一

媲媲：

诗歌是我的老情人，我像我儿子罗梯这么小的时候，就与诗歌缔结了婚约。从那时起，我家池塘畔硕大的榕树，内宅的花园，一楼废置的小屋，外面的世界，女用人讲的童话故事、哼的儿歌，在

泰戈尔和英迪拉·黛维同台演出《蚁垤的天才》

我心田幻化为仙境。朦胧的情思很难表述，但我可以坦直地说，少年诗人与幻想交换了结婚的芳香花环。

必须承认，女方不是吉星高照的美貌女郎，不曾给我带来好运。我不能说她没有娱悦我，可同她的关系不太和谐。她给予她所爱的人以成功的喜悦，又时常残忍地搂抱他，挤出他的心血。她择选的夫婿时运不佳，未能在社会中奠定基石，建筑豪华住宅，终年怡情养性。

我已把真实的生活典押给她。我一面经营田庄，一面绞尽脑汁构思写作，进入永远充实的内心世界。我明白我的位子在这里。生活中难免自觉或不自觉地做一些违心的事，可我在诗苑从不说假话，诗是我一生中深邃真理的唯一的庇护所。

叔叔罗毗

希拉伊达哈

1893年5月8日

二

媲媲：

这几支歌适合在略为清静的所在吟唱。我不相信曲子写得不好，说它是优秀曲子，也并非过分的夸张。

你提到的那首歌，是我好几天在浴室里一句一句哼出来的。在浴室里创作歌曲，有众多方便之处。首先，里面很安静。其次，没有人催我去履行其他责任。头上喷下一箱水，五分钟哼唱曲子，不会给责任心以沉重打击。最大的好处是，周围没有一位听众，可以敞开心扉，嘴唇拢成各种口型。没有夸张的各种口型，难以进入创作歌曲的最佳状态。这不是什么据理争辩的事，纯粹是出于表达变化的情感的需要。

我至今老唱那首歌，今天早晨就哼唱了好一会儿，唱着唱着就亢奋起来。所以，毋庸置疑，那是我喜爱的歌曲之一。

我在这儿，每日半闭着眼睛，动情而痴迷地唱歌。人生和世界，仿佛被阳光耀亮的泪雾所笼罩，天上架起一道七色彩虹。每日的真实演绎为永恒之美，甚至痛苦也闪闪发光。

不一会儿，管家要来让我看购买一两黄油、四两酥油和六分钱的菜籽油的账目。在这儿，这是我每天的例行公事。

叔叔罗毗

萨加特普尔

1893年7月10日

三

媲媲：

经过一段时间的思考、比较，我发现男人是粗坯，女人才是精美成品。

女人们的言谈、服饰、举止、待人接物和对生活的责任中有一种完整的和谐，之所以如此，其主要原因，是世世代代造化亲自规定了她们的职责，一开始就以那样的主旨塑造了她们。迄今为止，任何沧桑变化、任何社会变革、文明的任何大起大落，都未使她们偏离那种恒定。她们一辈子服侍人，爱人，宠爱子女，此外不做别的事。她们娴熟地做家务表现的美，仿佛融合在她们的肢体、话语和动作之中。她们的本性和所做的事情，仿佛是鲜花和芳菲，密不可分。所以，在她们身上，没有矛盾和踌躇。

男子的性格中包含人生旅途中的颠踬和坎坷。他们仿佛是在各种职业、各种力量和各种变动之中塑造而成的，这些在他们躯体和性格上留下了痕迹。没有任何理由，他们中有人的额头也许是高隆的，中间的鼻子也许翘上来，无人能将它摁下去，两颊也许不接受保持脸部协调的创造规则。

男子假如也世代以单一的方式行动，只受一种职业培训，他们的脸上和性格中也会有一种和谐，早已用一种模子浇铸而成。他们就不用冥思苦想，不用显示超常能力，不用做艰难的工作。不费吹灰之力，每一件事均能完美地做成。这样，他们也奉行一条简单的生存原则，换句话说，他们的心灵向世世代代一直做的事情表示臣服，他们细微的力量，不会脱离历代已习惯从事的职业。

造化使女人变成母亲，以一种模子塑造她们。男人没有女人那种天然而原始的樊笼，所以男人不是在一个永恒中心的居室里精细地创造出来的，他颠沛着从往昔走到今时，他奔向四面八方的恣肆妄为的天性，不允许以一个美好的完整将他塑造。

我记得，有一天我写的信中曾详细论述，我称束缚是美的根由。

女人们在那种天然韵律的束缚中塑造得非常完美。而男人们像散文，无拘无束，也无美可言。他们从头到脚，没有固定形体。一向以乐曲、诗歌、柔藤、鲜花、河流比喻女人的人，心里从来不会产生以这些东西比喻男人的念头，原因也在于此。

造化所有的美的景物，是完整的、克制的、稳固的、协调的，女人也是这样，她们中间没有彷徨，没有忧思，任何心灵不会走过去破坏她们的韵律，任何争论也不会拆散她们的谐韵。

叔叔罗毗

波迪夏尔

1893年8月

1894 年

写给英迪拉·黛维的信

一

媲媲：

一首首歌曲仿佛只有第一句歌词，第二句歌词仿佛是空架子。为第一句歌词配的曲子中，所有的情思表达完了，只是因为受制于规则，又硬添加了第二句歌词。比如我写的歌曲《谁的维那琴在弹甜美乐曲》，刚一弹奏，曲子中的寓意就抒发完了，但诗人心里的话还没有讲完，于是，他的话被拉到远离歌曲想停顿的地方。

叔叔罗毗
希拉伊达哈
1894年3月1日

二

媲媲：

“贝”昨天寄来了他写的文章《爱护动物》。今天上午，我阅读、修改了这篇文章。

昨天，我坐在船舱口，望着外面的河水，忽然发现，一只水禽拼命朝对岸游去，它后面紧跟着“抓住它、打死它”的叫嚷声。定睛一看，原来是一只母鸡。在将死之时，它猛地蹿出厨师的船，纵入河水，夺路而去。快游到岸边时，阎罗般的厨师一把掐住它的脖子，抓回船上。

我把厨师法迪克叫来，告诉他今天不用为我做荤菜了。恰恰那个时刻，“贝”的大作《爱护动物》送来了，这样的巧合，使我略感惊讶。

其实，我并无吃肉的嗜好。我们从未细想，我们做着多么残酷多么不仁义的事情，因而坦然地大块吃肉。世界上许多事带来了污秽，这是人一手造成的。这种事究竟对不对，它取决于国民的习惯、风俗、传统和社会法则。但是残酷与之迥然不同，它是原始的罪恶。它既不允许争论，也不允许犹豫。

如果我们的心没有麻木不仁，如果我们没有闭上双眼捂住心灵的眼睛，就可以清楚地听见对残酷宣布的禁令。然而，我们聚在一起，说说笑笑，快快活活，处之泰然地做着这种残酷的事。谁要是不做，反倒觉得他太古怪了。

对于善德、罪恶，人类有着一种世俗的荒谬的见解。依我看，一切宗教中至上的宗教，是对生灵的怜悯。爱是一切宗教的基石。前几天，我读的一份报纸上说，花五万英镑买的一批肉，从英国本土运到非洲的一个军事基地。由于肉已变质，这批肉又退了回去，在英国朴茨茅斯港仅以五六百卢比的价钱拍卖了。仔细想想，这是生灵之生命的多么可怕的浪费！这些生灵太廉价了！

我们举行一次盛大宴会，多少动物做出牺牲，成为盘中餐！也许绝大部分又送回厨房，贵宾不曾夹一块肉，放在自己的盘子里。

我们浑浑噩噩地过日子，不自觉地做残暴的事情，没有人会怪罪我们。但我们心生仁慈，可又扼杀仁慈，与其他人一起残杀生灵，那实在是凌辱自己的良知了。鉴于这种认识，我要开始吃素了。

我有了一位隐居生活的“好朋友”。我从洛肯那儿借了一本《阿米勒的日记》，一有空闲，就拿出来翻翻。我觉得阅读时我与他面对面地聊天，极少的书本中能找到如此亲密的朋友。大量著作的水平高于这本书，这本书可能有许多不足之处，但它是我最中意的一本。有些书常常是碰一下，就撂在一边，感到索然无味，这好像生了病好几天躺在床上，浑身不得劲儿，辗转反侧。一会儿枕头上加个枕头，一会儿又把枕头拿下来。可在那种精神状态下，翻开阿米勒写的书，脑袋就好像枕到最合适的位置上，全身舒坦。

我最亲密的朋友阿米勒在他书中的一节里详尽地描写了人类对动物的残忍。我把这一节加进了“贝”的文章。梵文作品《迦达摩波利》中有关狩猎的章节，我已叫“贝”译成孟加拉语。鸟禽在许多方面和人类相像，在某一点上甚至和我们毫无区别，《迦达摩波利》的作者潘伐笃以他仁爱的想象力感受到了，并以华丽的辞藻把它表现了出来。

叔叔罗毗
波迪夏尔
1894年3月22日

三

媳媳：

人的命运中竟然有那么多莫名的忧戚和悲苦！我们心灵的安恬依赖于大大小小千万种世事！不少痛苦，是我们自找的，并把唯唯诺诺、忍气吞声地承负痛苦，当作应尽的义务。

可是，当收不到家信，担心出了什么意外，或家里哪个人生了病，就找不到哲学观点，来平息心头的焦虑了。这时，连智慧也派不上用场。昨天散步的时候，脑子里萌生了这些不可思议、稀奇古怪的想法，可“睿智”居然未对此提出抗议，今天想起来既好笑又羞愧。然而，我敢断言：今后类似的情形，必定是今天的翻版。我说过多次，“睿智”不是人的私藏，它在我们心中至今未被驯化。

每每想起，人生之路如此漫长，布满痛苦的温床，痛苦无从躲避，心中的坚毅，几乎就难以维持下去。多少个黄昏，我独自坐在桌前，注视着油灯的火苗，暗下决心，我要像英雄那样坚强不屈，默默地毫无怨言地承负人生。那样想象着，心胸豁然开阔，误认为自己是顶天立地的英雄。

之后，匆匆赶路，脚心扎了刺，痛得跳将起来，这时对前途便又满怀疑惑，又感到人生之路过于漫长，自己不配在路上跋涉。当然，那种怀疑也许是站不住脚的。事实上，蒺藜扎脚，疼痛是难免的。可心宫里会出现一位精打细算的主妇。她量入为出，从不为鸡毛蒜皮的小事浪费精力。她像一位守财奴，精心收藏全部力量，以便日后慷慨奉献，渡过难关。一有轻微的伤痛，号啕大哭，就休想得到她的襄助。但一旦痛苦极深，她不会无动于衷，袖手旁观。

所以，生活中经常出现反常现象。小痛苦似乎比大痛苦更让人痛苦，其原因是，巨大的悲痛使心田破裂之处，立即流出慰藉的清泉，心中所有的毅力、耐力和潜力，水乳交融，最大限度地发挥作用。那时依凭痛苦中包含的崇伟，人的忍受力迅速扩大。人心中既有对幸福的追求，也有做出牺牲的愿望。对幸福的追求实现不了时，牺牲的愿望就强烈起来。有了实现这种愿望的机缘，心中必然涌起豪放的勇气。微小的痛苦面前，我们是无动于衷的懦夫，但巨大的苦难把我们锤炼成英雄，唤醒我们真实的人性，其中蕴含欢乐。“痛苦的欢乐”是多年流传的一句话，这不是玩弄辞藻。而欢乐中的不满足，也是真实的。它的意思不难理解。当我们享受纯粹的欢乐时，我们一半的心灵无所事事，渴望为别人蒙受痛苦，做出牺牲，否则，就会认为自己是庸才。因此，与痛苦交织的欢乐，是恒久的，深广的。只有这样，我们本性的真正目标才能实现……不过，再写下去，关于苦乐的哲学论述的范围就越来越广了。

叔叔罗毗

波迪夏尔

1894年3月30日

四

媲媲：

我心中洋溢着对佃农的爱怜。我不愿意他们有任何苦恼。见他们像天真的孩子用充满诚意的声音埋怨，我非常感动。当他们把对我的称呼由“您”改为“你”，毫不顾虑地责备我时，我心里甜滋滋的。好几回听着他们絮絮叨叨，我忍不住笑出声来，他们见状也嘿嘿地笑了。有天傍晚，我出去散步，一个佃农远远地喊道：“喂，请站住！”我好生诧异地收住脚步。他上前俯身伸手沾我脚上的尘土，抹在胸口、头上，说：“俺这辈子有福啦。”他说他发烧，咳嗽，三天米饭不曾沾牙。今天有了食欲，吃了顿饭，心里高兴，特意来沾我足上的吉祥尘土。我不敢打包票，由于他的虔诚，我足上的尘土能起护佑的作用。但他对受之有愧的人表示过量的景仰和爱戴，却含有惊人的纯美。他一腔纯正的尊敬，表明他心灵的美好。老人皱纹纵横的脸漾着稚童般的纯真。在以前的信中，我多次谈到佃农，远方的你，兴许觉得这是老生常谈。可是我每天每回都有新鲜感。在这古老的土地上唯有美和人心的真情永远不会衰老，世界因此生机勃勃，诗人创作的源泉永不枯竭。

叔叔罗毗

波迪夏尔

1894年3月

五

媲媲：

每天我们周围的世界，是不和谐的。它的细微部分，可能被无限扩大。饥渴、享乐、琐碎小事、吵架、唇枪舌剑，使当下的每个瞬间成为一丛荆棘。但音乐凭借内在的美的和谐，施展神力，片刻工夫，让整个世界站着进行透析，于是，那儿，渺小短暂的不和谐，不会落入人的眼帘。一种宏阔的永久和谐，使大千世界变得像一幅画。人的生死、啼笑、昔日今时未来，像一首诗的悠美旋律，在耳畔萦绕。与此同时，我们个人的强硬特质变软，便轻灵许多，毫不费力地进入音乐的广博之中。庸俗虚伪的社会桎梏，对社会来说，是非常需要的。可音乐和古典艺术，一瞬之间，就能看透它们的虚弱。所以，艺术内部有一些破坏社会的潜能——听到优秀歌曲或诗作，我们会心潮澎湃。为打破社会的世俗羁绊，获得永恒之美的自由，内心进行一时无果的追索——只有“美”在我们心中促发永恒和短时之间的抵牾，造成无由头的烦恼。

叔叔罗毗

加尔各答

1894年5月1日

六

媲媲：

我到这儿仅仅四天，可是觉得熬过了无从计算的漫长时光。我想，假如我今天返回加尔各答，一定能发现许多领域发生了巨大变化。

只有我羁留在岁月之河外面的幽僻之地，在我毫不知晓的情况下，整个世界在日新月异地变化着。说实话，从加尔各答来到这儿，年月仿佛抻长了四倍。只有在我隐居的精神王国里，时针不循规蹈矩地移动。计算精神世界里的时间，是以感情的炽烈为标准的，某些片刻的苦乐，可以品味很久很久。在外面的人流、事件和一连串的日常事务不用时时核算的所在，像梦似的，极短的片刻变成漫长的时光，漫长的时光变成极短的片刻。所以我认为，所谓一段时光或一片天空，完全是我们的错觉。

每个原子是无限的，每个瞬间是永恒的。小时候，我读过的一部波斯长篇小说的题旨，与我的观点不谋而合。这部小说，我爱不释手。虽说年幼，它的内容我大致还是能理解的。在这部小说中，为了说明时间的长度是无足轻重的，一位到处流浪的穆斯林，把为之诵念了咒语的清水倒入一只木桶，恭请国王："陛下，请坐在水中沐浴吧。"国王一进入水桶，立刻发现他到了海边一个陌生的国家。他在那儿住了许多年，经历了沧桑变迁和各种事件，领略了各种喜悦和悲痛。他结了婚，生了一群儿子。儿子们相继死去，妻子也故世了，他的财产荡然无存。抚今追昔，他痛不欲生，可这时突然发现，他坐在宫殿上一只水桶里。他怒不可遏，把那个穆斯林大骂一通。他的大臣慌忙劝道：“皇上，您不过在水里浸了浸，就把头抬起来了。”

我们的一生和一生的悲欢，也不过是一瞬间的事儿。我们觉得非常漫长非常显赫的东西，也只消在人世的水桶里抬头那一会儿工夫，就像瞬息的梦一样，变得微不足道了。流光是没有贵贱之分的，有贵贱之分是我们凡人。

昨天天气宜人。河里的水波、沙洲和对岸树林上的云彩和阳光，不停地做着崭新的游戏。从开启的船窗里面望出去，那景色太赏心悦目了！我不知道为什么人们总说美景似梦，也许是为了表现纯美吧。换言之，它中间似乎没有真实之重负。举例说吧，从这农田获取粮食、这条河上行驶着满载黄麻的船只、栉风沐雨耕种肥沃的滩地、给地主交租，等等，等等，千百种事情，全从脑子里撵出去，我们只欣赏从不算账、充满纯正欢乐的美景时，我们就说“那跟梦似的”。

婆罗门

其他时候，我们首先把世界视为真实，之后，我们才了解它是美的，还有其他的丰姿。

但当我们主要把它当作美来审视，不去理会它是不是真实时，我们就说“那和梦一样”。

叔叔罗毗

希拉伊达哈

1894年6月24日

七

媲媲：

昨天中午我诗兴大发，坐下刚写了五六行，一位毛拉[1]找上门来，见我伏案写作，下保证似的说：“鄙人只说两句话。”他“两小时”说完这“两句话”起身离去时，只听岸边有人高声叫道：“大王，小民求见已七天了，您的侍从一直从中阻拦。”听话音此人绝非等闲之辈，我立刻告诫侍从不得再次阻拦。来者是一位身着赭色道袍的婆罗门，长须疏发，天庭饱满，眉间是一颗檀香痣，神色庄重地走到我面前，展开一张很大的纸。我揣摩是一份申请。谁料他亮开嗓门，抑扬顿挫地朗读起来。原来是一首诗。婆罗门大声颂赞居住在婆伊贡塔仙境的保护大神毗湿奴，我肃穆地聆听着。

长诗描写毗湿奴的仙境生活，采用隔行押韵的“特里波迪”诗体。少顷，我发现，为维护举世闻名的都市加尔各答的泰戈尔称号，毗湿

[1] 伊斯兰教学者。

奴突然变为黑天[1]，转世下凡，颂诗从“特里波迪”体转为每两行押韵的“波雅尔”体。完成了对德本德拉纳特[2]的盛赞，颂诗转向吹捧罗宾德拉纳特·泰戈尔时，我心里忐忑不安起来。我的诗才和乐善好施“像阳光普照大地，驱散了愚昧和贫穷的黑暗”，这种比喻不管多么优美，可对我来说，委实是一则奇闻。诚然，为仁慈扬名并非坏事。

我耐着性子听完颂诗，说：“请去田庄公事房吧，我还有其他事情。”

“您忙您的。”婆罗门一动不动，“您明月般的容颜，容小民瞻仰片刻。”他站在我跟前，显出惊奇神色，像傻子呆呆地望着我的面孔，我体内窘迫的灵魂被他盯得战战兢兢。

我连声催他下船。他说：“布施的物品，请写在这张纸上，我马上到管家那儿去取，颂诗也会念给他听的。”

我不由得感慨万端，我和他操同样的行当啊。我朗诵诗歌，获得报酬。当然，有几回从人家门口空手而归，跟这位婆罗门一样。

保护大神毗湿奴有四只手，分别擎着法螺、轮座、仙杖和莲花。我——现世毗湿奴的凡身，挥了挥擎着仙杖的手，打发他走了。

他刚下船，比罗希姆普尔地区赫赫有名的演说家达里·马宗达占据了他的位置。

我胸前交抱双手，靠着躺椅，默不作声，像一尊冷峻的雕像。

达里·马宗达朗声说道：“大王，许多人读了古代英勇善战的将帅的故事，都不相信，以为几千年前那种事是虚构的。可是几千年后，目睹您的威武英姿，他们的怀疑立即烟消云散了！”

[1] 印度神话，毗湿奴十次下凡救世，黑天是他的凡身之一。
[2] 泰戈尔的父亲。

滔滔不绝的吹捧从他的口腔奔涌而出。我忍不住打断他："你去公事房歇会儿吧。"

"不，不，不用休息。"他急忙回绝，"好不容易见到老爷，我等了七八个月，做梦也不曾想到，瞻仰您妙足的夙愿今日得以实现。"说着，说着，他发颤的声音哽住了，撩起衣襟抹了抹干涩的眼窝。渐渐地，他似乎记起了先前的庄园主——我的哥哥乔迪宾德拉纳特对他的无限关怀和信任，心海里腾起激动的狂澜。于是他原原本本细枝末叶地讲述他当年做了哪些事，发生了哪些事，主人问了哪些问题，他回了哪些话。

残阳衔地，黄昏来临，鸟儿归巢，牛羊进厩，佃农荷锄回家，达里·马宗达仍无弃舟登岸的意思。直至从库希蒂亚又来了一位求见者，他才宽慰我似的说了句"明天来说其余的事"，恋恋不舍地走了。今天，他还没有来。但口才堪与之媲美的另一位演说家坐在我旁边的凳子上，等我一发话，也将口若悬河地发表演说了。

叔叔罗毗

希拉伊达哈

1894年7月6日

八

媲媲：

那天奥比唱歌时，我坐在旁边暗想，能给人带来幸福的物品并不稀少。在人世间，金嗓子唱的歌，并不在不可企及的梦幻之中，从中获得的愉悦，是极为醇厚的。然而，一样东西唾手可得，为它营造中意的安适环境，却是极难的。世界上并非只有喜欢唱歌的人和喜欢听歌的人，周围大部分人，既不唱歌也不听歌。所以，所谓万众一心，是不太可能实现的。

叔叔罗毗

加尔各答

1894年7月21日

九

媲媲:

我认为，白昼的世界是欧洲之歌，好听的，不好听的，零散的乐章，由移动的巨大的风琴演奏。而夜晚的世界是印度之歌，乐调纯正、凄婉、凝重。两支歌同样打动我们的心，可又是矛盾的。我们创作一首首幽静之歌，欧洲则创作人口稠密的城镇之歌。我们的歌把听众带出每日世人苦乐的界限，带往无伴无欲的所在。欧洲之歌把听众带进世人不断增减的无尽苦乐之中，引领他们跳奇异的舞蹈。

叔叔罗毗

希拉伊达哈

1894年8月10日

十

媲媲：

在加尔各答，觉得到包括罗摩格里调乐曲在内的所有晨曲非常熟悉，没有活力。但到了这儿，稍微练习几次，便生意盎然了。乐曲中呈现空前的真实和崭新的美，人世间的慈爱仿佛化为甘霖，纷纷扬扬洒落下来，滋润周围的景物。这些乐曲，可认为是整个天穹和寰宇的。这是幻术和神咒！我哼着乐曲，零零碎碎不知加添了多少词汇。这样一句词的歌曲，一天下来不知积攒了多少，奉献了多少！这样静坐在椅子上，就想把它们集中在整首歌曲中。……整个上午，我用极为简单的维伊鲁比调，哼成的两三句歌词，印在了脑子里，现记录如下：

哦，你来吧，以常新的姿态
　　步入我的心田——
　哦，我的永新！
来吧，化为情歌，化为色彩
　化为芳馨！
我举目四望，来吧，躲进
　我闭合的痴迷的眼睛！

叔叔罗毗

波迪夏尔

1894年9月10日

十一

媲媲:

充斥辛劳、疑惑和离情别绪的世界上,人心深处的恒久痛苦,融入维伊鲁比调乐曲,在各地回响。人际关系中蕴含永恒的痛楚、惶惧和期待,维伊鲁比调叩开我们的心扉,释放出我们心中的哭泣,让我们的情感和世界的情感建立关系。确实,我们没有一样恒久之物。但是,自然之神以神奇魔力时刻让我们忘记这一点。因此,我们才能做世界上的各种事情。在维伊鲁比调乐曲中,那永恒真实,那死亡之痛,均得到表现。它告诉我们的是:我们认知的一切将不复存在,我们对永远存在的东西一无所知。

叔叔罗毗

加尔各答

1894年11月21日

1895年

写给英迪拉·黛维的信

一

媳媳：

我们的穆尔坦调是四五个时辰的曲调。借助这种曲调抒发的感慨是：今天一事无成。今天，在下午耀眼的阳光中，在水中空中陆地上，在每个地方，我仿佛看到了穆尔坦调歌曲抒发的忧伤或激愤的情绪——没有幸福，没有悲伤，只有慵懒，只有疲惫，只有隐痛。

叔叔罗毗

希拉伊达哈

1895年2月22日

二

媳媳：

昨天，颂神曲一直演奏到深夜。这样的演奏太震撼人心了。这儿的村庄是演奏的理想之地。奏乐既朴实又动人。……以前国王的皇家乐队，在不同的时候唱不同的歌曲，通报时辰。我觉得那种皇家音乐也是有感染力的。

叔叔罗毗

萨加特普尔

1895年7月5日

三

媲媲：

像音乐这种魅力神奇的艺术，在世界上是独一无二的——它是全新的创造者。我真想不明白，音乐不创造一个崭新的奇妙世界，竟能揭示这旧世界深处神奇的永恒之国。包括歌曲在内一些东西对人说："不管你们怎样清楚地感知世界万物，世界的真品是不可言传的。"与此同时，它和我们保持着心灵的联系——因此，我们才有如许痛苦，如许欢乐，如许激情。

经管田庄时期的泰戈尔

叔叔罗毗

希拉伊达哈

1895年9月20日

四

媲媲:

歌曲与自然有着特殊的亲密关系。我断定，此时，我如望着窗外，开始吟唱罗摩格里调歌曲，阳光照耀、辽阔绿原上的自然，就会像一只着魔的梅花鹿跑到我心中来舔我。每次帕德玛河上下大雨，我就想用梅格莫拉尔调创作一首新雨曲。歌词是：乌云密布，电光闪闪，大雨滂沱。但人心深处常新的激情，无始无终的离情，在歌曲中只得到部分表现。

叔叔罗毗

希拉伊达哈

1895年9月26日

五

媲媲:

昨天傍晚，我的心沉浸在自然美景之中。当我乘船穿过金色的夕晖，缓缓返回住地时，突然听到远处看不见的一艘船上，有人用贝哈拉琴先弹一首普尔比调乐曲，接着又弹了一首伊蒙卡朗调乐曲。缄默的大河和寂静的天空在人心中完整地出现了。此前，我认为，在人类世界，哪儿也不会有这黄昏时分自然美景的比喻。普尔比乐调一响起，我就觉得，它有令人惊喜的醇厚，也有无限之美，它也是终极创造，这曲调与黄昏的全部魔幻一起，无羁地扩展，哪儿也没有分离。于是，我感到心里非常充实。

叔叔罗毗

希拉伊达哈

1895年12月15日

1900年

致信波里耶纳特·森[1]

一

波里耶纳特兄:

今天收到昌德拉那特·巴苏[2]的一封信，深受鼓舞。读了下面节选的一段，大概你也会很高兴。

我没有与你并驾齐驱的能力。你的速度太快了，和闪电一样！你的才华不可估量，丰富多彩，熠熠闪光。在你的天才面前，我只得甘拜下风。短短四个月之内，你发表《尘埃集》《故事诗集》《幻想集》《瞬息集》等四部诗集。我怎能成为这样的高产诗人？我绝对写不出这些诗来。刚放下《尘埃集》,《故事诗集》又出现在面前。——你送来《故事诗集》，替换我手中的《尘埃集》，没让我充分品味《尘埃集》。接着又送来《幻想集》，一把夺走《故事诗集》，再次打断了我的欣赏。前几天又以《瞬息集》使我惊喜不已，同时打乱了欣赏过程。我是凡夫俗子，行进的速度极慢，赶不上你的步伐，落在

[1] 波里耶纳特·森(1854—1916)，泰戈尔的文学知音。

[2] 昌德拉那特·巴苏(1844—1910)，印度社会学家。

波里耶纳特·森和泰戈尔

后面。目睹你的速度，我好生惊异。你的速度，简直是闪电的速度，既快又美，闪闪发光。这样的速度不是这儿的速度，而是空中的速度，是昊天的速度。罗宾德拉纳特，我没有本事精确测定你的潜能。

上述四部诗集的作品首首优美，韵味悠长，动人心弦，（许多地方）也非常精细或犀利。而我这个热爱农村的乡下人，在《瞬息集》中闻到孟加拉农村生活和乡村美景的无可描述的芳香，不禁陶醉了。我在你的其他诗集中似乎未闻到这样的芳香。也许，这样的芳香来自希拉伊达哈。只有在乡村，才能闻到自然的生命的芳香。我以哪一首为例呢？许多诗篇中，我闻到了这样的芳香。不过，不知为何，在《离愁》的芳香中我心醉神迷了。你真切地描绘了乡村特有的馨香。

我发现了《瞬息集》的一大特色。它的样式也跟瞬息似的。在

《瞬息集》的每一页，我看到勾勒的栩栩如生的“瞬息”。所以说，你的天才是不可估量的。

读了这封信，兴奋之余，我感到惭愧，感到忐忑不安。我获到的东西，比应得的多得多，对此，我心里没有一丝怀疑。我个人也比较喜欢《离愁》这首诗。他特别提到这首诗，让我分外高兴。

泰戈尔

希拉伊达哈

1900年8月15日

1902年

致信贾格迪斯·昌德拉·巴苏

朋友：

好久未给你写信了，可我在内心深处时刻感受着你的存在，说不准在心里陪伴你度过了多少日子。今天得到你最终成功的消息，我的心像被新生雨云的雷鸣振奋的孔雀，翩翩起舞；宛如酒鬼喝完酒瓶里最后一滴酒，我倾倒你的书信之瓶，品尝令人陶醉的喜讯。哪怕你的成功更晚些来到，我也不会抱怨。此时，我实实在在品尝到了澎湃的喜悦。

昨天应是你在巴黎演讲的日子，在那儿肯定也大获成功——我们的心也在演讲大厅里。

你在欧洲大陆插遍印度的胜利大旗，再返回祖国。此前切莫回国。如同加里波第[1]取得最终胜利，才解甲归田，你也要经过高耸入云的凯旋门，重返印度的深邃宁静之中，重返贫穷之中，深居简出。那时，大家都来找你，你不用找任何人。那时走到你身边，大家都向印度鞠躬致意。不必为招外国学生而按照外国计划，建造高楼大厦。坐在田野上和茅屋里鹿皮上的人，能够找到你。上苍没有把以如此坚定的毅力战胜印度贫困的能力，交给别人，而把那种伟力交

[1] 加里波第（1807—1882），意大利民族解放运动领袖。

给了你。在凉爽神圣的早晨，沐浴完毕，身穿褐色布衣，你带着你的仪器，坐在绿荫婆娑的榕树底下的那一天，印度古代苦修的隐士们在温善的和风和纯净的阳光中显身，为你的胜利而欢呼。印度的广袤原野和辽阔天空，像人干渴的胸脯，似人急切伸出的双臂，期待着那一天。我们也以微薄之力，开始为那一天做准备。不管谁是我们的国王，我们的天空，我们一望无际的平原，谁能夺走？谁能剥夺我们获取知识和认真思考的权利？谁能阻止我们安贫乐道？在印度，至上自由的坚韧荣耀，是静默无语的、清贫的、赤裸的、永恒的。强悍者的臂膀和当权派的狂妄，触摸不到它。应该在心中沉稳地感知它，内心平静地、满足地、满脸喜悦地把它稀少的服饰全部敬献在“宏大”[1]的足前。我们不会再理会外国人的睥睨，不会再听他们的训斥。我们要把以前从他们那儿弄来的野蛮的、五颜六色的衣服，像垃圾一样丢在净修林的门口，再步入净修林。

随信寄给你从我们书院树上摘下的迦梨陀娑[2]的一朵希莉斯花朵。

你的罗毗

1902年4月

[1] 指印度神话中的创造大神梵天。

[2] 印度古代梵语诗人和剧作家。

写给孔查拉尔·高斯[1]的信

孔查拉尔先生:

您把履行我赋予您的责任当作修行，这让我深感欣慰。我真心祝愿，天帝赐予你修行的毅力和虔诚。

我以前对您说过，少年学子的学习期，也是苦修期。我们的先人深知，获得人性，不是为谋利，而是为实现崇高目标。获得人性的基础是教育，他们称接受教育是修梵行。这不光是背书和通过考试。

首先，教学是修德。世界上许多东西是买卖的商品，但德不是商品。它意味着一方怀着造福的意愿慷慨地授予知识，另一方怀着谦恭的敬意接受知识。所以，在古代印度，教学不是商品。如今教书的是教师，而以前传授知识的是师父。教书的同时，他们给予的东西，除了师徒的精神关系之外，没有别的。

和学生建立精神关系，是圣蒂尼克坦梵学书院的主旨。不过应当记住，它的宗旨越是高尚，教学方法就越难、越罕见。做好此事，不像下订单那么简单。教师可以聘请，可师父不容易找到。因此，应时刻注视目标，耐心地等待机会。

要引导我们的学生热爱祖国。应特别注意不让学生去和其他国家比较，轻视、嘲笑、贬低，甚至仇视自己的祖国。

[1] 孔查拉尔·高斯系泰戈尔创办的学校的老师之一。

要让学生习惯于艰苦的梵行，弃绝奢侈和炫富。要从学生的心里，铲除金钱是光荣的错误想法。出现这样的苗头，要及时纠正。另外，要教育学生不穿华丽服装，使每个学生不认为贫穷是可耻的、可恨的。

其次，要培养学生良好的生活习惯。有关饮食起居和保持卫生的规定应严格执行。宿舍内外、床和身上穿的衣服，应该洁净。学生应自己洗衣服，擦干净水盆。每天按时擦净放衣服书籍的地方。学生最好也打扫老师的房间，学生为老师服务是应尽的义务。

第三，学生应尊重老师。学生不可对老师评头论足，出言不逊。学生见了老师要问候，行礼。

我不认为学校的老师是我的下属。我希望他们思想活跃地完成教学任务。我不想以严厉管束强迫他们去做给人看的好事。我把他们当作朋友和合作者。学校的工作，是我的也是他们的。若非如此，这所学校就白建了。

我希望为民造福的种子在老师们的心田发芽，他们能够热情而愉快地把自己的生命与梵学书院融为一体。

你们的罗宾德拉纳特·泰戈尔

1902年11月13日

写给迪纳斯·昌德拉·桑[1]的信

亲爱的迪纳斯·昌德拉：

天帝让我经受的悲恸[2]如果没有积极意义，那岂不成了精神折磨？我低头收下了这份悲恸。她生前是我的贤内助，今后将以她的离世成就我的余年。对她的美好回忆，将时时协助我为民造福，为我提供我取之不竭的力量。

我为您租了波尔苏罗摩·潘迪特的房子。原计划今天下午亲自去看一看。这是一幢印度斯坦风格的房子。窗户不多。朝南开门，北面有围墙。冬天生活不会有什么不方便。院子里有一口井。房间和大门的尺寸和其他情况，等我看了再写信告诉您。收到信即可前来。我希望您到这儿来换换空气，身体会更健康。我的女

迪纳斯·昌德拉·桑

[1] 迪纳斯·昌德拉·桑（1866—1939），著名孟加拉学者，著有《孟加拉语和文学》等专著。

[2] 指诗人的妻子穆丽纳里妮于1902年11月29日病故。

婿在这儿，他是医生。所以您不用为看病担心。

奥隆[1]在这儿很好。他已穿上您寄来的御寒的厚衣服。

热爱您的罗宾德拉纳特·泰戈尔

圣蒂尼克坦

1902年12月4日

[1] 迪纳斯·昌德拉·桑的儿子奥隆·昌德拉·桑的昵称。

1906年

致信迪纳斯·昌德拉·桑

亲爱的迪纳斯·昌德拉：

别再和我谈国内大事。我已经归隐了[1]，心里已没有写文章的欲望。我不觉得全国在坐等我发表意见。在这儿阳光普照的空旷原野上，默默地沉浸在怡人的暖风中，让我的心儿享受充分自由吧。当然，懒洋洋地半躺着，偶尔也写几行“歪诗”。说实话，先生，我内心深处，“民族”“爱国情怀”等单词全溜走了。悠闲时分，我的眼前浮现我的本相。

关于那些大事，我说过的话中有不少虚假成分。其中，大部分是“人云亦云”。除了灵魂的自由，我们没有别的自由。我们误认为新的桎梏是自由。我不想再卷入纷扰之中，偏离我的目标。

首先，在幽僻之地，心平气和地宽慰自己。在纯洁的心里，回顾一下前一段经历。之后，如有必要，再开口说话。目前，我乐意待在人们的视野之外。名誉对我来说分文不值。我要是老在人群中过日子，什么时候做家里的事[2]哩。所以，我及时退出了。

您不用急急忙忙卜算我今年的成果。学校里考试结束，不妨来

[1] 1905年泰戈尔因抵制英国货等问题与群众运动的领导人产生意见分歧，退出了群众爱国运动。

[2] 这里的人群，指群众运动，家里的事指从事教育事业。

泰戈尔的归隐地——国际大学

波尔普尔一趟。确实，这地方不如大吉岭凉爽，但我发现，有些人成天嚷嚷“热呀热呀”，搞得自己心烦意乱。我从不感到波尔普尔热得令我难以忍受。

祝您万事顺遂！

您的罗宾德拉纳特·泰戈尔

波尔普尔

1906年4月22日

致信迪琼特罗纳德·穆伊达拉[1]

尊敬的迪琼特罗纳德先生：

我的朋友穆诺朗昌·邦达巴达亚先生不慎脚底划伤，久治不愈，为此，我极为忧虑。我深信由您治疗，他能很快痊愈。他在您的医院，一定能得到无微不至的照顾。所以，我劝他住进市立医院。

此前，我就知道您乐于助人。所以，为了我的朋友，我再次毫不犹豫地向您求助。近来，他常常唉声叹气。这一段时间，这只受伤的脚让他饱受煎熬，使他十分沮丧。得到您的关照和鼓励，他心里一定能鼓起勇气，很快康复。怀着这样的信念，我把他交托给您了。您一定会收下他，让我放心的。

你的罗宾德拉纳特·泰戈尔

加尔各答　朱拉萨迦

1906年11月29日

[1] 迪琼特罗纳德·穆伊达拉系加尔各答市立医院著名外科和眼科医生。

1908 年

写给萨登特罗纳德·达多[1]的信

萨登特罗纳德：

读了你的译文，十分惊喜。这些诗是如此平易，却又富于韵味，不觉得是译诗。一般来说，原作的意蕴是难以在译作中移植的。但你的译诗之花，把原作当作花托，展现了自己的情味之美。我相信，这是诗歌翻译的特殊荣光。所以，它既是译诗，又是新作。

罗宾德拉纳特·泰戈尔

1908 年

前排右一坐者为萨登特罗纳德·达多

[1] 萨登特罗纳德·达多（1882—1922），泰戈尔的忘年交，孟加拉语多种格律的创造者，被誉为韵律的魔术师。

1910 年

写给罗亭德拉纳特[1]的信

罗梯[2]：

我儿媳身上有许多优点，让她充分发扬优点，是你的责任。此时你不考虑此事，今后就没有机会了。波罗蒂玛[3]刚走进你的家，你正使她的人生旅程改变方向，她会朝这个方向开辟道路。她会明白家庭究竟是什么样子。人生目标是什么，在她心里也会慢慢清晰起来。稀里糊涂地度过这一段时光，不养成坚定地负责地完善人生的习惯，将来就只能吃后悔药了。

我已远离这个大家庭和家产，这一切留给你了。你可以此维持生计，也要承担相应的责任。你若不把这些置于私利和享乐之上，而是置于高尚的情趣之上；若能从各方面孜孜不倦地奋斗，发挥自己的才能；在知识、道义和造福等方面，倘若成就卓著，懒惰、懈怠、丑陋、想入非非、恣意妄为等等，若不在你家里获得立足之地，你的生活将多么幸福，这是我难以详述的。所以从今天开始，你们夫妻二人应携手并肩，共建高洁人生。今后我不再参与你们的私事，

[1] 泰戈尔的儿子。

[2] 罗亭德拉纳特的小名。

[3] 泰戈尔的儿媳波罗蒂玛·黛维于1910年与罗梯结为夫妻。

左二为泰戈尔儿子罗梯

勉强去做是不适宜的。因为，每个人都有一片独特天地，自己的生活和家庭问题，是别人解决不了的。要通过各种苦乐、成败锻炼自己，逐步成长。从外部硬塞进来的观念，只会成为痛苦的缘由，不会带来任何益处。我的生活领域在别的地方——那个领域是我开拓的，目前需要我进一步开拓，我的人生和它一起成熟。你们的小家庭也是如此，在建造小家庭的同时，要使自己成长起来。要经历种种坎坷，沿着这条路，奔向目的地。在你们创建家庭的过程中，任何人的干预都不是好事。实际上别人是无权干预的。你是有教养的成年人。你的工作领域就在你身边，你已经到了主动接受新的历练，把你的事业引向成功之巅的年龄了。经过全面考虑，我把你们的一切交到你们手中，从中脱身了。我不想当你们的绊脚石。我不想以任何方式把自己的意志强加给你们。那样做的话，只会使家事变得更加复杂。把持自己不应享用的东西，是不公道的。所以，你尽可把家产全当作自己的，随意支配。不要向我投来征询的目光。家产或增或减，都是你的。你自己的世界，由你自己打造。以这种方法发挥你的全部才能，你就会成为有福之人。

不过，你要记住，你已完成学业，积累了人生之路的盘缠，做了充分准备，也从容地踏进了一个新家庭。但我这个儿媳和你不一样。她至今是个孩子。关于世界和个人，她知之甚少。在这方面她是不能和你平起平坐的。因此，你应承担唤醒她那颗心的责任。你要为她提供人生需要的各种营养。你有义务不让她身上的各种潜能枯萎。在增添人生阅历方面，她是你的徒弟，你是她的师傅。你要把她当作一个人，全面周到地照顾她，不能只把她当作一个家庭妇女、一个享受生活的女伙伴。她的某些特长如因受到冷落而泯灭，必将打击她整个人性。鉴于她目前的状况，只从你自己的兴趣、意愿和需求出发，要求波罗蒂玛，是不行的。从她的实际情况出发，从各个方面培养她，对你来说责无旁贷。

波罗蒂玛的内心深处蕴藏着孝道，这是她的力量所在。就家庭而言，人们每天并未意识到多么需要它。但既然波罗蒂玛有这种孝道，不把它唤醒，就会使她的禀性处于一种贫乏和饥饿状态。这一点，你万万不可忘了。

我没有更多的话要说了。但愿你们的小家庭在各方面都美好而充实。我把你们家庭的权力全交到你手中，衷心希望圣洁的福善之光时刻照耀你们的小家庭。从今往后，你们家里再没有要我做的事了。把我真诚的祝福转告我儿媳。愿她一生充满天帝的赞美。希望我儿媳以一双擅长侍奉的吉祥的手，从家中清扫一切懒散、沉闷和不美，从而使天帝的神圣愿望在家中实现。

父亲

1910年

写给波罗蒂玛·黛维[1]的信

波罗蒂玛：

昨天一天，我们劈波斩浪，与急流搏斗，深夜才抵达希拉伊达哈。

这儿事情繁杂，此时此刻，说不准要在这儿待多少天。

可我心里一直担心你的学习会受到影响。我已关照奥吉德[2]每天教你，确实按照我说的那样上课了吗？初级英语已经学完了。你知道我已又为你选了一本书吗？那本书不比初级英语难，可能还容易一些。

另外，你可以跟赫姆洛达[3]学习诗歌和散文。要下功夫，渐渐学会正确地拼写单词。

[1] 泰戈尔的儿媳。

[2] 奥吉德·库玛尔·贾格罗帕迪系泰戈尔在圣蒂尼克坦初建学校时的老师。

[3] 赫姆洛达系泰戈尔大哥的儿媳妇。

泰戈尔和儿媳波罗蒂玛

我希望你每天虔诚地对天帝倾诉你的心意。

很久之后，我又泛舟帕德玛河。今天上午，阳光明媚。河里涨满了水。我坐在船顶上做祈祷时，心里充满光明和美感。坐在河流、陆地和天空之间，心中感知着梵天[1]，实在是太愉快了。我真想长期置身于这儿的宁静和纯净之中。但梵天这位主宰不让我休息，我也没有办法。他已把许多要办的事情放在我的手上了。

愿上苍保佑你。

父亲

希拉伊达哈

1910年7月7日

[1] 印度神话中的创造大神。

写给萨登特罗纳德·达多的信

萨登特罗纳德：

有一种翻译只是从一种形态转变为另一种形态。这种译文中只能看到躯体，可这种躯体不会说话。换句话说，其中只保留原作的一小部分精华，大部分精华丢失了。

你的翻译作品是转世重生。灵魂从一个躯体转移到另一个躯体。这不是艺术加工，而是再创作。在孟加拉文苑，你的译作不是侨民。它们拥有当地人的全部权利。它们行走不用出示故居的通行证。你的朝觐之路上的尘土变成花粉，以新的芳香迷醉清风。

罗宾德拉纳特·泰戈尔

1910年

写给迪琼特罗纳德·穆伊达拉的信

一

尊敬的迪琼特罗纳德先生：

我派人把持信者和一位失明的老实人送到您那儿去了。他孤苦伶仃，无依无靠，到处流浪，来到我们的学校。现从学校送他到加尔各答治眼睛。您如仁慈地让他住院，为他诊治，这将是这位苦命人的洪福。

请接受我新年的祝福！

你的罗宾德拉纳特·泰戈尔

朱拉萨迦

1910年4月27日

二

尊敬的迪琼特罗纳德先生：

在您的精心诊治和照顾下，我的仆人转危为安，已出院回来了。请接受我充满感激的敬意。

你的罗宾德拉纳特·泰戈尔

1910年5月18日

三

尊敬的迪琼特罗纳德先生：

持信者阿苏都斯·马宗达是我们田庄一位安分的贫穷佃农。他十几岁的女儿手骨折了。当地医生想尽一切办法，也没接好。现把她送往您的医院。我知道，您一定会仁慈地为她精心治疗。姑娘的父亲希望在医院陪护病人。因为他女儿年纪小，一个人在医院心里害怕。若不违反有关规定，请给予特殊照顾。

你的罗宾德拉纳特·泰戈尔

希拉伊达哈

1910年11月21日

1911 年

致信拉马南德·贾特巴达耶[1]

尊敬的拉马南德·贾特巴达耶先生：

短篇小说《喀布尔人》昨天下午已收到。这是挂号邮件，信封仍被人撕开，之后又粘上。此前，我已收到三封这样被撕开又粘上的信件。显然，王国那颗煞星怀疑的锐利目光已经落到我身上。由此可见，希望保持国王[2]与平民之间的信任关系，是白日做梦。

我们学校最近也受到王室暗中的惩处。东孟加拉政府职员的孩子们突然纷纷离开学校。甚至有人打电报来催促他们退学。[3]

其实，我一贯坚守圣蒂尼克坦的办学宗旨，在社会剧烈动荡的时候，不允许举行可能带来不安定的讨论会。事实上，我把学生的心思从那儿拽了回来，为此，受到了一些人的指责。但由此可以清楚地看到，进行宗教宣传也罢，开展公益活动也罢，你想做点实事，国王必定从中阻拦。双方就这类事情面对面商量达成妥协的道路，也被堵死了。当王权像隐藏在乌云里的雷声，动用武器时，别人没有机会争辩，保护自己的路也被切断。像这样以怯懦的方式，蹂躏

[1] 拉马南德·贾特巴达耶（1865—1943），孟加拉杂志《外乡人》、英文杂志《现代评论》主编。

[2] 指殖民当局。

[3] 1911 年，东孟加拉阿萨姆政府下发一份秘密文件，禁止政府职员的孩子到泰戈尔创办的学校读书。

平民一切善举的卑鄙拙劣的行径，世界上难道还有吗？国王用这种手段统治平民，也使自己堕落了。一群充当密探的小丑，在国王耳边进谗言，王国统治的丑剧，在魔鬼的狂叫声中落幕！

让力量悬殊的双方之间的不公平交战，能持续多久就多久吧。经受痛苦，经受失败，依然是驭手的人，将能抵达目的地。我们将尽自己的责任，直到最后一刻。即使输了，道义也在我们一边——那就是我们的胜利。

过几天我们就会知道，政府在背后捅一刀，会吮吸我们多少鲜血。不过，这把不义之剑的柄并非让一个人握着——凶手的性命恐也难保。

你们的罗宾德拉纳特·泰戈尔

1911年11月9日

1912 年

致信查鲁·昌德拉·邦达巴达亚[1]

诗人叶芝

亲爱的查鲁：

我不能说，一次次读到报纸上有关热烈欢迎我的报道，我感到有些受宠若惊。说这儿英国人喜欢我的作品，这件事并未使我兴奋，显然是假话。但你们把那些消息集中起来，敲锣打鼓时，我感到非常愧疚。尤其在这一期《外乡人》上看到，你们刊登了拉德富特小姐和辛克拉尔小姐的两封信的译文。我真担心你们还会把这两封信在英文杂志《现代评论》上发表。这是私人信件。公开发表，会使她们感到难堪，是非常不合适的。当然，我不知道你们在做什么，要是那么做，我连阻止都来不及了。我恳求你们，别人谈的个人意见，你们不要公开评论。

[1] 查鲁·昌德拉·邦达巴达亚系《外乡人》杂志编辑。

叶芝编辑的诗集[1]，连同他写的序言，已经付梓，估计10月份可以问世。我手头上还有不少译作。再增加一部分小说，就更好了。我已翻译了三个剧本。翻译的诗歌数量不少了。我做梦也不曾想到，年过半百，我竟用英语翻译我的作品。我在诗集《瞬息集》中写道："也许来世我是我作品的评论者。"然而，今生今世，就拉开了评论的序幕[2]。自己当自己作品的译者，是一大难事。没让自己的作品少受罪——简直是脱胎换骨的再创作。

你们的罗宾德拉纳特·泰戈尔

伦敦

1912年10月6日

[1] 指泰戈尔的获奖诗集《吉檀迦利》。

[2] 指翻译。

1913 年

致信查鲁·昌德拉·邦达巴达亚

亲爱的查鲁：

麦克米伦出版公司正在印制英译本《吉檀迦利》。该出版社将出版我的全部作品。方便之处在于，该出版社在英国、美国和印度均有业务。也许经济效益会好一些。

第一次印刷的《吉檀迦利》已销售一空。当地读者饶有兴致地读我的译著，都说非常喜欢。所以，时来运转的话，我们学校可以渡过难关了。看来，在英国，艺术女神不是“正房”，而财富女神也不是“偏房”。在英国，一夫多妻是违法的。这给我们带来了希望。

《吉檀迦利》

我的译作已攒了许多。羞惶之坝一旦崩溃，谁还怕“语法”的血红眼睛！就像我小时候一面走一面把脚穿的拖鞋朝前甩，翻译时英语的严格规则也甩掉了一些。总之，翻译从未停步。今天刚译完《秋天的节日》，明天将开始译另一部作品。

你知道，美国人是乞讨演讲的

乞丐。到了一个地方，不管你如何婉拒，不演讲是过不了关的。为此，必须写几篇文章。这件事对我来说不太舒心，却有必要做。从各地不断发来邀请，我尽量减少出席次数，可推掉一些仍剩下不少。应邀出席每项活动，不演讲是难以起身离去的。朝前望去，哪儿也看不到静心休息的迹象。

你们的罗宾德拉纳特·泰戈尔

美国

1913年1月

写给玛杜莉洛达[1]的信

蓓拉[2]：

听说你身体不好，我心里十分焦急。给你写信未收到回信，跟别人也打听不到你的消息。隔三岔五给我寄张明信片嘛，告诉我你的近况。萨拉德最近身体怎样，写信顺便提一笔。

到了美国，这几天我默不作声地住在名为阿尔巴那的一座小城的一间屋子里，未在任何人跟前露面。

美国人有听演讲的癖好，所以催促我不停地发表演讲。开初我

[1] 泰戈尔的大女儿。

[2] 玛杜莉洛达的小名

泰戈尔大女儿玛杜莉洛达

有些迟疑，因为我的固有想法是，用英语演讲，断不能维护我的名望。因而牢记贾诺科[1]的训谕，紧闭嘴巴，表情严肃地坐着。后来，未能躲过当地团结俱乐部上门请我讲几句话的人。这个俱乐部很小，没有太大的影响力，成员不多，所以勉强同意，赶紧写了一篇文章。到那儿一看，屋里挤满了人，逃离的路已被堵死。读完文章，全体听众鼓掌、喝彩，增强了我的勇气。接着在他们的聚会上又一连宣读五篇文章。之后邀请纷至沓来，在芝加哥大学演讲，我的忧虑已不复存在。宗教自由党在罗切斯特举行年会，我收到在会上就“民族冲突”做二十分钟演讲的邀请。罗切斯特离波士顿市不远。我想

[1] 印度古代能言善辩的政治家。

既然大老远来了，索性到波士顿去一趟。美国规模最大的大学哈佛大学就在波士顿。目前我已在波士顿。昨天已演讲一次，还要做三场演讲。之后去何地，做何事，就不得而知了。

这儿有个现象给我留下了很深的印象。在美国，至少在美国西部，几乎各个阶层的妇女都亲手做家务事儿，原因是这儿不可能找到仆人。做饭，整理床铺，打扫房间，洗碗刷盘，大都是家庭主妇做的，家里男人也经常当她们的帮手。不过，做家务活儿有诸多便利条件，大大减少了劳累。比如做饭用煤气，基本上不累。其他许多事情也靠使用电器完成。当下，不可能把这些便利引入印度。可能的话，大部分家务事儿就不必依赖用人了。

以前，我儿媳也做了很长时间的家务活儿，后来，出饭钱，付工钱，由两个学生干原本她干的活儿。美国的穷学生做这种日常琐碎的事情，丝毫不感到丢脸和屈辱。他们一面在学校读书一面在饭店里当服务生。甚至经常为一起学习的同学服务，挣一份儿零花钱。如果在印度，就没脸见人了。你用人的情况如何？你那个厨娘还在吗？她的孩子怎么样？有了女用人，生活轻松一些吗？

爸爸

坎布里奇　美国

1913年2月19日

写给米拉·黛维[1]的信

米拉：

你孩子张大嘴傻笑的照片放在那件斗篷上面，我见过好几次，心里老想着再看几眼。

你来信说，她的湿疹治好了，但身子依然很弱。你看了医药书就会知道，湿疹留下病根，身体必然虚弱，稍不注意，又会复发。所以快速治愈湿疹，并非好事。你可购买硫黄－260[2]，让她服用两粒试试。一个月之后，再服用一次。湿疹的病根，用硫黄－260可以治愈。

我的手术做完了。开头几天非常痛苦。这种病挺折磨人的，治疗也不太舒服。不过，第一个星期住在疗养院，很舒坦。这几天摆脱了一群群人的打扰，休息得很好。躺在床上，每隔两小时吃点东西，看看书，写几行字。疗养院里照顾十分周到。几个好朋友常来看望。由于还有一些病症，今天还得去找医生。他们让我受了一次大罪。我不晓得在麻醉状态下是怎样动刀切割的，可清醒过来之后，痛得难以忍受。但不管怎么说，看来今后不会再受痔疮的折磨了。是否一辈子太平无事，就说不准了。因为有些人手术后，病情又复发。但我至少有四五个月的静养时间。

[1] 泰戈尔的小女儿。

[2] 原文为Sulphur 260。

右一为米拉

我在这儿出版的几本书最近大致有了眉目，一本诗集和一本演讲集已送到印刷厂，这两本书10月面世。翻译的《儿童》在基督教出版季节发行。

你肯定已经知道，波罗蒂玛的扁桃体和淋巴切除了。目前她身体很好。

爸爸

伦敦

1913年7月

1914年

致信吉·迪·恩达逊[1]

吉·迪·恩达逊先生：

您来信说，孟加拉语中音节拉长通常发生在句子的开头。其实，很早以前我就已注意到这种现象。每个英文单词都拉长自己的发音。娴熟地使用各种拖长的声音，可使你们的诗行具有音乐美。在梵文中，单词的发音没有拉长。但长短元音和复合辅音字母，可组成各种音节，从而形成梵文诗行节奏的波澜起伏。比如：

像喜马拉雅山一样神圣。

这行诗里，有复合辅音和长元音的地方，声音受阻。阻力促发诗韵的跌宕。

每个单词具有这种冲击力的语言的最大好处在于，每个单词在提醒自己，谁也不能在身旁绕行，躲避我们的注意力。因此，当一个句子出现在我们面前时，它时高时低的奇特形态，使我们看到它的清晰模样。孟加拉语句子的缺陷在于，在拖音的拽拉下，许多单词轻快地从我们的耳朵上滑过去了，来不及了解它们的详细身世。

[1] 剑桥大学孟加拉语系教授。

泰戈尔孟加拉语诗作手迹

它如同我们孟加拉的大家庭。在大家庭里，可以清晰地感知户主。但在他身后，他养了多少人，他们在不在，没有必要仔细核实。

孟加拉的说书起着教育民众和提高民众娱乐水平的作用，说书艺人也常常频繁地引用梵文复合词。这些单词，乡下人听不懂。但这些单词浑厚的声音，使他们的心儿骤然惊醒。孟加拉语单词的声音柔和，孟加拉诗人经常不得不使用不流行的梵文单词。

我们的孟加拉戏剧和曲艺的歌曲，历来频繁地使用头韵。这些头韵经常没有意思，而且与语法相悖。但对一般听众来说，它们万万不可缺少，因此就顾不上去分析用它们是否合适了。炒蔬菜，放很多佐料，要不就没有滋味。放佐料不是为增加营养，不过是为刺激舌头罢了。同样，达斯罗梯·罗易也大量使用头韵，他笔下的罗摩以哀叹道：

> 做这种寻常小事，唉唉，装成难看的样子，
> 在密林里我号啕大哭——

听着听着，听众心里伤感起来了。我们的朋友迪纳斯先生盛赞的克利斯纳·克默尔·戈沙米先生写的下面这首歌中，有一堆堆“垃圾”，可无人出面制止：

> 如果哪个时辰，他出现在莲花丛中，
> 立刻通报精心保护的情形。

应该记住的是，孟加拉语的《罗摩衍那》《摩诃婆罗多》《杜尔迦颂诗》《难近母颂歌》等所有古典诗集的诗，均可吟唱。单词中的一些欠缺和诗行中的空隙，全让曲子弥补。吟唱的同时，艺人挥动拂尘，敲击钹和鼓。摈弃这一切，当我们朗读雅语文学中流行的诗句时，我们发现，诗行中没有拖长的元音，于是，一个字母被视为一个音节。

孟加拉歌曲有诸多便利。如同在孟加拉平原上，河水顺畅地在江河的一条条支流里流淌，音节相同的歌词中，曲子可按照自己的需要，随心所欲地行进。歌词低垂着头，对它表示绝对忠诚。

但一旦脱离曲子，诗作就变得像寡妇一样。所以，迄今为止，

我们拖腔带调地朗诵诗歌。甚至读散文，也有声有调。我们语言的性质，导致这样的朗诵。受习惯的影响，我们也有声有调地朗读英语，英国人的耳朵肯定觉得挺古怪的。

然而，说我们的一个字母实际上是一个音节，是不正确的。复合字母和非复合字母，任何时候不可能成为一个音节。如：

伽斯罗摩达希说，聆听等于行善。

“行善”这个单词的音长，和“伽斯罗摩”的音长是不一样的。我们拖腔带调地读每个字母，因此，我们的单词中出现许多空隙，轻、重两种单词可以获得数量相同的音节。

“Equality”（平等）、“Fraternity”（友爱）这些东西非常珍贵，但若是虚假的，就应扔掉。我们文言诗的字母中，出现平等和友爱，配以乐曲，就更珍贵了，但在诵念的需求中，它就是虚假的。这种看法多年来在我脑子里萦绕。有的诗人，为了消除孟加拉语诗行的柔弱，在加强语气的时候，按照梵文的方式，把孟加拉单词的元音或变长或变短，安置在诗行之中。现援引婆罗多·昌德拉的一行诗，加以说明：

身穿大神的衣服装扮成大神。

这样的例子，在毗湿奴教派诗人的作品中，屡见不鲜。但应该说这不是孟加拉语。婆罗多·昌德拉写梵文风格的诗，尽量舍弃孟加拉语单词。毗湿奴教派诗人使用的语言，是异化的穆伊提里地方语。

我大哥常常写这种诗，当然是出于好奇。比如：

> 有周游世界的愿望，却没有一分钱盘缠，
>
> 这是命运的惩罚，神魂飞翔，脚缠锁链。

在孟加拉诗苑，这种写法是不能持久的。因为，孟加拉语长短元音的差别是无从昭示的。但复合字母和非复合字母的音节差别，却是不能不产生的。

抛弃了不与元音相拼的辅音，孟加拉文言文，在老爷们的呵护下，像宠儿一样长得胖乎乎、圆鼓鼓的。厚厚的脂肪层，掩盖了它的真相。不管它脸上有多少光泽，它的力气很小。

但是，文言文之外的其他地方语，是强壮的语言，拥有称之为躯体的东西。我们的文言诗中，对地方语视而不见。可地方语并未在它的寓所寿终正寝。它在行吟艺人的口中，在行脚僧的口中，在虔诚诗人的口中，在女人唱的歌谣里，走遍孟加拉大地，染绿了孟加拉的心。只是因为未用印刷的黑墨在额头上描一颗痣，它不能堂而皇之地出席高雅文学的盛宴。但它的嗓子从未停止唱歌，它的竹笛仍在吹奏。它那散发着泥土气息的歌谣之河的河床上，含有不与元音相拼的辅音的单词，像一块块鹅卵石，互相碰击，发出叮叮咚咚的声音。而我们绅士文学的村庄里，那肃穆的池塘的静水里，没有那种声音。那儿不准发出闭音节末尾辅音的声音。

在我晚年的诗作中，我尽量使用孟加拉白话文的音调。因为，

我看到，白话文像流水一样流动着。它有与生俱来的泠泠水声。您从我的《歌之花环集》摘录的下面的诗行中，就有白话文的音调。

鲜花开放，鲜花即将开放，
使我每一根刺儿也显得美丽。
我所有的愁苦将变成
一朵朵鲜红的玫瑰。

您可以看到，这四行的每一行中，都有闭音节单词。

在缀有金线银钱的一两尺长的梵文面纱后面，我们语言的媳妇的眼泪、脸上的笑容，全被严实地遮住了，我们也就忘了她乌黑眼睛的瞥视是多么锐利。我努力揭开那方梵文面纱，招来文人墨客的一片嘘声。让他们观察缀有金线银钱的纱丽下摆，确定它的价值吧。在我看来，她目光的价值比它高得多。它是无价之宝，在饱学之士的市场上是买不到的。

您忠实的泰戈尔

1914年

1915年

致信波里耶纳特·森

波里耶纳特兄：

你说我是个“吝啬鬼”，确实如此。这是我天性的组成部分。造成这样状况的原因也增多了。年幼的时候，除了自己的，没有别的需求。想买书就买书，花钱大手大脚。结果，手中空无一物，当然手中也不需要什么。如今，两百个孩子的这副担子压在我肩上。我

泰戈尔与小学生

经常找不到帮手来为我考虑他们的学习、生活。当然，眼下不用找人，靠个人的力量尚可应付局面。

光阴荏苒，十四年过去了。我卖了许多书的版权，借了许多钱，至今尚未还清。不过，这算不了什么，因为，我有借贷的能力。

关于歌词的诗性，信中你陈述的观点，我是同意的。只有一点不正确。关于诗作，我们头脑里其实并无什么理论。我写了歌词，谱上曲演唱，这是我当下的迫切需求。

我写诗的黄金岁月远逝了。我以前说过，鲜花不会永远绽放，能绽放的时候必然绽放，用不着别人催促。

现在我写的歌词，是优秀还是平庸之作，已没有时间去想了。你若问为什么付印，我的回答是，这些歌表达了我的心声，因此，能满足某些人心中的需求。需要唱这些歌的人，哪天唱唱又何妨哩，这也是我所期望的呀。谁在不完美的行动中寻找完美，我就把歌曲放在谁的脚凳下面，这就算这辈子收到的小费吧。如今，我没有获得更多回报的能力了。我还能以什么获得更高的价值？我期待获得恩惠，你们为我祝福吧：愿文化市场上的商人[1]此时成为门口的乞丐，能一天天过下去。

你的泰戈尔

1915年

[1] 指泰戈尔自己。

1917 年

写给波罗穆特·乔德里[1]的信

一

波罗穆特弟：

我们这儿的图书馆里有一本《云使》[2]。有一天风雨大作，漫长的下午，我在紧闭门窗的屋子里，靠着枕头，拖腔带调地朗诵了一遍。不仅朗诵，还添枝加叶地写了一首描写雨天的诗。你知道我读了《云使》的感想吗？这本书确实写的是离人。不过，书中离愁别绪的成分很少。字里行间充满离人的欲望。在亲人分离之中，似乎有一种囚徒的情绪。于是，抬头望见无垠天空中云彩的自由飘移，受到诅咒的药叉把自己的难耐的思念托付给云彩，让它飘越河流、大山、森林、村庄、城镇，享受着无边自由的快乐。《云使》是囚徒之心周游世界的记录。

读着《云使》产生的另一个想法是，现在已没有古代那种分离的男女。诗集中可以读到旅人的妻子的描写，可我们感受不到他们的真实情状。近代应运而生的邮局和火车，从国内驱逐了离别。如

[1] 英迪拉·黛维的丈夫，泰戈尔的侄女婿，《绿叶》主编。

[2] 印度古代大诗人迦梨陀娑的一部长篇抒情诗，描写被流放的小神药叉托雨云把他的思念带给远方的妻子。

今没有所谓的异国他乡了。所以思妇们不再披散着长发，怀着抱着泪湿的弦琴，躺在泥地上。她们坐在桌子前，写信，封口，贴上邮票，在邮局里寄出，之后就安心地洗澡吃饭。

但愿我这封信送到你手里时，朱亚汤迦的天空乌云密布，天昏地暗，广阔大地上哗哗哗大雨倾泻。若不这样，而是阳光炽烈，大地像着了火，草木枯萎，变黄。天上的任何一个角落，如果没有一片雨云，生于雨天的这封信，必将夭折。

泰戈尔

（原作无地点、日期——译者注）

二

波罗穆特弟：

今天早晨，我的右肩突然像患了关节炎似的，脑袋转动和右胳膊抬起都很费劲儿。若不把一向被扔在后面、眼睛看不见的后背吃力地靠在椅子上，它的存在就感觉不到，历来藏在后面的背部就要自封为意识王国的国君了。在给你写的这几行字中间，隐藏着无从展示的龇牙咧嘴和呻吟。此时，与这疾病相比，《心声集》[1]中所有的冷漠和失望心情，让人觉得是太虚假、太矫情了。看来，后背和肩膀，比心灵和灵魂重要得多。所以，今天无望从我这儿听到对《心声集》切中肯綮的评说。仔细琢磨一下，可以发现，《心声集》对爱

[1] 泰戈尔1890年发表的一部诗集。

情的描写，使用诗的语言，不过是篇幅较大的一种美的游戏。它的真正题旨是：人并不知道他究竟追求什么。是要一罐水，还是要半个木苹果？如问的话，他说不清楚。在这种状态中，我与心灵妥协，试图摘到想象王国的如意树结的梦幻之果。当我得知“真实”极度不满，并当着人心之面粗鲁地回答问题时，赶紧沉湎于冥想和想象。可从想象那儿也弄不到完整的果实。不过，比起真实，它可赍负更多的指令。所以，在 处写道：“愿真实成为想象。”我如能将它们合二为一。换言之，我如何能成为天帝呢？人像天帝一样，心中怀有无限希望，可不能像天帝一样拥有无限能力。有人说，人也有无限能力，所以在外部世界奋斗。可有些人知道，人没有这样的能力，于是坐在愿望之国，信心不足地制造想象中的偶像，对它膜拜。你会称之为爱吗？我所爱的人在哪儿？我爱许多人，可我塑造的心灵偶像，在心殿。它是艺术家手中创造的第一尊不完美的天帝之像。它能渐渐完美吗？

泰戈尔

（原作无地点、日期——译者注）

三

波罗穆特弟：

我用白话文写了诗行较长的一首诗。这首诗是可以朗诵可以读懂的，当然也可以发表。我在名字的形象之宫里增添了形象。需要起名的话，你就为它起个名字吧。

有许多人以自己心灵的爱抚纷纷点燃
我的暮歌晨歌之灯。我人生的光亮黯淡
是他们光影的游戏。心里的人在外面徘徊，
他们的生命之河中，我的生命化作滔滔流水，
流向四面八方。我们的年寿不与岁月相连，
它不只是呼气，不只是昼夜的七串项链，
亲友亲密无间，许多生命的爱的琼浆
世世代代斟满我们的无尽年寿之觞。
他们的生存中我的生存越过自己的界限。
许多瞬息之果成熟，充盈各种日子的甘甜；
昔日的欢乐情景在今时的花托上轻轻摇摆——
脱离母腹的婴儿仍被纯洁母爱的纽带
紧紧结在母亲的怀里。然而当亲人后来
一个个躲过我的眼睛，遁入阳光背后的
黑暗世界时，我这贫瘠、干枯的生活
像雨季过后的一条小溪渐渐变得瘦弱，
在空旷的沙漠边缘，疲惫之水受到冷淡。
在我人生的黄昏时分，有些人在我身边，
尚有日光，你快握住他们的手高歌一曲——
大声说道，兄弟，这相见这抚摸弥足珍贵。
何等美好呀，今日在啼笑的恒河朱木那河

的交汇处，踏浪潜水，装一罐水挥手告别。
何等美好呀，在生命的舞台上，全身心与
神圣世界的尘粒泥土果实空气流水草木欢聚，
何等美好呀，在阳光下和鲜花一起苏醒，
唱歌——夜间与繁星共眠，期待崭新的黎明。

与这首诗格式相似的文言诗的一行中，通常有十八个字母的椅子。但在这首诗的某几行中有二十五把椅子。火车一等车厢里一张长凳上坐的旅客，不许超过六人。但在三等车厢里，六个以上的旅客挤坐一张长凳上，这首诗与三等车厢的长凳相似。你如发表，请别掐断诗行，否则这首诗是很难念的。

泰戈尔

1917年

写给拉马南德·贾特巴达耶的信

尊敬的拉马南德·贾特巴达耶先生：

"您'软硬兼施'，抢走我的作品，在《外乡人》上发表。"这样的流言，没有进入我的耳朵。您如真那么做，也不会成为我痛苦的缘由。假如我是《外乡人》的主编，也不会轻易放过泰戈尔的。动用威胁、利诱、套近乎等手段，弄不到大量作品，几十篇总归有的吧，没有几十篇，几篇总归有的吧。泰戈尔有个天生弱点，他像一棵枣树，不捅他几下，他就不流甜汁。你如不及时“贿赂”我，就没有长篇小说《戈拉》的问世。没有人催逼，我就写不出大部分长篇小说或短篇小说。您若问我，我怎会有这种臭脾气，我的回答是：直到今天，虽有作家的名分，我依然真的不相信，我能写作。每每收到约稿信，就觉得我没有写作的才能。可又不愿被人发现我是个蠢材。这件事里藏着一个秘密，说出来没人相信。可这是真的。这就是：以泰戈尔名义发表作品的那个人，不是泰戈尔[1]。那个挨骂的、获得诺贝尔文学奖的人，是泰戈尔爵士。他日夜提心吊胆，生怕有一天真相大白。有人说，译本《吉檀迦利》不是我译的，是别人译的，他们说得“对”。事实上，泰戈尔爵士不懂英文。哪天叫我出席会议发言，或当主席，我可就遭大罪了——因为，创作英语《吉檀迦利》的那个人，他死活不肯和我一起出席会议——不得不出席会议，我也会铭记先哲贾诺科的教诲，坐在噤声者的长凳上。写封实用的英文短信，我不会让《吉檀迦利》的译者插手。或许他怕我今后让他去当文书。但写长信时，突然看见他不请自来，挥笔书写。我的名誉，全捏在这种随心所欲的人手中，所以不敢叫别人承担具体责任。

至于您嘛，可一如既往常常催促我为《外乡人》供稿，从而使我相信我还能写作。

[1] 指印度有人造谣，说《吉檀迦利》不是泰戈尔自己翻译的。

拉马南德·贾特巴达耶

有人请我把我的孟加拉语文章《我的宗教》译成英文，我准备动笔。我的麻烦在于，我不会直译。我几乎是重新创作。因为直译的话，下笔总忘不了自己。不忘记自己，我就忘记文字，忘记语法，忘记表现手法。

你们的罗宾德拉纳

特·泰戈尔

1917年10月28日

致信吉·迪·恩达逊

吉·迪·恩达逊先生：

最伟大的英雄冲进前面的战场，

器宇轩昂——

在朗诵这行诗的时候，我们受“前面”这个单词的前冲力的影响，一直跑到“器宇轩昂”才停下脚步。我们不愿意浪费我们的呼吸，一口气念完所有单词，才肯休息。

这在你们的英语中是不可能的。你们的单词脾性十分固执。他们个个奋力打破呼吸的管制，各行其是。She was absolutely authentic,new,and inexpressible.(她是绝对可信的，新奇的，无可描述的。)这句话中那几个形容词全昂首挺胸，把呼吸的空气像足球似的，从一个头上踢到另一个头上。

每种语言都有与生俱来的走路姿态。这种姿态升华为舞蹈，也就形成它的韵律。现在，让我们看一看，我们语言是一副什么模样。

你在信中说，我们讲孟加拉语，拖长句首的元音。究竟拖多远，没有硬性规定，全凭我们的意愿。如果不想强调某个单词，一口气就可读完一个句子。如果想加强某个单词，拖长的元音就只影响句子的一部分。举个例子：

你想一想原始人凶残的兽性吧。

读这句话，我们可以把每个词念得一样整齐。

孟加拉诗行的每个音步的首部，都有一个拖长元音的单词当“上尉”，它后面几个忠诚的单词步伐整齐地行进。应为一个个这样的“上尉”配备多少当士兵的音节，要遵照韵律的规则，做出决定。

先看一下“波雅尔体”的格式吧。“波雅尔体”是四音步诗体。我相信，“波雅尔体”这个单词，是“四足”演变而来的。它的一个个音步，受制于一个个拖长元音的单词：

摩诃婆罗多的故事琼浆一样甘甜，
伽斯罗摩达希说，聆听等于行善。

剖析诗体，应看清楚一个个拖长的元音，制控几个音节。否则，粗略地说，一行有十四个字母，就可称为“波雅尔体”，那么，其他多种诗体，也可称为“波雅尔体”了。下面的每行诗中都有十四个字母：

三月之夜，屋里点亮灯光。
一阵南风在胸前自杀身亡。

我不能说这两行诗是“波雅尔体”。因为，一个拖长的元音只控制六个音节。

下面是十四个字母组成一行诗的又一个例子：

朝霞映照东方的云团，
只看见太阳车的一半。

大家看到，每个音步有八个音节，才可称为“波雅尔体”。八个音节，也可分为两个四音节。但那样做，“波雅尔体”的步子就小了。事实上，呼吸徐长、步履缓慢的格式中，“波雅尔体”音步的特质才能显现出来。以四、四音步的方式迈腿，“波雅尔体”一摇一摆地行走，它的脚下才有节奏。比如：

利箭射来，英雄倒在地上。

这种诗体，只能干轻活儿。它扛不动沉甸甸的复合辅音。拖着十七、十八音节的诗行，它绝对跑不远。四音步诗体，是“波雅尔体”的孪生姐妹。它踩着八个音节行走，只是它脚上韵辙的足镯声较大。

光看外貌确定诗体的种类，可能犯错误。下面举一个例子。有一天，六音节诗体在我的脑海里浮现。它的模样是这样的：

冬季的第一个月，衰草上露珠晶洁，
呜呜作响，寒风凛冽，吹得人簌簌发抖。

写完这两行诗时，我忽然意识到，从结构的角度而言，它与四音步诗没有任何差别。所以，读者可以拖长元音，念成八个音节。从此，我把传统格式搁在一边，写起了四音步诗。

读四音步诗，要用称作“卡瓦里”的苏菲派颂神歌曲的那种节拍。而念我写的上面的诗，要用“埃克达拉”的节拍。“卡瓦里”歌曲，每两个节拍后是一个停顿，而“埃克达拉”歌曲，每三个节拍后是一个停顿。您如了解我国歌曲的节奏，就能明白我说的这些话。

孟加拉诗体的音群基本上可分为三类，即，两个音节的音群，三个音节的音群，以及偶数和奇数音节错杂的音群。

“特里波迪体”“波雅尔体”和四音步诗体中，有两个音节的音群。这些诗体，可承受重物。因为，二音节、四音节、八音节，是四方形的。所以，世界上有脚的动物，不是有两只脚，就是有四只或八只脚。在孟加拉文学中，它们是史诗的载体。

孟加拉诗体，可分为偶数音节的诗体、奇数音节的诗体和偶数音节、奇数音节错杂的诗体。不啻孟加拉诗，其他语言也是如此。我不相信，其他语言诗行的音节还会有别的分类方法。那么，孟加拉和别国诗歌的差别在哪儿呢？主要在音节的形体中。

孟加拉语和英语的最大区别在于，孟加拉单词中拖长的元音，比英语多。但我在写给您的第一封信中说过，这种现象仅出现在文言文中。孟加拉白话文则恰恰相反。白话文的单词互不接触，保持着自己洁净的身子。它们像英语单词那样，谁碰谁的身子，是说不清楚的。

我在上一封信中已说过，孟加拉白话文的声音，是由辅音撞击出来的。单就发音而言，比起梵文，它与英语的共同点更多一些。因此，孟加拉白话文的音节种类，丰富多彩。

用文言文写的诗行，像有许多空隙的网，而用白话文写的诗行，字母与字母挤得很紧。

有关韵律的话题，我讲完了。我不知道，我用孟加拉诗体的方法，划分英语诗的音步，是否合适。我对英语韵律学一窍不通，因此，这种冒险的做法，对我来说，或许就容易一些了。印度孔雀王朝的大臣贾诺科想劝别人不说话，可别人早把话说完了。你们知道，“angel”（天使）也有怕去的地方，可傻子去哪儿都无所顾忌。天使并非因为谨慎而总是获胜，而是常常上当受骗。蠢人冒点风险，有时可能战胜对方，这是我的期望。我举了英语诗的例子，这对于您来说是容易理解的。这不是炫耀我的学问，而是暴露我到底有多少学问。

您忠实的泰戈尔

1917年

1919 年

抗议在基里昂瓦拉巴格屠杀群众的公开信

阁下[1]：

政府在旁遮普省为平息当地动乱所采用的有关罪行的尺度，令人极为震惊，并让我们意识到，作为在印度的英帝国平民，我们处于无助的境地。

不适当的严厉惩处，伤害了不幸的人们，也损害带他们走出不幸的方法。我们相信，除了在近代和较远时代一些明显的例外，在文明政府的历史上，是没有此类事件的。想到一个掌握极为有效的行政机构、能破坏人民生活的政权，对手无寸铁、束手无策的民众采取的这种措施，我们只得坚定地认为，把道义抛在一边，它不能指望获得政治上的任何好处。

有关我们旁遮普省的兄弟受到侮辱和迫害的报道，已经穿透受压的沉默，传到印度的每个角落。我们人民心中持续迸发的义愤，受到统治者的鄙夷。也许他们想象着给了当地人“有益的教训”而自鸣得意。这种冷漠态度，受到大部分英治印度报纸的称赞。在某些情况下，这些报纸甚至非常冷酷，它们嘲笑我们的苦难，却未受到同一个当局的最低限度的检查。而当局听着代表受害者的组织要

[1] 指当时的印度总督切姆斯福特勋爵。

泰戈尔出席群众抗议集会

求审判的悲怆呼声，无动于衷。获悉我们的呼吁毫无作用，在我们的政府内部，惩罚的狂热，正眩惑我们政府内部高贵的政治眼光。政府宽宏大度本来是很容易的，而这有利于它的体力的和正常传统。这时，我能为印度做的唯一事情，是与恐惧中惊愕的亿万国民同声抗议，并承担一切后果。

当荣誉的徽章令我们羞愧，不合时宜地在屈辱中闪光时，对我来说，我只希望消除一切特殊差别，站在被认为无足轻重、必定沉沦、不配当人的印度人民一边。在此情形下，这是迫使我不得怀着敬意和遗憾，请求阁下让我放弃爵士称号的缘由，不言而喻，我曾荣幸地从你前任的手中接过他女皇陛下授予的称号，我至今赞赏他的高尚情怀。

您忠实的罗宾德拉纳特·泰戈尔

加尔各答

1919年5月30日

写给波罗穆特·乔德里的信

波罗穆特弟：

我会经常为你的杂志写文章，不过，作品像维沙克月[1]沿着沙滩缓缓流动的浅清河水。也就是说，其间没有货船行驶的希望，也不能沉下去洗澡。它好像喃喃自语，像雨季繁星隐逝的夜里的萤火虫。也许，它还像白天飞累了的一只只鸟儿酣睡时的蟋蟀颤鸣。换句话说，它不是工作的喧闹，不是节日的欢呼，仅是憩息的低吟。

收到你写的文章，当即坐下拜读。现在时间相当充裕。在二十世纪，人不卧倒在床，是不会有兴致读书的。走到图书馆门口，也就差不多走到焚尸场了。但媲媲寄给我的巴苏特卜·帕达贾尔杰的那本书，走到阎王的门口，也不会有读的空闲了。这人太狡黠，他的作品向来缺少真诚。

明天，我要一挥而就地为《绿叶》写篇文章。不这样不行啰。“懒鬼”写的文章如像飞升的爆竹，嗖地就上天，而如果慢吞吞地挪步，我立即明白，火捻子点不着了。

泰戈尔

1919年6月

[1] 印历1月，公历4月至5月。

给甘地的回信

亲爱的圣雄甘地：

各种形式的力量，是非理性的——它像一匹蒙着眼睛拉四轮车的马。其间的道德元素，只体现在驾驭马的车夫身上。消极抵抗是一种力量，其间不需要道德成分；为别人或为自己，它可能对抗真理。当各种力量似乎可能获得成功，具有诱惑力时，其内在危险迅速增加。

我知道，借助善行与邪恶交战，是你的教诲。但这样的战斗任务，是交给英雄的，而不是交给一时冲动的人的。一方面邪恶必然繁殖邪恶，另一方面，非正义导致暴力，侮辱别人招来报复。不幸的是，这种力量已开始被启用了。通过制造恐慌，或者发怒，我们的当局已对我们昭示，他们伸出爪子的必然后果，是驱使我们中间的一些人走上充斥愤恨的秘密之路，使另外一部分人走上彻底堕落之路。面对这样的危机，作为群众的一位杰出领袖，您站在我们中间宣布您对理想的信念，您深知，这种理想就是印度的理想。——这种理想既反对暗中报复的怯懦，也反对被恐怖吓出来的屈服。您说过，佛祖释迦牟尼为他的时代和后代所做的是：以不发怒的力量制服愤怒，以善行的力量制服罪恶。

这善行的力量，必须证明它的真实性和实力，以它的无所畏惧，也以它对种种欺诈的拒绝——这种欺诈为了它的成功，依靠自身能

泰戈尔和甘地

力进行破坏。这善行的力量，不会用它的破坏的工具去恐吓手无寸铁的群众，让我们感到羞耻。我们应该知道，道义上的征服，并不体现于成功，失败不会剥夺它的尊严和价值。相信精神生活的人知道，胜利紧随着对物质力量中各种错误的抵制——这是理想中生机勃勃的信念的胜利，也是经受挫折之后的胜利。

我经常感到，也经常说，自由的珍贵礼物，从不施舍给人。我们必须夺取它，拥有它。印度某一天有机会获得它时，能对凭征服的霸权统治她的人表明，她在道义上是优胜者。她应当自觉进行忍受苦难的修炼，苦难是“崇高”的桂冠。她应用对善德的执着信念武装自己，泰然自若地面对嘲笑精神力量的傲慢。

您在需要提醒她认识自己使命的时候回到您的祖国，带领她走上真正获胜的道路，消除她目前政治的软弱，这种“软弱”头上插着施展外交计谋弄来的彩翎，招摇过市，想象着它已达到自己的目的。

这就是我真诚祈祷的原因，但愿任何企图削弱我们精神自由的东西，挤不进您前进的队伍，但愿为真理事业所做的牺牲永不退化为光说空话的狂热。

做了简短的开场白，请允许我呈上两首小短诗，作为一个诗人对您崇高事业的支持。

（一）

让我高昂着头，坚信你[1]是我们的庇护所，各种恐惧是对你拙劣的不信任。

对人的恐惧吗？可世界上哪有这样的人？这样的国王？啊，王中之王，谁与你势均力敌？世世代代，谁在真理中支托着我？

人世间，哪种势力能夺取我的自由？你的手臂难道不穿过地牢的厚墙，抚摸囚徒，让他获释？

难道我必须怀着对死亡的恐惧，抓住这具躯体，像守财奴守护他不多的财产？我的灵魂难道年年岁岁不曾呼唤你永恒生命的盛宴？

让我知道，一切痛苦和死亡，不过是片刻的影子；弥漫在我和你的真理之间的黑暗势力，不过是红日东升前的白雾；只有你，永远属于我，你比威胁、嘲笑我男子气概的权力的一切骄傲，高尚得多。

[1] 这两首诗中的“你”指创造大神梵天。

（二）

我由衷地对你祈求——请赐给我至高无上的爱的勇气；赐给我敢说敢为的勇气；赐给我为实现你的愿望甘愿受苦的勇气；赐给我离弃万物或被万物摈弃独自生活的勇气。

我由衷地对你祈求——请赐给我至高无上的爱的信念；赐给我死亡中生命的信念；赐给我失败中获胜的信念；赐给我隐藏在最柔弱的美中那力量的信念；受到伤害而不进行报复，是痛苦的，请赐给我这种痛苦中的尊严的信念。

泰戈尔

1919年

1922 年

写给柯达姆妮·黛维[1]的信

一

柯达姆妮：

你好！

我从未说过“英国人的压迫必须忍受，印度永远不要争取独立”这种话。圣雄[2]说：“我们将生活在大英帝国，没有那种愿望就是religiously wrong（在宗教上是错误的）。”换句话说，这是悖违宗教的。我没有说过这样的话。我说过：“独立不依赖于任何外在事件。我们当前的任务，是全力创造一种态势，有了这种态势，独立就可奠定牢固基础，独立就是真实的。”那种态势，靠摇土纺纱机，靠自愿坐牢，是打造不出来的。与摇土纺纱机和坐牢相比，创造这种态势要艰难得多，复杂得多，为此需要普及教育，需要苦修般的长期奋斗。心血来潮地做一件事，不是长期奋斗。做许多事情，需有觉醒的全部心力，需要长时期天天心甘情愿地做出牺牲，当我看到，我们的

[1] 柯达姆妮·黛维（1878?—1943），库希地亚县人，婚后不久丈夫便去世。之后从事哲学和文学研究，就各种问题向泰戈尔请教，双方通信达三十年之久。

[2] 指甘地。

男青年对此不感兴趣，而只想时刻沉浸在澎湃激情之中时，恐怕难以取得胜利。

在我们的国际大学，为女孩子开办了各种形式的教育，不同年龄段的女孩子可以在这儿接受教育。

为你祝福的泰戈尔

1922年2月5日

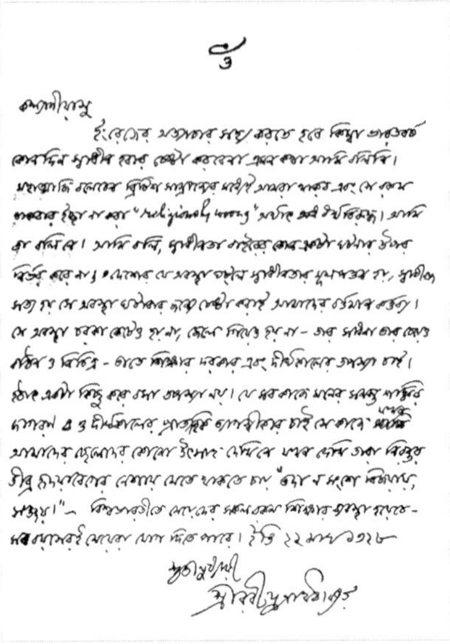

泰戈尔写给柯达姆妮·黛维的信

二

柯达姆妮：

你好！

你误解我了。我从未说过“我们不能为国家做任何事情”这种话。不过，我不认可疯狂地做某件事是履行责任。我知道，那样的狂野中蕴含着一种快乐，但不会有成果。

这儿一座村庄里着了火。显然，着了火，应用水扑灭，这是人人皆知的，但村子里没有池塘。听见有人在大喊大叫“弄水呀弄水呀”，可叫喊声灭不了火。村里人忘了想别的办法灭火。一个外国人对他们说，推倒和着火房子毗连的几间房屋，大火就不会在全村蔓延了。村里人对他的建议听而不闻。那个外国人只好手执皮鞭，强迫他们推倒几间房屋，火势才得到控制。这是离我的寓所不远的地方发生的一件真事。

抄别国历史，撰写本国历史，是不可取的。心中的恼怒、激愤和喧嚷，可以为某件事大造声势，可这种方法，无助于实现符合国家实际情况的目标。近日，常听到“国内着火了”之类的话。但我不相信，青年学子停止学习，老人们丢下活计，大喊大叫“冲啊杀啊”，那大火就可扑灭。“摇纺车，穿粗布衣服[1]，这火就会熄灭”，看到这种哄蒙孩子的言论竟能哄弄国民，不能不惊愕而失望。

有个行脚僧宣称：“我掌握把烟草变成黄金的简单方法。”可依我看，最好应按照正当规则去赚取黄金。获取黄金，没有别的办法——这时你若生我的气，只能说明，你没有赚取的行动，却怀有对黄金十足的贪欲——天帝不会奖赏这种人的。没有人说，摇纺车，不会有任何成果。会有一些成果，仅此而已。服了奎宁，疟疾治愈，治好了疟疾，是本国一件大好事。但服了奎宁，就可实现“自治”，这种话连卖奎宁的商人也没有说过。

关于妇女教育，有工夫再和您详谈。

为你祝福的泰戈尔

希拉伊达哈

1922年2月28日

[1] 指当时国大党呼吁焚烧洋布、穿本国土布衣服的爱国运动。

写给加里达斯·纳格[1]的信

加里达斯：

很长时间之后，收到你的来信，非常高兴。你结识了罗曼·罗兰，这是令人极为欣喜的。在欧洲访问期间，与我交谈过的人中间，我觉得与罗曼·罗兰最为亲切。和他交谈的时候，我不懂法语，十分苦恼。当我动身返回印度时，我觉得，圣雄甘地也广泛而深入地在我们民众心中，唤醒像罗曼·罗兰这种伟人沉浸其间的那种情感。因此，我打定主意，我要以自己的行动和作品，加入他的队伍。

但回到国内，目睹这儿掀起的运动，我深感痛心。首轮煎熬，是精神折磨。我们懒散的心，天生是墨守成规的，受到强大的精神压力，谁也没有勇气略微反对时髦的观点。换言之，全国各地强劲地刮着自由的逆风。于是，男女老少的口中，回响着愚昧的主张，摈弃其他一切思考、讨论和实践，只摇手纺车，只穿粗布衣服[2]，几个星期之内，国内就可实现自治。那种自治是什么？无人有问清楚的勇气和意愿。国内的知识分子和聪明人也异口同声地说，这是我们的信念，是我们的宗教观点，决不允许就此展开讨论。国内大部分人，不加分辨，把这种奇谈怪论当作《吠陀》圣训，这样，就再不探究难以实现自治的缘由了。之后，举国上下，是一副瞪着血红

[1] 加里达斯·纳格（1892—1966）是拉马南德·贾特巴达耶的女婿，著名历史学家。

[2] 指甘地发起的全面抵制英国商品的运动。泰戈尔不赞成焚烧英国货的过激行为。

罗曼·罗兰

眼睛、捂着嘴巴的模样。他们试图在这种精神压制的沙堆上，一夜之间，建起一座自治的摩天城堡。当然，全体孟加拉人并不相信，采取某种特殊手段，十二月三十日之前，印度将挣脱枷锁。但许多人认为，这是糊弄民众的一种计谋。有证据表明，有些人相信，甚至圣雄甘地对那种似是而非的观点，心知肚明，也采取了这种策略。他在写给安德鲁斯的信中说："不给民众这种明确的承诺，他们就没有热情。"你知道，几个世纪以来，印度老百姓被视为拥有最少权利的人。为此，拥有最大权利的人一向认为，哄弄心灵，把他们引向美好前景，是一项任务。

然而，他们的心灵麻木了，美好前景却未出现。当今某些民众领袖也粉墨登场，采取哄弄他们心灵的措施。这是什么行为？这不如同用铁链把鸟儿的脚拴在笼子里横杆上，再用铁链拴住它的翅膀，使劲儿往外拽，以便给它自由吗？结果，脚骨折了，翅膀也扯烂了。那些骨子里是锁链之神的膜拜者，妄图用新锁链砸碎旧锁链。你知道，我绝对不能容忍这种做法。我坦率地说，我同意接受的是真理，而不是甘地。有的人听了这句话很不高兴。

以上是我要对你说的第一点，其次我要说的是，我发现，一连串事件中，充满对西方的强烈憎恨。通常在政治领域，这种极端仇恨占有一席之地。各地都在以敌意的蒸汽驱动爱国之神的战车。因此，如果崇拜膂力的政治家们挥舞刀剑，捧着乞钵，在政治的加里卡特[1]，敲锣打鼓，决意为西方阎王的坐骑——水牛奉上祭品[2]，那我当然我不会参与此事，也不会吞食失望的苦果。

看到在各种集会上口中诵念非暴力的经文，渐渐挑起强烈憎恨，国内大部分心怀仇恨、崇尚暴力的人，心里暗想："这是一步妙棋。目前就是要让国家喝烈酒，不过甘地嘴上说他是在让国家喝恒河圣水，可见我们中间他最狡黠。酒店门口挂上圣地的幌子，的确是使国内酒鬼的疯劲儿升至极限的好办法。"日日夜夜喃喃诵念的经文是：英国政府干的是魔鬼的勾当。与此同时，甘地一次次把大家叫来，说："你们仇恨魔鬼的恶行吧，但要保持、加深对魔鬼的爱。"然而，那些朴实的人，偏偏未能体悟其深意。他们天真地思忖，"动武"这玩儿是抽象的，一块滚落的石头会伤人，翻腾的狂涛会淹死人，鱼市场里的恶棍也动手打人——生"动武"的气，不值得——谁打人，谁必然招人生气，所以，不必控告脱离魔鬼的恶行——而要生魔鬼的气。

总之，未能完成不合作运动的两大任务。其一，是运动未能坚持到12月31日。原因是，奋斗与成果成正比，这是真理。让"奋斗"

[1] 加尔各答的印度教圣地。

[2] 指在爱国运动中牺牲的人。

爬到土制纺纱车上，简化“奋斗”，是不能取得成功的。“奋斗”不是儿戏，光讲空话是骗不了老百姓的。其二，未能坚持非暴力。其主要原因是，寻求非暴力应走在宽容之路上，这是正道。对人不宽容，一步步挑起憎恨情绪的同时，推行非暴力——光凭甘地的教导，这是不可能实现的。

不单对英国政府和民族，对整个西方世界的教育和科学知识，也产生了仇恨。东方与西方之间，仿佛有一条科学知识的界线。如同焚烧英国布匹，各地也燃起了焚烧外国文化的熊熊大火。

有的“爱国头领”宣传说我沉迷于对西方的幻想，我接过那儿吹捧者递来的赞美之酒，一饮而尽，我这颗心在那儿的地上滚动。我邀请西方客人登上我的祭坛，这说明我已经神经错乱。

我在西方会见的罗曼·罗兰等思想家，为整个人类世界事业而奋斗。对他们来说，国内外的差别不复存在。为此，他们也受到本国爱国者的冷嘲热讽。

我回到印度，会见了圣雄甘地。他像把牛犊关在牛圈里那样，把他的理想关在印度政治的院墙内。我一贯认为，大于国家的理想，能使国家变得伟大。可他们说：“我们首先接受一个国家的理想，之后才可能接受世界理想。”他们忘了，某个人患的某种病，在医学理论的指导下，可以治愈，这样的医学理论是属于大家的。就躯体而言，每个人的相貌不一样，但躯体的基本性质，均符合生理学。我们在多大程度上获得人性，就能在多大程度上获得国家。有些人认为，拒绝西方的人性就是追求东方的人性。他们某一天会说，对西方的不幸者来说，地球无助地围绕太阳旋转，走向死灭，但对受神呵护的印度人来说，地球稳稳地站在蛇王的头上打瞌睡哩。

总而言之，头顶着沉重“师尊”的美名，国内有些人在心里冥想着土制纺纱车和买布的顾客。他们想依靠的一个天空，只有东边，没有西边。

你们的罗宾德拉纳特·泰戈尔

圣蒂尼克坦

1922年5月4日

1923年

写给苏帕娜·黛维、娜利尼·黛维[1]的信

苏帕娜·黛维、娜利尼·黛维：

你俩来信要我写一封押韵的回信，
笔力是否仍然雄健，我坐着思忖。
年轻时的“坏习惯”是创作诗歌，
妄想成为当代的蚁垤或毗耶娑[2]，
起码也得和朗费罗[3]一样举世闻名——
那奢望破灭，头脑才变得很清醒，
如今只写散文，而且是偶尔动笔，
朝夕卧躺着读书是货真价实的乐事。
然而多年来麇集的固执透顶的名望
起来作对，声称写作能力并未下降；
昔时的狂热依旧在脑子里作祟，
似乎要对新时代的读者自我吹嘘——
于是坐在桌前，吩咐仆人：“快，

[1] 娜利尼·黛维是泰戈尔秘书阿米亚的表妹。

[2] 毗耶娑系史诗《摩诃婆罗多》的作者。

[3] 朗费罗（1807—1882），美国诗人。

拿笔来，拿信纸来，拿墨水来!”

我暗想，三十年前你俩如特意
登门造访，定能收到几支曲子。
那时的幼儿如今是大伯、爸爸，
现时的天才那时几乎全是傻瓜，
那时叮嘱我写“波雅尔体”诗歌，
诗行虫一样爬出来，窸里窣洛。
弄清日期没好处？不愿翻皇历？
送走良辰，今日登门可不太吉利。
尽管如此，我不遗余力拼凑诗章，
让诗艺之鬼再一次趴在我肩上。
想听希朗山的描述？且让我动笔，
虽不属高价的诗歌艺术也没关系。
安排韵脚，遵循音节的严格规则，
“期望”恐要落空，若写得太多。

燠热不散，吊扇下面多喝甜饮料，
为避暑匆匆来到名叫希郎的山坳。
山顶云雾缭绕，树林里绿荫厚润，
“躺在我怀里!”呼唤倦乏的旅人。
清澈的泉水曲曲弯弯流向远方，
诉说着思念，爱怜之歌柔声吟唱。

松树的叶簇间清风独自悠然漫步，
呼口气涤尽毒瘴，病人康复如初。
石子路一圈圈在山间盘旋上升，
中间点缀着令人惊叹的新奇美景。
较之大吉岭这儿寒冷少了一点点，
有一条古吉拉特披毡就足以御寒。
附近的赭拉奔吉下雨下出了名气，
对我们雨云眼里却不含一滴怜惜。

这儿的树林里升起明月，赏心悦目，
山风吹送松树的清香，沁人肺腑。
生活悠闲，采集鲜花经常走进树林；
不知名的鸟儿翩舞，夜莺啼鸣，
中午时分，轻微的凉意甜美鲜润。
山神的朝拜者——雪松，倩姿迷人，
光束和阴影交织成各种精美画图，
山坡上开垦的层层梯田美不胜收。
阳光陷入云彩的战阵，景色奇丽，
蓝天洒满金晖，太阳与雷神相会。
那些喀尔廓士兵的检阅大煞风景，
名叫老虎管的一种乐器不给人安宁。
一阵阵军号声惊扰着无垠的蓝天，
射击开炮的声响震得人心儿发颤。

令人心烦的还有汽车刺耳的鸣笛声，
烂泥溅起弄脏行进的可怜的士兵。
少不了的是苍蝇蚊蛾咳嗽和喷嚏，
有时饮食不慎，胆汁站起来作对。
过日子难免发生一星半点的意外，
我无意制表，详细列举小病小灾。
唱歌失误，一节后应及时加省略号，
抱怨归抱怨，希朗山确实容颜姣好。
依鄙人之见，古今世界上主流是美，
丑若是四十三，美肯定是五十七。
还有别的要事，只得暂时停止叙述，
有人真心请我品茗，需要更换衣服。

写诗还是写儿歌要遵从别人的命令，
知道不，泰戈尔不是尊贵的婆罗门。
今天写的诗句明天就被埋进坟墓，
什么原因？耐着性子听我说清楚——
我的印象中你俩仍是幼稚的姑娘，
而我早已还给造物主六十年时光，
白发和长胡须的威凛不会使你们
误认为我是隐士或阎罗而胆战心惊，
不会用战战兢兢的钢笔给我写信，
飞来的信向我传达了写诗的命令——

见此情景，我心中委实感奋不已。
看来垂暮之年仅受到恶人的诋毁。
看样子如今仍然有年轻人的欢颜，
衰老袭来，胡须唇髭临危不乱，
因而那些小字辈无不惊奇地相信，
一交谈就断定我是他们的同龄人。
我不禁欣喜若狂，每每想到这些，
哪里还听见有人说“饭送来了”。
雨水溅进窗户尽管已淋湿全身，
我已忘记刚才我正写一个剧本。
心儿说：“哦，快活的心灵，摈弃
诗性，太阳[1]的本相对两个女孩昭示！”

泰戈尔

希朗

1923年

关爱孩子的泰戈尔

[1] 指诗人，“太阳”是诗人全名的第一个音节。

1924 年

致信迪南特罗那特 [1]

迪南特罗那特：

今天访问归来，已是黄昏时分，
哪儿忽然传来一缕芳香的笛音。
四下里仔细搜寻，末了才明白
我深爱的兰花在外面花园里盛开；
幽香而富于极其醇正的孟加拉情趣，
但不提示这是操西班牙语的异域。
兰花的芳姿出落得清丽而高雅，
绿叶柔嫩的胸脯怜惜地护围着它。
当地热闹的花市上兰花是否昂贵？
化为香泥，歌喉里它不希图席位？

兰花说："请稍事休息，然后赴宴。"
我瞠目说道："啊呀，且容思量再三。"
兰花将胜？歌儿将败？未必如此！
我当即作歌一首，不知谁能胜利。

---

[1] 泰戈尔的侄子。

这首歌翱翔飞渡浩瀚的三大洋，
最终抵达波勒普尔[1]的田畴村庄。
迪努[2]你若挂念老叟[3]至今羁旅异国，
不妨唱一唱兰花前急就的这首歌。

滞留他乡，消息闭塞，但近日风闻
警察在故园助纣为虐，挥舞警棍。
传说他们正把孟加拉的甜笑、乐曲
悉数囚禁在阿里普尔的阴暗监狱。
我只知在喜马拉雅山修道的湿婆
勃然大怒，烧死爱神，眼喷烈火。
而今世上那些土气十足的神祇[4]
也正阴谋烧毁孟加拉的盎然生机。
听说西姆拉热死人[5]剽悍的警察
在大吉岭吹军号对付臆想的恐吓。
我估计你会劝我："请暂且搁笔，
眼下到处铁链哗啷啷，不宜吹笛。"
你别担心我听了此言会变色发怒，
来日方长，眼下确非吹笛的时候。

---

[1] 泰戈尔创办的国际大学所在地。
[2] 泰戈尔侄子的昵称。
[3] 指泰戈尔，他当时在阿根廷访问。
[4] 指警察。
[5] 西姆拉是避暑胜地，"热死人"暗指警察镇压群众。

我创作的素材不是幻影，它向来
不穿灰制服[1]，不佩高位的金字牌，
它的额头从未烫烙拳击手的标志。
永恒的金光为它描耀眼的吉祥痣。
日后当人间残酷的拳击比赛告终，
将采撷兰花置于金盘，祭祀神明。
用祭器盛倒同胞手足的热血的人，
岂能世世代代建造监牢戕杀苍生？
王室的煊赫不过是过眼的淡蓝烟雾，
想必已感到没有克制等待的年寿。
忍耐、宽厚如果跨过正义的界线，
定与贪婪、暴戾合流，四处蔓延。
赤膊上阵是因为预感到死期将至，
奸佞者必然采取逆道悖理的方式。
在穷苦人的胸膛上修筑通衢大道，
四马轿车在天帝的哀痛上面奔跑。
故而没有编爱情花环的闲情逸致。
满目是暴政的手铐，绞刑的绳子，
何处有平静的求索？！驾驶着机车，
名为和平却沿袭完全相反的旧辙。
明知天帝的禁令，仍一刻不忍耐，

[1] 灰制服是警察的代名词。

暴力的主宰将宗教甩到九霄云外。
孤注一掷的种子生长血红的果实，
一包包堆积在“破坏”的库房里。
强权的高压手段恰似天狗的猖狂，
张开乌黑的巨口吞咽永恒的太阳。
片刻之后，它便像影子一样消隐，
太阳神的身躯上未留下一丝伤痕。
一次一次，千百次重复这种游戏，
小天狗兀自揣摩何日能功成意遂，
见此情形，飞禽走兽怆然哀叹，
瞬息的浪费中永恒之神旷达坦然。

倾圮了几许宫殿，几许凯旋门，
几许王朝的黑狱一一碎成齑粉。
阿里普尔的牢房同样将訇然崩塌，
天之骄子静静地观赏怒放的鲜花。
再无红色军服，再无锋利的刺刀，
茂林花丛间羞赧的兰花幽香飘绕。
手铐脚镣砸断，红色缠头布撕碎，
野蛮的废墟上死亡欢度撒红的节日。
人人讥嘲时代的闹剧中发疯的法律，
诗坛的宝座由我亲爱的朋友高踞。
如强行劫掠时光，时光变得凶恶，

能宽容的是爱，而非主子的暴虐。
当权力吼叫，吹嘘它四处散布悲伤，
相信吧，它是在头撞规律的铁墙。
愿孟加拉人忍受苦难，获得胜利，
遇事仓皇失措，只会更增添恐惧。
谁企图躲避死神，谁被死神吞噬；
谁大胆拥抱死神，谁反倒平安无事。
哪天主子的打手疯子般倾巢出动，
毒蛇咝鸣，世界遍布惨烈的暴行，
魔鬼的兄弟再次点燃饥馑的大火，
呐喊吧："我是正义！神仙不过
是虚影！"愿仁慈的天帝赐我力量：
面对机关枪，兰花之歌放声高唱。

布宜诺斯艾利斯

1924年12月20日

1925年

给玛格雷德·桑吉尔[1]的回信

亲爱的玛格雷德·桑吉尔：

依我看，生育控制运动，之所以是十分重要的运动，不仅在于它让妇女摆脱被迫生育和不乐意生育的痛楚，还因为它能帮助减少国家的过剩人口这项平安事业，为国家获得合法界限之外的粮食和空间。像印度这样一个被饥馑折磨的国家，比起精心养育孩子，不加考虑地让许多孩子降生，是一桩残酷的罪行，这为他们带来无穷痛苦，把恶化的生存环境强加给整个家庭。显然，日益扩大的贫穷造成的极端无助的困境，很难扮演控制过多人口负担的检查人员的角色。这说明，在这种情形下，本性的强烈愿望得到的严厉警告，来自文明的社会生活的深谋远虑。所以，我相信，一直要等到人的道德观念变得比现在更健康，一直要等到让一代代无数孩子因为并非自己的过错，却缺吃少穿，相继夭折，是巨大的难以容忍的社会不公正。

你亲自参与这项事业，为此受苦受累，对此，我心存感激之情。

我怀着急切心情等候你信中所说的已寄给我的文字资料。作为

[1] 玛格雷德·桑吉尔是英国《生育控制》周刊的编辑。

与你的《生育控制》的交换，我已吩咐我们的秘书把国际大学的刊物寄给您。

泰戈尔

1925年9月30日

1926 年

致信拉马南德·贾特巴达耶

尊敬的拉马南德·贾特巴达耶先生：

您在信中说，《现代评论》和《外乡人》上发表的对我的看法，是错误的。不应该掩饰的是，我认为它比“错误”更严重。

苏茹腊称你的编辑工作是商业行为时，我可以认为那是您缺少经验造成的错误。可我没有想到文章中充斥不尊重人的挖苦讽刺，我认为它是一种罪过——这给你们这些亲近的人带来痛苦，这是我公开给予你们的严厉惩处。目前，审理这桩公案，我不是法官，我是原告，但审理此案，不能运用不同的法律。

首先，应该明白，对我的敌对情绪在您的刊物上迅速蔓延，在人们眼里，这太过分了。从国内寄来的几封信中，我得知读了这几篇文章，一般读者大为惊讶。其次，我从国内外的朋友和对手口中，很久没听到这种对我的尖刻嘲讽和轻蔑的话语了。关于社会和国家，与我有分歧的人，他们有权攻击我的观点和举动。但在您的刊物上，这不是识见引发的抗议或攻击，而是人身污辱。

围绕印度的政治、社会、文学趣味进行争论，以及开展同行业的贸易竞争，人们的心里极为紧张时，在唇枪舌剑中，难免会说些尖酸刻薄的话。即使忘了彼此的品行，也不会觉得不太合适。我不

访问欧洲时的泰戈尔

知道，发起激烈的不合作运动的同时，反对我的那家刊物上，最近是否也曾刊登充满对我的谴责和讽刺的文章。

“我没有拒绝法西斯分子的款待[1]”，这是刊登在《现代评论》和《外乡人》上的文章的主要话题。在这件事上我若有过错，我的朋友们对此可略感气愤。但这并非一件让他们热血沸腾的事。我就此写的一封信发表之后，收到在意大利之外的印度和欧洲各地对此信反应的剪报，没有人冷言冷语，对我挖苦嘲笑。他们大都怀着敬意接受我的解释。

您说那篇文章中有错误。是什么错误？是记述事情经过的错误？我在信中陈述了相关细节。但那位作者讽刺说，他怀疑这封信不是

[1] 指泰戈尔接受邀请于1925年5月访问意大利，意大利国王曾接见他，墨索里尼曾出席他的演讲会。意大利媒体肆意歪曲他的演讲，为此，他受到国内一些人的指责。在同罗曼·罗兰等国际名人交谈之后，泰戈尔明白自己被人利用了。

我写的。换句话说，在他看来，那封信根本不配出自是我的手，认为它是假信，才能保全我的脸面。也许，意大利的法西斯报纸，也不会用这种狡诈言辞，怀疑那封信用的是假名字。

我这一生中，一次次莫名其妙地发生亲情的变异和友情的危机——我始终默默地忍受。这一次，我也不会提出抗议。我不希望你在国外读到这封信，心里感到丝毫的不快，所以信封上写了你国内的地址，把信寄出。你收到这封信时，争论的热度或许已经下降了。

您的罗宾德拉纳特·泰戈尔

维也纳

1926年10月25日

1927年

抗议镇压政策的公开信

按照我们现代法律制定者的教诲，我们拒绝相信我们未经审判就受到惩处的国民是犯了任何罪行的罪人。

选择捷径走进法律，就像为了烤某个人的一头猪，放火烧他的整座房子——这是专制的原始形式。我们面前发生了这种事，令我们惊愕的是，最好的赞美仍送给在印度的英国行政当局。我们知道，甚至在西方，某些千方百计寻求忠诚的政府，盲目采用草率的惩罚方法，毫无顾虑，从不受到法律的限制。统治者的不幸，是统治经济上无助的人民，他们的思想每日被吸入堕落的深处。由于缺少足够的反抗，他们常受到诱惑，通过打破自己的法律框架，去简化行政问题。因此，他们不仅对国民，更为自己做一些不公道的事情。由于他们部分地麻痹了代表良知的正义法庭，我们无依无靠，只好呼唤英国人的高尚本性，并提醒他们，文明为证明自己，为使它最好的理想之灯不熄灭，带来了无尽的麻烦。这就是为何较之罪人有机会逃逸，更让人担心的，是无辜者受到惩处。

我们不能期望从统治我们的种族获得亲属的同情，从另一方面来说，当我们暗示要报复时，我们只会使我们的无能显得很可笑。我们的要求，只能是人类的要求，如被拒绝，报复就会悄悄走来，伤及那些不理睬我们要求的人。

泰戈尔

1927年2月3日

给亨利·保尔布斯[1]的回信

亲爱的朋友：

不用说，您的呼吁引起了我的共鸣。我确实感到，它代表对从文明深处突然迸发的暴行感到恐慌的许多人的心声。

人们自然而然地想起，原始人的信念，产生于泼洒人血的膜拜伟力的仪式。对无情的自然力，由畏惧产生的他们的尊崇，起初强迫，之后诱惑它的牺牲品，成为凄惨的唯命是从的奴隶。这样一种心态，只能显示的道德觉悟的不成熟，好像青春时期没有头脑的暴虐行为，可以逐步纠正，企求趋于健全的未来。

但当类似的现象出现在有教养的人中间时，它足以说明，第二个婴儿期的衰弱，已丧失对兽性般狂热的控制。它的贪婪，不是动辄冲动的青春的贪婪，而是冷硬的老年的贪婪——彻头彻尾的肆无忌惮。它的传染是带毒的，它从中心部位向外扩散腐烂和死亡的有

[1] 亨利·保尔布斯（1873—1935），法国小说家、记者、共产党人。他是1927 年在巴黎举行的首次反法西斯会议召集人。

害臭气，它的表皮肿胀，变红，大量腐肉喜气洋洋。

我之所以感到欣慰，是因为看到现实中有些人依然相信人类的崇高命运，这表明在他们的苦难中，人类不朽的生命和灵魂，时刻准备与自身的畸变进行战斗。

只要有一些闲暇，我将回忆您请我出席支持您建议举行的国际会议，随着我步入暮年，这样的闲暇越来越少了。

您真诚的罗宾德拉纳特·泰戈尔

1927年7月

写给妮尔穆库玛利·玛赫兰比希[1]的信

一

妮尔穆库玛利：

人站在岸边，望着浩瀚的大海。地球上有这么浩大的障碍，他简直难以想象。他看不见海的边际，下水找不到海底。大海像阎王的水牛一样黝黑。排列到天边的密密麻麻的恶煞，举起威胁的狂涛之手。历来具有反抗精神的人发誓说：“面对你的阻扰，我决不屈服。”话音刚落，传来雷鸣般的吼叫：“不屈服，你只有死路一条。”

[1] 国际大学秘书波罗桑多·昌德拉·玛赫兰比希的妻子。

人跷着大拇指，豪迈地说：“死不足惧！”这是生来具有反抗精神的人的针锋相对的回答。反抗一直持续到今天。人群中叛逆者越是纯正，越是抵制外界的统治，他们的权力就越大。有五尺身躯的人夸下海口：“我要骑到大海背上。”他说这句话的那天，神灵没有嘲笑人。神灵在反抗者的耳畔诵念胜利的咒语，耐心地等待。海洋的脊背如今被控制了，征服海底的战斗已打响。征战的道路上，恐惧一再对人冷嘲热讽。未来的求索者端坐在叛逆者的心殿，不住地大声鼓励：“莫怕！”

昨天的信中，我曾提到繁星闪烁的天空回荡着生物的哭泣。这生物是叛逆者，与无限的未知进行持久的战斗。与宏大的隐秘相比，他显得非常渺小。然而在“黑暗”无边的海上，他驾驶着亿万小巧的光舟——滑过时空的胸脯，在深不可测的水面上，进行艰苦卓绝的征战。一些光舟沉没，一些仍在漂荡，他的征战不曾结束。

生命高举他叛逆的大旗，以孱弱的身份在世界出现。极其硕大、极其凶狠、极其沉重的非生命物体，举着铁杵，站在它四周，妄图将他塞进尘土的牢房，关闭门窗，严加管束。但是生命从不俯首帖耳，从不垂头丧气，在牢墙上凿了无数小洞，在各个方向开辟光的道路。

其他任何生物，都未能像人这样高喊反抗的口号，进行如此长久的搏斗。人群中谁反抗的力量越强大、越坚定，谁占有跨越时代的历史就越漫长、自然，他依仗的不是存在物的繁多，而是存在物的财富。

泰戈尔

1927年

二

妮尔穆库玛利：

我想起了一件往事。那时我住在希朗，南特拉尔从卡尔希扬寄给我一张明信片。上面画的一位金匠，鼻梁上架着老花眼镜，儿女们坐在他身边。这幅画的寓意十分清楚，金匠做的首饰，有外在价值，而里面包含着他的心血。金匠通过他的劳动不单反映他的贫苦，而且表现他的情趣。他依凭工艺技巧，赋予他的构思以生动形态。这样对功利的渴望退到了次要地位，价格与无价达到了完美统一，劳动的重压感消失了。印度社会曾鄙视商人，因为商人只出售商品，不肯布施。但那位金匠制作的首饰中，出售和布施合二为一了。当然，他是付出心血，并不是把首饰送人。

我们雇用仆人做家务活儿。仆人与主人的人性彻底分裂的话，干活对他来说是就百分之百的奴役。社会只要不被贪婪和傲慢控制，不丧失对人的同情，就会尽量淡化仆人和亲戚的界线。仆人就靠近了哥哥、大伯、叔叔的地位。这时他干的家务活儿就不是他人交代的活儿，而是他自己要干的活儿了。他对劳动成果的渴望几乎全消失了。不错，他确实收下工钱，但他是心甘情愿地付出劳动，而不是出卖。

我在古吉拉特邦的加梯亚巴尔地区看到，养牛人爱牛胜过自己的生命。对牛的爱，使他不看重卖牛奶的收益。他养牛但又从饲养中获得解脱，那位养牛人的种姓不是首陀罗。哪位养牛人养牛只关

泰戈尔访问爪哇

注售奶，把牛卖给屠夫，毫不在乎，他才是首陀罗种姓人。对他来说，饲养无异于不光彩，饲养是他的枷锁。哪种劳动中没有解脱，没有爱，只有贪婪，哪种劳动便充满下层首陀罗种姓人的卑贱。世界上许多出身于首陀罗种姓的人，获得了尊贵席位。他们中有的是教师，有的是法官，有的是行政官员，有的是传教士。和他们一样，多少女仆、奶妈、用人、花匠、陶工、农夫已不是传统观念中的首陀罗种姓人了。今日阳光明媚的海滨的椰子树的飒飒声中萦绕着他们生活之歌的基调。

泰戈尔

马六甲

1927年7月28日

写给罗亭德拉纳特的信

一

罗梯：

巴厘岛上，过节的主要内容是跳舞。如同一排排椰子树在海风中晃动，巴厘岛的男男女女在舞蹈之风中摇晃。每个民族均有表达其感情的特殊手段，以前孟加拉的心灵异常激动的时候，在颂神歌中轻易找到的抒发激情的方法，至今不曾消逝。巴厘人的心想说话，便不由自主地翩翩起舞。女人跳舞，男人也跳舞。我已看过巴厘岛的戏曲表演。从拉开帷幕到剧终，上场，下场，串场，表现交战和谈情说爱，甚至小丑的逗乐，全是舞蹈动作。深谙舞蹈语言的观众，才能弄清故事情节的发展。那天我们在巴厘王宫里观看古典舞，东道主告诉我们，古典舞的名字是《萨勒维与莎达帕第的故事》。

巴厘人通过舞蹈形象，不仅传递感情，而且表述故事。人的舞动表现故事内容。要使一个极平常的故事具有视觉效果，必须随着音乐的节奏，做出具有造型性的人体动作。

巴厘舞减少动作的直白，或者舍弃直白，只把韵律的流畅赋予变幻的舞姿。巴厘的舞蹈艺术家，把只能听的往世故事诗，变成可看的叙事舞蹈。语句是诗的载体，语句的部分韵律体现于音乐的普遍规律，但它的含义是人为的，不过是社会中彼此协调的象征罢了。

两者的结合便是诗。只有富于想象力的人，听见“树”这个词，才能见到树。同样，巴厘舞单凭节奏，还不足以叙事，它还需要暗喻和比拟。这两者的结合，便形成巴厘舞。跳舞的时候，艺术家闭上嘴，用暗示和舞姿之曲说话。巴厘舞中我们看到的战争，在战场上是不可能发生的。假如天国实行一条法规：双方用韵律交战，一方的节奏出现差错等于失败，这样的战斗，似乎就是巴厘舞中的战斗。谁对舞蹈与现实的一致感到惊讶，继而产生厌恶，那他读了莎士比亚的剧本，也会嘲笑的，因为战争在韵律中进行，死亡也在韵律中出现。电影中有画面的移动，它既然可以成为名副其实的艺术，舞蹈中也就可以放映故事。不言而喻，我们也说帕依舞[1]一类的玩意儿是舞蹈，但那种舞蹈的目的，绝对不属于巴厘舞。我在日本的京都观看的历史剧有道白。但演员的动作和身姿与舞蹈如出一辙，富于强烈的感染力。毫无疑问，戏剧中我们使用押韵的唱词，而表情和动作如与平常生活一样，那是极不协调的。从名称就可以知道，我国的戏剧表演，主要是舞蹈。西方称看戏的人叫听众。但在印度，称戏剧为可看的诗。换言之，附丽于诗的表演，为眼睛提供看得见的艺术趣味。

巴厘岛也有纯舞蹈，前天晚上，我们在吉亚纳亚的皇宫已经欣赏过了。打扮得十分漂亮的两个小女孩，头戴冠冕，上面的簪花一动就摇颤。随着佳美兰[2]乐器的演奏，她俩翩然起舞。演奏的乐曲与印度的乐曲完全不同。印度的乐器贾尔达朗迦弹的曲子，我听起来

[1] 北印度职业艺人跳的一种舞蹈。

[2] 巴厘岛特有的乐器，由铜片、竹片制成。

巴厘舞蹈

就像乐曲的儿童游戏。但它们似乎在巴厘人娴熟地用多种乐器演奏的深沉而悠扬的乐曲中也能听到。巴厘的曲调与印度的曲调也不一样。相同之处是都有击鼓声和敲钹声。大大小小的铃铛声，是巴厘乐曲的核心部分。它不是印度戏院里最近流行的伴奏，也不是欧洲的钢琴协奏曲。铃声似的主要音调传进耳中，可它又与其他各种乐器弹奏的乐音艺术地编织起来。从总体上说，它与印度乐曲相差甚远，但听了心旷神怡。欧洲人也会喜欢巴厘音乐的。

两位女孩踏着佳美兰器乐的节奏，活泼地跳舞，舞姿十分优美，身体各部分富有韵律美的舞动，是那样轻柔，那样生动，那样流畅，那样雅致。欣赏其他舞蹈，我们常常看见舞女拼命扭动身躯。而这两位小女孩的身体仿佛是两股喷涌的舞泉。据说十二岁之后，就不让这些女孩跳舞了，因为十二岁之后她们的身体不再那么柔软，那么伸展自如了。

晚上，我们在皇宫观看戴面具的戏剧表演。我们曾从日本带回一些面具，制作面具是一门特殊艺术，需要深厚的艺术修养。我们每人的脸既有个性又有共性。依照面部轮廓和表情，我们的脸形可分成若干类型。制作面具的艺人把那若干类型的特征画在面具上。同一类的表情特征，收纳于同一类面具的神情之中。演员戴着面具上台。我们看到的不仅是某一个人，也是某一类人的表情。一般来说，演员要按照神情做动作。由于面具的神情是不变的，所以演员要做出与神情相应的动作。基本唱词是固定的，唱腔的声调应能诠释唱词，不能有丝毫出入。我们观赏的就是这种别具一格的表演。

这几天我老在想，巴厘人不欢快地亮开嗓门唱歌，可能是缺少演唱的歌曲。他们叮叮当当敲击乐器，敲出来的其实是节奏，而不是乐曲。他们用各种乐器击出富有节奏的音响。有些乐器像锣和鼓，击出少量乐音，大部分则是声音。用金属制成的乐器，可击出音符，但击不出舒缓的音调，也没有必要击出。因为音调属于歌的范畴。切割的曲子，只有节奏的音响。事实上，巴厘人唱歌不用嗓子，而用肢体。他们变化的舞姿，就是乐曲的变调。它与有大量跳跃动作的英国舞蹈不同。也可以说，巴厘人的舞蹈，不像雨季的倾盆大雨，而像水浪轻漾的清溪。节奏显示的连贯性，维系隔断的时间，而歌显示的连贯性，确保趣味的完整。因此，依我看，他们的乐曲是节奏，而他们的舞蹈则是歌。印度和欧洲有歌吟表演，巴厘岛则有舞蹈表演。

父亲

1927年9月7日

二

罗梯：

辞别苏腊卡尔塔的藩王蒙空格罗，我们来到了雅加达市，下榻于藩王巴格亚拉姆的王宫。苏腊卡尔塔市的一座新桥和一条公路刚刚竣工，我应邀为这条公路的通车仪式剪彩。桥前路上横挂着彩带，我用剪刀剪断彩带，这条路便正式通车了。这是一桩令我十分愉快的事，我想起，排除路上的障碍，是我终生的事业啊。这条路是以我的名字命名的。

路途中，在名为培拉姆邦的地方，我们参观了一座古庙遗址。这地方很像普波纳萨尔[1]，到处是寺庙的残壁断垣。荷兰殖民政府正在复修寺庙，用破损的石块重塑石像。这是一项艰巨工程，进展缓慢，两位欧洲的雕塑家负责这项工程。我非常愉快地和他们做了交谈。他们正详细研究印度古籍，以便完满地完成复修工程。寺庙里的许多物品已无法找到，这并不是爪哇人的遗忘造成的，有关那些物品的历史，隐藏在古代印度的民俗之中。这儿最引人注目的是湿婆神庙，石像的姿态，模仿湿婆的各种舞姿，但在印度的典籍中已找不到详细记载了。令人深思的是，在爪哇，湿婆被称为师尊或至上师尊。我相信，湿婆曾经取代佛陀，登上师尊的宝座，对爪哇人传授解脱之法。爪哇的湿婆是舞王，他的舞韵中包含时空或世界的运动之流，以及生死轮回。他是可怕的，因为死亡构成他的娱乐。印度曾经一分为二地看待湿婆。一方面，他是无限的，完整的，因而他是恬静的，无所作为的。另一方面，时光融合连续的变幻，在他体内流动，永不停息，大神那惊天动地的狂舞，在时母的神态上也得到了体现。但在爪哇岛没有时母的塑像，看不见黑天谈情说爱的婆羚达树林。爪哇的

[1] 普波纳萨尔是印度奥利萨邦的圣地和首府。

书中可以读到年幼的黑天杀死妖怪布特那的部分章节，但觅不到牧牛女的芳踪。当然，从中可以获得印度历史的几许片段。爪哇版的《罗摩衍那》和《摩诃婆罗多》的某些故事，起码在梵语史诗和孟加拉语改写本中是没有的。当地的学者认为，爪哇岛的先人曾渡海前往印度，或者从源源不断来到爪哇的印度人那儿，听到过口头流传的史诗故事，这些故事一直保存到现在。由此可见，当时印度各地流传的故事、人物、情节有很大差异。迄今为止，印度任何学者不曾把各种版本的《罗摩衍那》和《摩诃婆罗多》加以比较、研究。开展这方面的研究，首先要收集各邦的各种史诗版本，与原作进行比较。我们现在期待德国梵文学者在未来的一天开创比较文学这门学科，围绕他撰写的论文，做一些批评，略微表示赞同，我们就可以在大学拿到博士学位。

昨天的晚会上有四位姑娘跳舞。据说王室的姑娘才跳那种宫廷舞。他们中间的两位是苏丹的女儿。她们跳的舞，是我来爪哇观看的最优美的舞蹈，难以用语言描述。如此高雅完美的舞蹈形象，我从未见过。这种舞蹈具有外在的柔美，每个动作都有其特殊含义。懂得动作含义的人，才能领略舞美和舞蹈语言，得到完整的艺术享受。我们已接受当地一所舞蹈学校的邀请，希望在参观过程中能够理解一些爪哇舞蹈的理论。

父亲

雅加达

1927年9月19日

写给阿米亚·贾格拉帕尔迪[1]的信

一

阿米亚：

今天是我们在巴厘岛的最后一天。我们住在蒙杜克山上的一幢别墅里。这几天参观的富庶地区，一座座村落掩映在椰子树、棕榈树、芒果树、萨吉那树浓郁的绿荫里，山坡覆盖着原始森林，跟北孟加拉希朗山区相似。下面是一片片稻田，透过山冈的空隙，依稀可见碧海。远处的景物总是烟雾遮绕，天宇蒙着迷蒙的面纱，有如巴厘古老的历史。今夜是望月之夜，印度的月亮把全部光华倾泻给八方民众，可这儿的夜景大不相同，凄清的月辉宛如我听不懂的语言。

巴厘岛近日为举行葬礼忙得不可开交。因为葬礼是巴厘岛上的印度教徒来的盛大节日。他们认为，按照教规火化死者，他的灵魂化为雨雾飘落地面，投胎转世。这样一次次净化肉身，最终在湿婆神的天宫获得永恒解脱。

这次我们见到的死者的葬礼之所以这么隆重，是因为他们的亲戚确信他们已成为神仙。多年不曾这么热闹地举行葬礼了，今后能否再举行，谁也不敢打包票。因为“现代”手执巨斧巡视世界，专砍铺张浪费，特别注意超标准的规格。

[1] 阿米亚·贾格拉帕尔迪(1901—1986)，1926年起任泰戈尔的文学助手和国际大学教授。

据介绍，葬礼的费用，当地货币约四万元，折合印度的五万卢比，人人觉得过于奢靡。印度王公贵族的葬礼，花五万卢比不算多，但差别在于，印度的葬礼花在排场上的钱远不如善举方面的开销。其主要成分是布施，为的是让亡灵获得安宁。这儿并非不给婆罗门供品，但绝大部分钱用于购置幢幡、挂幔一类的物品，送到焚尸场付之一炬。

从送殡的场面看得出他们绝不允许惊扰尸体，尸体放在黑牛形的结实的棺材里。送葬的走在街上，你推我撞，意思是要带逝者回家，舍不得逝者远行。抬棺材的人，时不时被簇拥着转圈子。这里的“阿格姆”，即宗教，来自异域，与他们的心意背道而驰。“阿格姆”获胜，而尸体成灰。

葬礼在乌布德王家陵园里举行。藩王得知苏尼迪是精通梵典的婆罗门，告诉他这次兴师动众的葬礼，在巴厘岛可谓空前绝后，苏尼迪若诵念正宗吠陀经文，他将不胜感激。盛情难却，苏尼迪一身婆罗门打扮，净手焚香，朗声诵经，完成了一项神圣使命。几千年前，吠陀成为巴厘岛上葬礼的内容，几千年后，正宗《吠陀》经文也许是最后一次在葬礼上萦绕。其间沉淀了几多变迁，几多忘却！藩王询问该给与苏尼迪的高贵身份相称的什么报酬，苏尼迪回答说，诵经收钱违反婆罗门教规。藩王最后赠送一套精美的巴厘服装和一个坐垫，以表谢意。

巴厘岛有条不成文的法规：家庭中谁死了，只要他的长辈健在，他的遗体就不得火化，一直放到他的长辈去世为止。所以往往一次火化多具尸体。先死的不得不耐心等待。

长久等待火化的另一个原因，是焚尸需要大量材料，花费惊人。等到材料备齐，已过了很长时间。听说每隔几年火化一次，同时举行葬礼。

运棺椁的大车，样子像战车，名叫“奥亚达”，由许多人拖往火葬场。印度有一种孔雀船。这奥亚达形状是昂首展翅的大鹏，制作工艺精湛，令人赞叹不已。葬礼动用这么多财力，我们心里难以赞同。

成群结队的巴厘人来到祭祀地点，呈献礼品。这些不是寻常之物，而是精致的工艺品。洋央市的藩王送来几车礼品，走在车后的内宫女眷，个个容貌端庄，珠光宝气，雍容华贵。五彩缤纷、波浪起伏的节日的洪流，就这样从大街小巷滚滚涌来，令人目不暇接。

我们感触最深的是，这种盛大节日带来了激动人心的民众的欢聚。它不是集市上人群的会聚。它具有奇妙绚丽的风姿。这节日的塑像，是各村各户、各行各业的人花了许多时间镌刻成的。同时，它又是他们以各种乐器和谐地弹出乐音，精心塑模的一尊生动的音乐之像，没有一点儿粗陋和瑕疵。

到处是人山人海，却不见争吵的痕迹。女人很多，但没有轻浮的举动造成的惊恐不安。万众欢腾展现纯美之处，我们见到了莲花座上的文明女神。那儿不是头缠红头巾的警察挥舞警棍驱散武斗的人群的街道。那儿的环境健康而安全，洋溢着高雅情趣。那儿有文明的精粹。那正是我在国内梦寐以求的啊。

临别之际，我暗自赞叹，巴厘岛果然景色幽美、世风淳朴。可是我的心无意在此营造永久的窠巢。印度的呼唤漂洋过海，传到了我心里。这并非由于我自儿时起通过印度认识了世界的缘故，我在印度的天空、和风、阳光、河流、原野窥见的自然的慷慨，永远迷醉我的心灵。我在印度蒙受许多痛苦，城乡游弋着苦难的影子，然而超越世俗的一切，在印度天宇听见的无始年月的梵音，使我尝到了博大的解脱的滋味。在印度阴暗的一面，麇集那么多狭隘的桎梏、庸俗的喧嚣、卑劣的欺诈，可在印度光明的一面，却有宏伟的圣坛和源源不断送来的“无限”的请柬。所以，今日恬静的黎明朝印度的方向，向我展示将现的万道霞光。

泰戈尔

苏拉巴亚　爪哇

1927年9月8日

二

阿米亚：

在世界各地访问，我至少在心里发过感叹：走马观花的访问收获不大。访问仿佛是往筛子里洒水，走着走着，水分全蒸发了。如今访问如同捡稻穗，一面捡地里零星的稻穗，一面朝前走，心幕上不时闪现远方自己的农田里一簇簇成熟的作物。

这次访问爪哇期间，几乎不曾收到国内的任何信件和消息，恍若隔世。今世的一天，至少等于往世的七天。新的地方，新认识的人，新的活动，挤在一起，潮水般哗哗地流淌。我的心，也以流动的尺度，计算你们的时间。就像火车上的乘客觉得，车外的河流、山峦、树林突然被时光追逐，没命地狂奔，我骑在飞逝的时光的肩上，觉得你们那儿的时间速度也非常快，一个个今天，越过一个个昨天，嗖嗖地滑到前天的肩膀上。当我坐在异国他乡，思考婆罗浮屠和巴厘的变迁时，也想象着我那思绪在广渺岁月上飞驰，否则，肯定找不到容纳那么多史料的空间。这些日子每天做的事就是匆匆忙忙收集资料。散布于梦境的一切，已集中于直观之中。在远处测量的时间，因朦胧而显得漫长，走到跟前，时间便倏地浓缩起来。算一算可以知道，我这几天的寿命，把漫长的时光压进一小节时光中了。有的人在祈祷室里慢条斯理地消磨时光，把他的年纪削去一大截，剩下的才是他的真实寿命，也就是说，光用年月的尺度衡量他寿命的价值，会上当受骗的，这让人想起，磨嘴皮子讨价还价，有时也很难买到纯牛奶。当然，也不能说，在国内外一连串活动中快速跳跃，寿命就能与时光一样延长。

我们旅行的时间，其长度和收获是不成比例的。我们的旅行用的是快四拍，这不是我们生活中习惯的节奏。让心灵紧跟着外部快速的节奏，是很难受的。如同不细细咀嚼，吃的食物似乎不是食物一样，手忙脚乱地做事，不能认为这是在履行职责。打开心灵之窗，我们不过浮光掠影地观察了世界。擎着感知之杯，只给你吹掉浮沫的一秒钟，肯定来不及畅饮美酒。受暴风侵袭的蜜蜂如果坚持飞行，纤足触一下花朵就重重地摔倒，那么它的飞行是失败的飞行，同样，我的心在失败的狂风中嗡嗡地飞翔，摇摇欲坠——前进与抵达成了一码事了。由此我清楚地认识到，不知获取为何物的人，认为扪触就是获得。我的心崇尚绘画，而不热衷于拍快照。

刚才苏尼迪来催促，快出门，没有耽搁的时间了。柯尔雷基[1]无可奈何地说，到处是海水，但没有我喝的一滴水。我和他差不多，我泡在时间的海洋里，但一分一秒不属于我。

泰戈尔

1927年10月2日

写给波罗蒂玛·黛维的信

一

波罗蒂玛：

你从我旅伴的信中，想必已知道马来西亚半岛的一些情况。

巴厘岛上没有火车，但为登岛的现代游客准备了汽车。游客们想在几天之内游览所有景点，踏上归程。他们十分珍惜时间，但他们应该知道他们来到了拥有悠久历史的古岛。

我们乘坐汽车扬起尘土，穿过丛林、山谷、村落。我忽然觉得，我们一行人应该下车徒步。路边如果大楼林立，眼睛和汽车一道飞奔，损失不会太大。可路边的景观如果美不胜收，却不接受欣赏的

[1] 柯尔雷基（1772—1834），英国诗人、哲学家。

邀请，兴致的汽车就只得锁在车库里了。

我们停车的地方，正举行盛大的庆祝活动。这地方叫旁里，听说正为一位王族的成员举行葬礼。现场没有一丝悲恸的痕迹。不悲恸是正常的，那位藩王薨逝好几年了。这时举行庆典，据说是因为他的灵魂正飞升仙境。

从远处村庄的路上，走来的一群群男女，携带各种各样的供品。一瞬间，《往世书》上记载的年代，在我们的眼前复活了。印度孟买地区的阿旃达石窟艺术，离开雕塑世界，进入生灵的世界，享受着明媚的阳光。服饰鲜艳的巴厘岛姑娘，如同阿旃达石窟的女神。当地的女性衣衫简少，透露天然的风韵之美。与周围环境极为和谐。

举行祭奠的地方人山人海。在用毛竹搭的高台上，婆罗门祭司身着道袍，束着长发，坐在糕点、花果和纸做的供品中间，一边念经，一边做稀奇古怪的手势。几位乐师在吹奏乐曲。一顶大帐篷里，正上演取材于《往世书》的戏剧。我在别处从未见过如此盛大、如此丰富多彩的庆祝活动。但自始至终未见到不文明的现象和乱哄哄的情景。极其隆重热闹的场面，未被物品的凌乱和人群拥挤分割得支离破碎。数不清的人会聚一地，但没有混乱，没有越轨或丑恶的行为。庆典内在的神圣美，以团结的纽带维系密集的人群，使他们个个彬彬有礼。庆典的规模如此宏大，内容如此丰富，对我们来说是如此新鲜，简直难以用语言详细描述。

父亲

巴厘岛

1927年8月30日

二

波罗蒂玛：

前天，我们乘坐火车，在漫长的铁路上，度过了阳光烤倦的六个小时，下午三点到达苏腊卡尔塔。这是爪哇最大的王族所在地。荷兰人剥夺了他们的王权，但未能蹂碎他们的声望。我们住在藩王的王宫里。

王宫是规模宏大的建筑群，其中一部分幽静的居室成为我们的临时住处。里面极为宽敞，受不到任何干扰。娱乐、消遣的器具应有尽有。我们的住处有宽大的回廊，地上铺洁白的大理石，一排排木柱上是倾斜的屋顶。王室的标记由绿色、黄色绘成，所以回廊的木柱和屋顶均有绿色、金色纹饰。回廊的一角摆着许多种类的佳美兰乐器。几架五音和七音编钟，大小不一，需用木槌击奏。鼓的形状与印度的相像，击鼓的方法和鼓声也很相近。此外，还有几管竹笛和竖琴。

藩王亲临车站迎接我们。晚上他举行宴会，与我热情交谈。他很年轻，英俊的脸上闪耀着聪慧的光芒。他受过荷兰语的现代教育，能讲并能听懂一些英语。入席前，门廊外奏乐，演唱民歌。那民歌不像印度的歌有几段，几句词反复演唱，相比之下，演奏的乐曲显得富于变幻。上一封信中我说过，他们演奏的目的是明确节奏。印度的手鼓等打击乐器，只击出谱写歌曲的七个音阶的一个音阶“哆”。而爪哇的打击乐器能击出七个音阶。你不妨想象一下，假如谁用维伊鲁比调反复吟唱“长夜未尽，切莫启程”这一句歌词，而各种乐器为之击出节奏的音响，以这些音响诠释维伊鲁比调，就同他们的奏乐相似。稍加观察，可以发现，奏乐感染了听众。清脆的磬声之舞，欢快了全场的气氛。

宴会结束，我们返回游廊里坐下。两个小女孩踏着节奏边舞边进入游廊，轻盈地并肩而坐，像一幅迷人的仕女图。她们的服饰富于韵律美。她们头戴金冠，项颈上挂着半月形项链，手腕上是蛇纹金镯。纤嫩的手臂套着金钏，爪哇人称之为“kilbahu”。两臂和肩胛裸露着，从胸至腰部，缠绕金黄草绿宽布条，联结腰带的两根绸条在前面晃动。自腰至脚，穿着纱丽似的筒裙，印有蜡染的精美花纹。头一眼的印象是：她们是阿旃达石窟的女神。我从未见过像她们身穿的这种熨帖的服装。

我听说许多欧洲观众不喜欢爪哇舞蹈的柔美和徐缓。他们认为这种舞蹈单调，原因是他们习惯于极度的狂癫。我看不出爪哇舞蹈缺少艺术魅力。觉得它不很刺激而看不上眼的话，那是眼睛习惯的毛病。我个人认为，那是富于艺术美的完美创造，作为艺术因素，艺人在舞蹈中完全消失了。直到跳完舞，她们坐在乐师中间，才又成为普通的人。于是观众又看到，她们身上抹着油彩，额上描着红痣。她们严实地穿上衣服，遮住最丰隆的部位，显露封闭的线条美。对普通人来说，这样做似乎不合适，伤害了眼睛的感情。然而，在舞蹈艺术领域，人的形态变化也是一种美。

第二天上午，我们应邀参观了内宫等其他建筑。首先观看的是雕梁画栋的一座大殿，这座宫殿气势雄伟，整体结构精巧，装饰华丽，令人赞叹不绝，你们从苏伦特罗的信，会读到这座大殿的详细描绘。进入内宫的一座小殿，只见藩王和王后正坐在里面等候。王后看上去像风姿绰约的孟加拉姑娘，眼睛又黑又大，面带微笑，谦和、温柔的神态使人感到十分亲切。殿外树木葱茏，大大小小的笼子里各种羽毛斑斓的鸟快活地啼鸣。殿内摆着各种乐器，以及表演皮影戏、木偶戏和面具舞的器具，一张桌子上放着一沓蜡染布。主人请我自己选三块喜欢的布，并赠给我每位旅伴一块昂贵的蜡布。据主人介绍，王室的婢女是制作染布的能手，从上蜡到煮去蜡质现出白色图案，前后要花两三个月时间。

昨晚我们的住处也表演了舞蹈。前天晚上跳舞的两位少女中的一位，戴着男性小丑的面具，跳了滑稽舞。令人惊讶的是，她仍然跳得那么美，同时她的动作和嗓音又令人忍俊不禁。男性面具与她的表演毫无不协调之处，服装的华丽也不过分，既不亵渎舞蹈的高雅，又提供笑料，这委实使我惊叹不已。她们主要通过舞蹈来倾诉心中的感情，所以戏谑也富于韵律，她们不曾丑化戏谑，她们的魔鬼也跳舞。

父亲

1927年9月14日

三

波罗蒂玛：

这几天的访问使我们清楚地看到，《罗摩衍那》和《摩诃婆罗多》的故事，是多么深广地渗入了爪哇人的心灵和生活。以前我们在地

史诗《摩诃婆罗多》

理书上读到，从国外引进的动物、植物，只要环境适宜，不要多久，眼看着就繁衍、扩展到全国各地，它们深远的影响甚至远远超过它们的故乡。同样，《罗摩衍那》和《摩诃婆罗多》的故事已经渗透爪哇人的心田。人心中的强烈感情，不能不在艺术中表露出来。那表露的无限快乐浸透了婆罗浮屠的雕像的神态。如今，爪哇岛的男女艺人，以自己形体的舞蹈形象，反映史诗人物的故事，随着乐律，那些故事内容，在他们的血液中奔流。

此外，爪哇岛形式纷繁的戏剧，大部分也取材于两大史诗。从地理角度而言，多少个世纪他们完全脱离印度。然而，《罗摩衍那》和《摩诃婆罗多》使他们一直与印度息息相关。

那天请我们去王宫的藩王名叫苏庶胡南·巴古·普邦。他儿子叫奥毗摩奴，昨天设宴款待我们。他们个个彬彬有礼，热诚，谦恭。王宫里曾为我们表演取材于《摩诃婆罗多》的皮影戏。除了爪哇，我在别处从未看过皮影戏，所以需要简单做一介绍。表演皮影戏，要用一块白布作为幕布，幕前是一盏极亮的大灯泡，两边放着用薄皮做的《摩诃婆罗多》的各种人物剪影，他们的手脚可用绳子牵动，这些人物剪影结在一根根长棍上。一位艺人演唱故事，随着他的演唱，人物剪影的各种姿态照射在幕布上，佳美兰奏出与故事情节一致的乐曲。这好像是上一堂有关《摩诃婆罗多》的课，教学内容和剪影表演密切配合，给学生留下难以磨灭的印象。你想，如果学校里这样教授历史：老师讲历史故事，一名木偶戏艺人用木偶表演主要历史人物，与此同时，演奏与情节吻合的音乐。上历史课，难道还有比这更好的方法吗？！

人的生活，以及人的艰难坎坷、悲欢的情感，借助各种形象、音响和摩挲，得以千姿百态地展现出来。而这一切如果只通过音响表现，那就是美妙的歌曲；如果只通过动作表现，那就是优美的舞蹈。不管是节奏感强的音乐还是舞蹈，都有一种律动，这种律动在我们的感觉中扩散并强化活跃的趣味。要想深刻认识任何事物，必须亢奋我们的感觉。爪哇人借助音乐和舞蹈，在自己的感觉中，时时鲜活着《罗摩衍那》《摩诃婆罗多》的故事。这些故事融于趣味的清泉，潺潺流过他们的生活。这就是以各种生动的方式全面吸收《罗摩衍那》《摩诃婆罗多》的可贵努力。充分接受并继承教学内容的最佳方式，爪哇人已发现了。细致地选用《罗摩衍那》《摩诃婆罗多》的故事的热情和快乐，使这种发现成为一桩很容易的事。

昨天看的皮影戏，从根本上讲是舞蹈。换句话说，它是用节奏性强的动作的语言讲故事。由此可见，爪哇人跳舞不仅是为了享受舞美，舞蹈是他们的语言。他们的古代历史，用舞蹈语言讲话。他们的佳美兰奏的乐曲也是乐音的舞蹈，时而急骤，时而徐缓，时而激越，时而低婉，这种乐曲也不是单纯演奏的乐曲，它协助舞韵把故事缀连起来。

在灯光明亮的大厅里刚坐下的时候，环视四周，我不明白他们要干什么，心里有些烦躁。少顷，我被领到幕后，那儿没有灯光，女士们正坐在黑乎乎的房子里观看。这一侧看不见人物剪影，也看不见舞动剪影的艺人，白亮的幕上只有剪影在跳舞，好似雪山神女在仰卧的湿婆神的胸脯上舞蹈蹁跹。在星球世界，造物主隐藏在创造之幕的后面的时候，我们能看见创造。深谙造物主与创造密不可分的人，也知道那是真实的。撇开两者之间的联系观察的话，就会觉得那飘忽的影子是幻影。哪个探索者假如撕掉幕布，坚持到幕那边去观察，换句话说，他摈弃创造，想方设法去看造物主，那么，像他这种执拗的愚笨，恐怕是绝无仅有的了。看皮影戏的时候，我的脑际闪现这些想法。

起身告辞的时候，主人送给我一样非常昂贵的礼品——一块很长的蜡染布。他说，除了王室的男人，别人穿不起这种蜡染布做的服装。怪不得我在别处未能买到这样的布哩。

我们在这儿的访问今天结束。明天将去贾格卡尔达。听说那儿的王家歌舞和礼仪也具有纯正的古典风格，但与这儿的略有差异。婆罗浮屠离贾格卡尔达不远，乘汽车只消几小时。爪哇之行还需五六天时间，之后可以轻松地踏上归程了。

父亲

1927年9月17日

写给米拉·黛维的信

一

米拉：

此刻，我坐在山顶上的宾馆里给你写信。晨风凉飕飕的，云团在天空游荡，时而遮住时而离开朝阳。我脚下不是平时谈及便在脑子里浮现的那种巍峨的高山，这儿见不到层层叠叠的岩峰石崖。斜坡从游廊外面倾落下去，山脚下流淌着一道浅清的溪水，对岸呈半月形，矗立着一排耸入云霄的椰子树。

从上到下是一层层梯田，一条残破的土路爬出对岸的村庄，沿着山坡一直爬到溪边。距溪水不远有一汪泉水，当地人说是圣水。从早到晚，前来沐浴、汲水的村姑络绎不绝。据说泉水能洗尽人的罪孽，每当举行祭典，成群结队的人前来洁净他们的肉身。这地方叫迪尔塔阿姆普勒，意思是圣泉。

关于圣泉，这儿流传着一个美丽的故事。很久很久以前，当地国王的美貌绝伦的公主，爱上了朝廷的一位青年官吏。若说青年官吏心里不爱公主，那不是真的，但他觉得自己地位低下，不配当驸马。为了维护国王的尊严，他断然拒绝公主的求爱，公主盛怒之下把一包毒药倒入茶杯。青年官吏喝了一口，恍然大悟。他怕死在宫里公主受到唾骂，跌跌撞撞地走出王宫，躺在树林里等死。天神见状，大受感动，急忙喂他圣水，救了他的命。

不时了解到印度教徒的情趣、习俗与爪哇人生活结合的情况，感到十分惊奇。然而，印度教在爪哇并非处于非融合状态。爪哇人在自然的怀抱里形成独特的形体，肢体自然是他们自己的，但姿态是印度教的。

步入吉洋亚尔的藩王的王宫，只见院落里的祭坛上摆着供养，四位婆罗门——分别是佛陀[1]、梵天、湿婆、毗湿奴的信徒，头戴高帽，帽顶镶嵌几颗玻璃珠，四人并肩而坐，各念各的赞词。一位老妪和一位少女，端着盛放祭品的盘子，肃立两侧。他们的服饰色彩缤纷，庄重典雅。后来听说，祈福诵经仪式是特地为我安排的。藩王告诉我，举行这项活动，是企望由于我的光临，黎民百姓福星高照，五谷丰登。藩王自称是毗湿奴家族的后裔。

次日，几位王家婆罗门学者捧着写在棕榈叶上的典籍，前来拜访。这本巴厘语著作，其实不过是《摩诃婆罗多》中有关族长毗湿摩的一章。每行梵文诗下面，是一行巴厘语译文。另一本是写在纸上的梵文诗集，藩王翻开大声朗读起来，他的发音太蹩脚了，我们吃力地猜着诗意，内容好像是瑜伽戒律。我对藩王许诺，今后派一位梵文专家来校订巴厘语典籍，增补佚篇，详细注释。

《摩诃婆罗多》的故事占据了爪哇人的心。这部史诗里千姿百态的人物，出现在他们的文娱活动、诗作、歌曲和戏剧里。

藩王恳求我今晚和他探讨《摩诃婆罗多》的佚篇以及其他古典

[1] 婆罗门是印度教姓。巴厘岛的婆罗门信奉佛陀，说明佛教和印度教在当地已经互相渗透，融为一体。

名著，我向他推荐苏尼迪。苏尼迪在这方面造诣颇深，是向他正确介绍印度古典文学的理想人选。

以上是这几天访问爪哇的情况。从我目前的身体状况来看，恐怕得缩短访问日程。

父亲

巴厘

1927年8月31日

二

米拉：

在爪哇的参观项目已告结束。离开日惹，我们来到婆罗浮屠，住了一夜。

在名叫蒙通的地方，我们参观了一座小庙。这座小庙曾经坍塌，当地政府已把它复修一新。这座庙宇的轮廓简洁、明丽，里面有神态各异的三尊佛陀巨像。我默默地观瞻，心里十分感慨。不知哪一年，大批民工和工匠齐心协力，建造了这座寺庙，雕了佛像。当年施工的场地，堆放着各种材料，人声喧杂，甚至有人献出生命。山上建造这巨大石像的那天，阳光灿烂的蓝天下，葱绿的树林间，万众一心、热火朝天的劳动场面何等壮观！那时世界上没有报纸、广播。这小岛上宏伟蓝图化为宏伟建筑物的消息，未能漂过大海，传到世界各地。而加尔各答广场一侧建造维多利亚纪念碑的喧嚣，驾

佛教圣地婆罗浮屠

着电波，传遍各大洲。

建造这座庙宇，肯定花了很长时间，建造的始末大概不会局限于一个人的年寿之内。为建造这座庙宇，人们对佛陀的深挚崇敬，当时每天都变为生动的劳动场面。围绕这项工程，几多奇迹，几多争议，几多真真假假的故事，与小岛上每日苦乐交织的生活旅程密切相连。庙宇终于建成了，之后，每日点燃祭祀的灯光，善男信女呈上供品。逢年过节，举行庙会，院子里坐满男女香客。

后来，尘土掩埋了那时的语言和信仰，一些具有真实内涵的物品消失了。那些寺庙的现状，如同清溪干涸裸露出来的鹅卵石。昔年围绕它奔腾不息的生命洪流，落潮般退到了远方。那些残垣断石不会说话，上面昔日生命洪流的痕迹，没有气势，没有喧响。我们一行人乘车前来瞻仰，可哪儿是帮助我们看见昔日热闹景象的阳光？人创造的艺术成果无不想向世人展露，无不日夜企盼游人的观赏的目光，这种目光已失落许多年了。

在这之前，我们多次看过佛教圣地婆罗浮屠的图片。它的整体结构未能使我赏心悦目。我曾想，游览大概能得到足够的艺术享受。可是，心里总感到不太尽兴。它分为几层，与整体相比，它上面的穹顶显得太小了。虽然穹顶本身很大，但并不美观。让人觉得是山头上压着的一个石盖。它仿佛是个容器，是只篮子，装着数百尊佛雕和《本生经》中记载的佛陀轮回转世的许多浮雕。倾倒这只篮子，可以看到大量珍宝。《本生经》石雕令我惊叹不已。那每日生命游戏的无数投影中，没有丝毫的丑陋、淫秽或低级趣味。其他地方的寺庙里，我们曾看到许多神像，以及《罗摩衍那》和《摩诃婆罗多》故事的浮雕。但这儿的庙堂里，我们看到了佛陀在各世投生的众多形象——从国王一直到乞丐。由于佛教的影响，对平民的尊重，在这儿得到了充分体现。除了庶民，其他生灵也获得充裕的地盘。《本生经》中最重要的一点，是说佛陀世世代代投生于庶民。在生灵世界，善恶的矛盾永存。与这种矛盾发展并存的宗教的最终理想，在佛陀身上表现出来。即便在极其低贱的生灵中，善的力量，也以极平凡的形态，在与恶的对比中，展示自己。它最终表现于以无限情谊的力量为基础的自我牺牲。在生灵世界中，那无限情谊，一世又一世，从各个方面，解开自身的桎梏，朝解脱迈进。生灵是不自由的，因为它眷恋私利。带着一切生灵的进化的宗教，以不断更新的方法，冲击对私利的眷恋。无论在什么地方，佛陀现世的时间长短，与那冲击的力度是成正比的。记得小时候看见洗衣工家门前木桩上拴着一头驴，一头奶牛缓缓走来，目光温和地舔驴的肚皮，我见了好生惊讶。《本生经》故事的作者，坦然描写佛陀在某一世投生为奶牛，因为奶牛舔驴的那种亲切举动，最后能导致它的解脱。《本生经》故事中，以无数普通事例，表现至上的崇高，说明平凡可以转化为伟大。所以这座宏大庙宇的墙壁上，先人怀着质朴、纯净的崇敬心情，刻上了平凡生活的场景。得益于呕心沥血的宗教传播，受佛教影响的一切生灵，都有了光荣的历史。

陪同我们参观的两位荷兰学者，极其耐心地向我们介绍了这座寺庙的历史、建筑结构和雕塑艺术的特色。他们知识渊博，对人真诚、友好，他们的高贵品德，给我留下极好的印象。最让我钦佩的是他们的敬业精神。他们甘愿付出毕生精力，想方设法从聋哑的石头嘴里掏出沉默的话语。他们的学识毫不吝啬，日日慷慨地奉献。谁想了解印度历史，应拜他们为师。他们孜孜不倦地从事研究，一丝不苟地考证，弄清楚这座庙宇历史上的疑点。我还见过另外几位学者，他们淳朴的心地和谦逊的态度，也使我非常感动。

父亲

1927年9月26日

写给阿苏克·贾特巴达耶[1]的信

库杜[2]：

你射出火红的讽刺之箭，击穿饱学之士的学识之盾时，我在其中看到了史诗的荣耀，心里当然是欣喜的。然而，在你们的《星期六之信》的战场上，看到受伤者之中某些女士倒在地上，我不能不感到难过——哪怕她们确有过错。男人天性中对女性的怜悯，并非我说此话的唯一原因。另外一个原因是，遭到你们的抨击，经济学教授蒙受的羞耻，是文学性质的羞耻，但与其相比，女性蒙受的羞耻宽泛得多，是社会性质的羞耻。这些民事案件的“犯人”在两种法院里受到惩处。在量刑方面的不平等，使我感到震惊。

请你仔细想一想。《吠陀》云：女人像男人忠实的身影。纵然她们有过错，也是跟在男人身后犯下的。在这种场合，你若痛打大人物，把他拉下台，他身后的影子就看不见了。比起主体，其影子常常看上去更长一些。同样，女人的罪过似乎也更大些。不过，她总归是影子嘛。请你考虑一下太阳[3]对你们土星[4]的意见。

为你祝福的罗宾德拉纳特·泰戈尔

1927年11月14日

[1] 阿苏克·贾特巴达耶是拉马南德·贾特巴达耶的儿子，他创建的周刊《星期六之信》以嘲讽文人而著称。

[2] 阿苏克·贾特巴达耶的小名。

[3] 泰戈尔全名第一个音节的意思是太阳。这儿“太阳”指泰戈尔。

[4] 孟加拉语中，土星（soni）也是星期六（sonibar）的第一个音节。孟加拉人认为土星是不吉利的煞星。泰戈尔此话的寓意，是希望《星期六之信》不要刊发过分刻薄的文章。

1928年

致信查鲁·昌德拉·邦达巴达亚

亲爱的查鲁：

《鸿雁集》中的“法螺”，是天帝呼唤人的法螺。法螺声中，发出参战的邀请——与灾祸、罪恶、不公正交战的邀请。临战之际，是不能冷漠地让这法螺卧爬在地的。这时，应接受经受磨难的命令，并传播这道命令。

如果在人类灵魂的广阔背景前审视沙杰汉[1]，我们就能看到，皇帝的御坐上，烘托他灵魂的光环尚未消失。由于御坐容纳不了他，他突破宏阔的界限，远去了。世界上没有能永远拘禁他、损害他的巨大景物。死亡带着灵魂，突破界限远去。泰姬陵和沙杰汉的关系，不是永恒的。他和他帝国的关系也是如此。那种关系，像碎叶一样飘落。这丝毫无损于永远真实的沙杰汉的形象。

诗作《泰姬陵》最后两行中，代词是“我”和“他”。远行的是“他”。他没有回忆的纽带。哭泣的“我”，指承担责任的物体[2]。这儿的“我”不是诗人。人们所说的“我的离愁、我的回忆、我的泰

[1] 沙杰汉系印度莫卧儿王朝第五代帝王，他按照王后慕玛泰姬·玛哈尔的遗愿，修建世界七大奇迹之一——泰姬陵。1658年，沙杰汉的第三个儿子奥朗则布篡夺王位，把沙杰汉囚禁在阿格拉红堡达八年之久。沙杰汉遥望泰姬陵，怀念玛哈尔，终于抑郁死去。

[2] 指泰姬陵。

世界七大奇迹之一——泰姬陵

姬陵”，是墓地的象征。而获得解脱的，是穿越万世的旅行者。泰姬陵也罢，印度的帝国也罢，特殊历史阶段中名为沙杰汉的短时实体也罢，任何地方留不住他。

你们的罗宾德拉纳特·泰戈尔

1928年2月21日

写给比希诺·代[1]的信

比希诺·代：

比希诺·代

我几乎已不写信。最近感到身体疲乏，一天比一天懒，可是工作压力并未减少。肩上的重担，没法一下子全放下来。所以尽量忘掉一些琐碎小事。大小事一把抓的力气，早已没有了。因而不得不像吝啬鬼那样，利用不多的余力。我以前收到信立即回复，这为我赢得了声誉。看来没有希望把这种声誉维持到最后一天，再挥手告辞。

你们在文学之路上开始了新的征程。你们需要一两辆装载作品的车辆。最近，我看到出版了不少小型月刊，大致可满足你们的需要。当然，并非坐这种车的每个旅人都能抵达目的地，这取决于川资。究竟谁有足够的川资，到时候会有证据。不过，目前乘车的便利，人人可以享受。在我的少年时期，我依靠《婆罗蒂》杂志，走上文学的大路。即使没有它的扶持，可能也有其他路子，但机会这东西，不应忽视。

罗宾德拉纳特·泰戈尔

圣蒂尼克坦

1928年11月26日

[1] 比希诺·代（1909—1982），著名孟加拉诗人。

1929年

给一位欧洲女士的回信[1]

——东方就是东方

尊敬的夫人：

每个人拥有天赐的自然环境和自己创造的社会氛围。通过他的内在世界和外在世界，他的一生经历，是一个不断调节的过程。如果其中一些异常元素，冲击某一个人。于是，人的一些能力，有了明显提高，他有了独特需求，有了特殊目的，这些不仅与其他人不一致，甚至常常具有伤及他人的敌意——这造成纷乱结局，导致这个人陷入困惑，再也不能显示他的优长。

当今的人类世界，欧洲是一个具有优势的要素。但她不幸来到远东，她随身带的，不是一个理想，而是首先关注自身利益的个人目的。这自然使欧洲人疑神疑鬼地、神情紧张地热衷于开辟新领域，以牟取利润；他们手中无权，只得进行不平等的竞争，他们选择的方式方法，不可能是坦诚的。他们渐渐习惯于被人误解，这有助于他们的拓展。他们隐藏自己思想的习性，是为了自尊和自我保护。这就使西方人很难拥有“同情心”这种天生的赠礼，也使他们难以与具有正义感和爱心的东方伙伴相处。

[1] 这封信发表于1929年4月至7月的国际大学季刊。

您肯定能够理解的是，一个中国人通常为什么心里感到局促不安，会关闭他的心扉，甚至对欧洲人——一个种族的成员，展现他本性中最灰暗的一面。这个成员[1]，为了牟取利润，麻醉广大的中国人民，从不感到愧疚，因中国人流露反抗情绪而羞辱他们。假如欧洲人来到中国，为中国提供他们的文明生产的精品，中国与他们的关系中，也会有机会公正行事，展示她最好的一面。

请允许我向您说句实话，您的来信给了我纯正的快乐，为此对您表示感谢。

泰戈尔

1929年

写给波罗蒂玛·黛维的信

波罗蒂玛：

罗梯在圣蒂尼克坦承担的责任，你应分担一部分。换句话说，关心那儿女学生的生活，是你的一项义务。其实，这是你的正当权利。梵学女子学校当然有人负责，可蕾维·巴苏[2]是真正的校长，负责全面工作。你也应像她那样做事。工作过程中难免发生一些矛盾，让人

[1] 指英国。

[2] 蕾维巴苏（1885—1937），妇女教育的倡导者之中，曾创建女子教育协会。

心里不愉快，但不能因此缩手缩脚。她们缺少这样那样的物品，有许多苦恼，到了一定的程度，还不告诉你，就会出乱子。另外，你们若不经常关心她们的日常生活，她们松松垮垮，久而久之，就不会感到羞惭了。最近来了一大批小姑娘，从各方面把她们培养成人，是我们不可推卸的责任。我们把一切交给一部机器，之后漠不关心，是不行的。在这方面，一旦出现令人担忧的苗头，就应当机立断，从国外聘请专家。这中间当然有令人愧疚的因素。蕾维·巴苏虽说请外国人并不犹豫，但究竟请不请，要由她定夺，别人应当尊重她的意见。

近来，大概又开始教女学生跳舞了吧。如果能让她们跳祭神的舞蹈，那实在是件大好事。我出国前重新修改了剧本《国王和王后》，不知道演出效果如何。如果我亲自指导排练，表演会相当出色。看看回国能否还会有这样的机会。

父亲

南西贡

1929年3月7日

写给妮尔穆库玛利·玛赫兰比希

妮尔穆库玛利：

散文创作中尽显个人功力，所以，也彰显作者个人，散文领域是极其广阔的。也许今后，歌曲也将接受无拘无束的散文的内在框架。有时写散文，很想为写的文字配上曲子。你是不是在思考《随想集》中某些文章能否配曲演唱?

泰戈尔

圣蒂尼克坦

1929年8月8日

写给迪利波·库马尔·罗易[1]的信

迪利波:

在汇集艺术精华的地方，高耸着文人墨客的情感之峰。不能指望人人能轻松地抵达那儿。那儿，凝聚着五彩缤纷的旨趣之云。险峻的山峰上云彩凝聚，经常下雨，下面的泥土因此肥沃。“非凡”与“平凡”的联系，就是这样建立的。把“上层”绑在“下层”，是不行的。把市场上的订单，硬塞到情味酿造者手中，只会带来灾难。他们的订单，来自他们心灵的主宰。根据订单，他们如能生产万世留传的艺术精品，人人就有分享的权利。但是，说人人有权利，并不意味着每个人立马就能获得权利。精品从来不廉价。春天的鲜花为大家盛开，可我怎么能说，大家能同样认识鲜花的高雅品性。许多人不欣赏春天芒果树的花蕾，但为此我能责怪花蕾吗？我怎能说

[1] 孟加拉文学家迪津特罗拉尔的儿子。

“你为何不成为南瓜”？我岂能说：在穷国，催开巴库尔花是自讨苦吃，把所有的花圃改为茄子地是道德责任？缺乏艺术情趣的人不看巴库尔花，可巴库尔世世代代仿佛在等他投来观赏的目光。但愿它不因此心里恼火，也不受行善观念的驱动，想方设法成为一大片芋头。希腊作家索福克勒斯[1]、埃斯库罗斯[2]创作戏剧上演，是为广大民众，而不是为几个头面人物。那儿的民众交了好运，不用指望希腊的“达斯罗易[3]”创作剧本。怀着敬意把上乘之作献给民众，民众的心渐渐就能够接受上乘之作。让我们对诗人说：“希望你为各阶层的人创作佳作。”诗人若能做到这一点，我们就对民众说：“希望你接受他的作品。”关于艺术创作，那些形象塑造者和情味酿造者，是能够分清真实与不真实、佳作与劣作的。在他们面前，名人的营养品和下层平民的营养品，是没有区别的。一种流行的看法是：莎士比亚是群众的诗人。但我要问：“《哈姆雷特》是为群众写的剧本吗？”我不知道迦梨陀娑是哪个阶级的诗人，但各层民众赞扬他是伟大诗人。我要问的是，如能把村里的老百姓叫来，为他们朗诵《云使》，那么，执行迫害人的刑法的时期，难道就不能朗诵吗？如果在迦梨陀娑的时代，老百姓的首领篡夺超日王的王位，强迫迦梨陀娑写作，以其他诗作取代《云使》，悠悠岁月难道能够容忍吗？你问我如何解决这个问题，我就说：“当时《云使》是为村庄的老百姓写的，但他们的后人应知道也有权欣赏《云使》，这无疑也是后人的责任。有些

[1] 索福克勒斯（公元前496?—前406），希腊悲剧诗人。

[2] 埃斯库罗斯（公元前525?—前456），希腊悲剧诗人。

[3] 达斯罗易系孟加拉剧作家。

老百姓听不懂《云使》，为了他们，就用快板书《莲花丛中的蜜蜂》取代《云使》，以廉价的头韶诗哄人，这绝不是诗人的责职。对所有诗人和艺术家来说，虚假十分可恶。”但是，“大家容易听懂的，就是真实的。而提高修养方能听懂的，就是虚假的”这种说法，也不会受到赞许。

泰戈尔

1929年

写给阿米亚·贾格拉帕尔迪的信

阿米亚：

坐在缓缓行驶的海轮上，有件事让我心里感到十分惊喜。船上许多英国旅客随身带着我的著作，纷纷请我在书上签名。他们乘船出国有不同的目的，谁也没有想到会在船上遇见我。旅行期间，这些书为我们增添了不少话题。我们的外国旅伴达鲁因说，他常带着我的译著《园丁集》出国旅行。忽然得知那么多人知道我和我的著作，不禁大为惊讶。在这个世界上，对我的真实情况了解得最少、讨论我的作品最少的地方，大概是圣蒂尼克坦了。但圣蒂尼克坦的任何人到欧洲旅行，在比他们更尊重我更了解我的人那儿，无不得到特殊关照。

我从不把自己的观点强加给不愿听的人，但圣蒂尼克坦的学生至少应该知道我作品的文学价值。你们离开印度到了外国，就能明白我与整个世界有着多么广泛的联系。这种联系将带来巨大成果——在世界的历史上，与当地的政治相比，它起的作用更深广，具有更高的价值。这一点，只有我身边的人最不能深刻理解。由于一直存在思想障碍，我未能为圣蒂尼克坦做出更多贡献。所以，那儿工作中的冷漠情绪未能彻底消除。然而，长期以来，我在那儿留下的一切，以及未留下痕迹就泯灭的一切的一部分，由我带到其他国家，让我感到分外亲切。

泰戈尔和阿米亚

圣蒂尼克坦未为我安置一把坐得踏实的椅子。经受了千辛万苦，至今未获得应有的成果。目前所谓的成果，就是吃苦受累而已，工作价值或许打了很大折扣。所以，不图回报，以自己的付出，以自己的生命，让别人成为自己的债务人，是件好事。谋取回报，并非好事。得出最后的结论，需要时间。最好在我寿终之后。

罗宾德拉纳特·泰戈尔

1929年3月14日

写给查鲁·昌德拉·邦达巴达亚的信

亲爱的查鲁：

你知道，我这一生中，多次发生一群人对我连续攻击和诽谤的事件。我感到欣慰的是，其起因不是我的立身行事。我的诗笔拒绝参与争论，偏袒某一方。不久前，几个赫赫有名的“弓箭手”修筑阵地，不停地对我发射利箭，可我至今完好无损。今天对我挥舞拳头的个别人的愤怒，明天就烟消云散了。有些人妄图高举写有“泰戈尔是无名之辈”的大旗，提高他们的地位，我由衷地祝愿他们赢得不朽名望，是凭自己的成就，而不是采用拙劣手段。“没有第二个印度文学家在声誉上能超越我”，但愿这种卑下的念头，任何时候不在我的脑子里产生。但愿他们的奋斗取得成果，坐在新时代的文学宝座上，眉宇间点一颗王室的吉祥痣。从此踌躇满志，贬低其他著名诗人的压抑不住的怒气，得以平息。

你的罗宾德拉纳特·泰戈尔

1929年10月15日

1930年

写给南蒂妮·黛维[1]的信

普波[2]宝贝：

你爸爸来信说，你们那儿云厚，天黑，下雨。我们这儿到处是阳光。要是信封里能装一些阳光，给你寄去，那该多好啊。告诉你爸爸，这儿我画的画给人看了，看的人很高兴。关于我的画有好多事儿，写起来要花很多时间。阿尔特雷说要给你写很长的一封信。

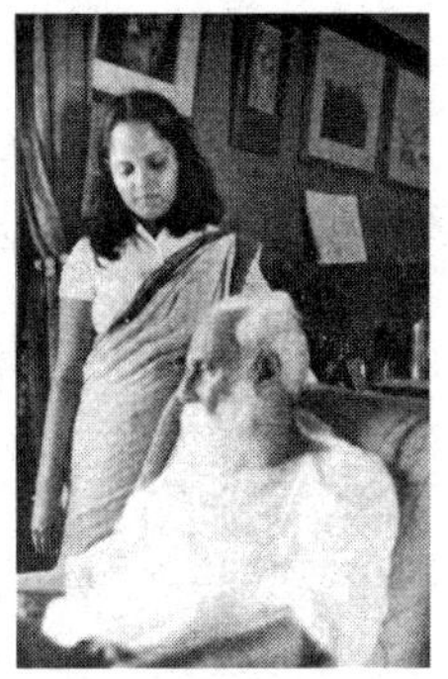

泰戈尔和南蒂妮

每天有好多人来看画。他们全知道我到这儿来了。我要是能从这儿逃走，一定很开心。你为什么不把我藏在你布娃娃的箱子里呢？你们那儿很冷，也许你的布娃娃着凉了，咳嗽了，所以我寄给你一块手绢。

爷爷

巴黎

1930年3月

---

[1] 泰戈尔的孙女。

[2] 南蒂妮·黛维的小名。

写给奥隆·昌德拉·桑[1]的信

奥隆：

关于你的为人，我们家谁私下说了什么，我一无所知。不过，我坚信，他们百分之九十的话，是没有根据的。

在印度，围绕我炮制了许多谣言，而在其他国家，从不就某个人炮制这么多谣言。这，我是一清二楚的。我一天也不抱穿透所有这些传言的浓雾的希望。然而，当我发现，你们也与此有瓜葛，并颇不自在时，这实在是令我很不开心的。每当我想起你时，心里就说："你是个浑小子。"我从不认为我过去帮过你的忙。如果曾助你一臂之力，那完全是表面的东西，微不足道。通过那小事，是无从探知你的本来面目的。

你要毫不怀疑地记住，我至今一如既往地关爱你。我不知道，你心态平和地到我这儿来会遇到什么阻碍。你要是觉得，我们是富人，应该避之三舍，那是你的胡思乱想。我绝对不相信你的Communism（共产主义）。你对自己的命运发火，举起拳头在空中乱捶。倘若时来运转，你就会持别的观点了。我看你父亲也这样。当他贫穷潦倒时，就可能听到他说："贫困是我们的首饰。"如今我知道，他对"首饰"已没有一丝信心了。当没有财物、金钱带来的烦恼时，会觉得，与别人分享一切财物的理想，是非常神圣的。我个

[1] 奥隆·昌德拉·桑是迪纳斯·昌德拉·桑的儿子。

人认为，凡是有一些私产的人，如果资助别人五分钱，做出一份奉献，至少就拥有一份神圣。没有特殊追求的人，生活上放荡不羁，却把这种消极状态称作洒脱豪爽。但是，为实现自己的终极目标，人应该是慷慨的。于是，他所做的努力，就是舍弃的努力。做出自我牺牲，也是应该有一些私物的。这在内心世界和外部世界，都是如此。总之，我不想评说你的共产主义。我要说的是，有一种内心的 Communism（共产主义）。那是打破心灵壁垒的共产主义。你的那种壁垒越来越高了，为此，你就显得矮小了。

罗宾德拉纳特·泰戈尔

1930年8月20日

写给罗亭德拉纳特的信

罗梯：

我终于踏上了俄国的土地，所见所闻，令我不胜惊奇。现在的俄国不像其他任何国家，与别的国家有着本质的不同。布尔什维克已经唤醒了各阶层群众。

自古以来，文明社会的一部分人默默无闻。他们人数众多，却是别人的工具。他们没有成为真正的人的充裕时间。他们食用国家的“残羹剩饭”，艰难度日。他们享用的食物最少，衣服最少，受教育的机会最少。他们侍奉别人，干最重的活儿，终日辛劳，但最不受人尊敬。他们或是饿死，或是病死，或是被上层人物蹂躏而死。他们被剥夺了生活中所有的权利。他们是文明的灯台，头顶着华灯笔直地伫立着，上层人享受光明，油滴顺着他们的躯体滚落。

解决我们一切问题的最宽广的道路是教育。社会中的大多数人，历来被剥夺受教育的权利，印度人几乎被完全剥夺。在俄国看到以不可思议的热情将教育扩展到社会各阶层，我们无不感到惊喜。教育的发展，不仅表现于学校的数量，更体现于教育体制的完善和教育的强化。俄国各地兴办教育，措施是那么多，积极性是那么高，足以确保任何人今后不再能力低下，碌碌无为。不仅在俄国白人聚

泰戈尔在莫斯科为自己的画展选画

居区，在中亚的偏远地区，教育普及同样洪水般的迅快，并采取有力措施，让少数民族享受最新的科学研究成果。

每天我把印度和俄国加以比较，仔细观察，深入思考这儿有哪些新鲜事物，还可能发生什么。我的旅伴美国医生哈里·汀伯尔斯正在研究俄国的医疗卫生事业，发现了它的优越性，赞叹不已。疾病缠身、饥寒交迫、时乖命蹇、茫然失措的印度，落在俄国的后面很远了。而几年前，两国群众的处境完全一样。在很短的时间内，他们的面貌焕然一新，我们则立在齐脖子深的“僵滞”的泥潭里。

我不是说他们的事业完美无缺，实际上其中有严重的隐患，为此，他们将会有挫折。简单地说，他们的不足之处，是以教育法规制造模子。但用模子浇铸的人性是不可能久长的。教学理论若与有关活跃的心灵的理论不合拍，某一天不是这种模子破裂，就是人心枯死，或成为玩偶。

父亲

莫斯科

1930年9月20日

写给妮尔穆库玛利·玛赫兰比希的信

一

妮尔穆库玛利：

欧洲歌曲气势恢宏，旋律刚劲，曲目丰繁，在人类的胜利之车上奏响。歌声震颤广袤大地的胸脯。听众情不自禁地说："精彩！"但孟加拉牧童用竹笛吹的曲子召唤我一个人的心灵走向一个人的路上，落下竹篁的绿荫，行走着头顶盛满水的陶罐的村姑。斑鸠在芒果树枝上啼鸣，远处传来船夫唱的民歌——令人心情激动，莫名的泪水糊模视线。那牧歌太质朴了，像一个少女款款步入心灵之苑，铺一块披纱坐下。

哥本哈根

1930年8月8日

二

妮尔穆库玛利：

透过窗户望去，无边的林地翻涌着绿色波涛，有淡绿的，有墨绿的，其间掺杂着斑斑点点的紫色和金黄色。树林的尽头，矗立着几排农舍。时间大约是十点钟，天空堆积着乌云，这是下雨的前兆，白杨的枝梢在风中摇曳。

我们下榻的旅馆名叫“莫斯科大饭店”，这是一座宏大的建筑，但已经十分陈旧，宛如贫困潦倒的纨绔子弟。旅馆里旧时的装饰品卖掉了一部分，剩余的已经残破，据说没有钱复修，时间长了已蓬头垢面，与“美容店”断绝了关系。整座城市的状况亦是如此，不洁中透现出沙皇时代的旧貌，好似钉上金纽扣的旧制服，打上补丁的达卡生产的绸袍。

食物和日用品的匮乏反映的清贫，是欧洲其他地方看不到的。其主要原因，是其他地方存在明显的贫富差别，敛聚的财富非常引人注目。那儿的贫穷退隐幕后，幕后充斥污秽、混乱、丑恶。浓密的黑暗掩盖着痛楚、苦况和恣意妄为。但我们这些来自异国的人，从下榻的宾馆的窗户望出去，看到的是豪华富丽和温文尔雅。这种繁华如果平均地朝四周扩展，立刻就会发现，国家的财富不足以让所有人吃饱穿暖。而这儿没有差别，没有表面的富丽堂皇，也没有贫穷的丑陋，只有商品供应不足的迹象，这儿只有在别国被我们称之为平民的人。

莫斯科街道上行人如织，没有服饰华丽的人，一看就明白，游手好闲的人绝迹了。大家从早到晚忙忙碌碌，看不到灯红酒绿的场景。

我们曾登门拜访彼德罗夫博士。他是一位名人，政府的高级官员。他的办公室在沙皇时代一位贵族的旧宅里，里面只有几件家具，谈不上精致。地上不铺地毯，一个角落里放着普通写字台。总之，

泰戈尔访问苏联

办公室有点像因父亲故世，不理发不换洗衣服的孝子居丧期间住的空房，仿佛不必保持与外界交往的礼节。为我们提供的食品，与“莫斯科大饭店”的美称极不相配，但为此无人愧疚，因为对来访的外国人一视同仁，给予完全相同的礼遇。

我不由得想起我的童年。同现在相比，那时的生活水平低得多，物质条件差得多，但我们毫无怨言。因为那时所有家庭确定的目标没有明显的距离，各个家庭的境况大致相同。所谓差别，主要表现于智商，即研究学问和学习音乐方面。此外，家族风范的差异，是指言谈举止的不同特征。瞧一眼当年我们吃的饭菜和各种用品，而今中产阶级家庭的人必定在心里嘲笑。

暴发户的傲慢是从西方引入印度的。当新生的买办和巨商家里财源滚滚而来时，他们开始模仿英国贵族时髦的生活方式。从那时起，家具成为丈量富贵的尺子。阔绰的外表黯淡了淳朴的门风和才华，分外刺眼。这种奢华的外表对人来说是不光彩的，对此要特别提高警惕，严防金钱包含的卑鄙浸入骨髓。

在俄国我们的眼睛之所以感到很舒服，是因为金钱培植的傲慢和丑恶现象被铲除了。俄国人的自豪感为此溢于言表。普通农民摆脱了精神负担，看到他们昂首阔步的英姿，我们又惊又喜。他们之间的关系是十分融洽的。

要说的事情很多，我将详细记述。但此刻最紧迫的事是休息。我这就去斜卧在窗前的躺椅上，脚上盖一条线毯。双目如欲闭合，我绝不使劲儿睁开。

泰戈尔

莫斯科

1930年9月19日

三

妮尔穆库玛利：

访问莫斯科时，我寄出的关于苏维埃政权的两封长信，不知你能否收到，哪一天收到。

抵达柏林，接连收到你的两封信。这是充满孟加拉雨季潮湿气息的珍贵书信啊。圣蒂尼克坦的天空，一株株娑罗树繁茂的枝叶上，云影又浓密起来了。斯拉万月，连日降雨——脑海里浮现的熟悉景色，勾起我心中怎样的思乡之情，你是能够体会到的。

1917年的十月革命推翻了沙皇统治。从那时到现在，仅仅过去的13年中，他们与国内外敌对势力进行了艰苦卓绝的斗争。他们头顶着支离破碎的国家机器，孤军奋斗。

俄国的国库空虚，又借不到外国银行的贷款。国内工厂不多，工业产值难以增加。他们只好节衣缩食，出口部分粮食。与此同时，他们不得不耗费大量财力，维持国家最主要的非生产部门——军队的战斗力。怂恿剥削的现代的列强，是他们的敌人，已经把生产的各种武器堆满了各自的武器库。

我们至今记得，他们曾向国际联盟提出裁军建议，使一切真诚爱好和平的人们惊喜不已。由此可见，苏维埃政府的目标不是扩大或维持自己的威慑力量。采用有效的手段，普及群众教育，提高卫生保健水平，增加粮食生产，是他们的目的。

俄国民众的身影未被达官贵人遮住。昔日蜗居幕后的他们，如今公开露面了。“他们读了基础幼儿课本，能结结巴巴地念几个字母了”，对他们的这种误解早已消除。短短几年之内，他们成了真正的人。

我不禁想起印度的工农大众。俄国出现的奇迹，仿佛是天方夜谭。而十年前，俄国和印度的工人、农民完全一样——目不识丁，缺吃少穿，悲苦无助；都愚昧无知，受到宗教迷信的束缚。

印度人身患疾病或遇到灾祸，总到神庙门口磕头，祈求神明护佑。他们惧怕阎王，他们的理智被祭司捏在手里。他们也惧怕尘世，他们的命运是王公贵族、高利贷者和地主的玩物。三亿印度人的背上，仿佛趴着旧时的魔鬼，伸着手蒙住他们的眼睛。先前像他们的俄国人，未花几年时间就推倒了高耸入云的愚陋和低能的大山，你说，这样的巨变，除了使印度人还能使别人惊诧么？

没有给你这位高贵的女士写封辞藻华丽的信，而写了这封字里行间流溢怨尤的信，你不难猜到其原因，你知道，印度的现状搅得我多么心绪烦乱。贾里扬瓦拉堡惨案发生后，我寝食不安。最近，听到达卡惨案的消息，我再次陷入悲痛。政府开动宣传机器，竭力美化这一事件。这种美化有何价值，只有政治家们清楚。这件事假如在俄国发生，绝不会掩饰拙劣的行径。苏汀特罗素不称赞印度的全国运动，从他的来信中也可以看出，目前对政府实行的宗教政策的谴责是多么严厉。

今天到此搁笔。信纸用完了，也没有时间再写了。此信中来不及写的部分内容，下一封信中补上。

泰戈尔

柏林

1930年9月28日

写给波罗桑多·昌德拉·玛赫兰比希[1]的信

波罗桑多：

从莫斯科寄出的一封长信里，我叙述了访俄观感。收到此信，俄国的现状，你便略知一二。

我简述了俄国为全面改善农民生活所做的大量工作。印度的一部分愚昧的、寡言少语的人，被剥夺提高生活水平的各种机会。他们的性灵被压在身心内外的贫困的底层。在俄国接触属于同一阶层的人的时候，我深切地感到，受到社会歧视，人的精神财富的消耗何等巨大！浪费何等惊人！蒙受的不公正何等残酷！

我在莫斯科参观的农业馆类似俱乐部。遍布俄国大小城市和乡村的农业馆里，传授农业知识，宣传社会主义理论，开展扫盲运动。此外，开设专业课程，向农民讲解如何科学种田，提供必要的咨询服务。每座建筑物都是进行自然、社会科学教育的博物馆。

在莫斯科农业馆，我清楚地看到，短短十年时间，俄国农民已把印度农民远远地抛在后面。他们学会了读书写字，精神面貌焕然一新，成为社会真正的主人。

苏维埃政府部门不录用旧政府的官僚，不支付丰厚俸禄。合格的人才、科学家均参与行政管理。十年之内俄国农业取得的成就，

[1] 波罗桑多·昌德拉·玛赫兰比希(1893—1972)，著名统计学家，自1921年至1931年，在国际大学任秘书。

泰戈尔会见苏联儿童

已蜚声世界各国科学界。战前，沙俄帝国不重视良种培育。如今苏维埃政府的良种储备已达18万吨。阿塞拜疆、乌兹别克、格鲁吉亚、乌克兰等边缘地区的共和国，相继成立了农科院，优良品种走出农科院的试验田，迅速在全国推广。

俄国为提高各加盟共和国的教育科学文化水平而不知疲倦地采取各种有效措施，这在英属印度是不可想象的。踏上俄国的土地之前，我做梦也不曾想到会有长足发展。我们从小在“法纪严明”的环境中长大，从未见过与之媲美的先例。

在英国逗留期间，我第一次从英国人口中听到俄国人采取非同寻常的步骤，开创群众福利事业，这已为我亲眼看到。同时，我看到俄国不存在民族、种族歧视。在苏维埃政府统治下的部分尚未完全开化的平民中间，采取普及教育的完美措施，对印度群众来说是个神话故事。作为教育落后的不可避免的恶果，印度人低下的智力，懦弱的性格，粗俗的举止，在国内外被大肆渲染。英国有条谚语：先臭骂一条要被绞死的狗，动手就方便了。确实，只要使出不容洗刷坏名声的“高招”，判处无期徒刑或绞刑，便无甚区别。

泰戈尔

1930年10月1日

写给苏伦特罗纳德·卡尔[1]的信

一

苏伦特罗纳德：

离开俄国，今日乘船前往美国。但脑子里依然现映着访问俄国的一幕幕情景。究其原因，主要是我访问的其他国家，未曾如此强烈地震撼我的心。那些国家各项事业的拓展，局限于各自的领域。有的地方是政治舞台，有的地方是医院，有的地方是大学，有的地方是博物馆。专家们埋头于各自的研究。但在这儿，一个共同的理想，以神经之网联结各个部门，凝成俄国这个顶天立地的巨人。俄国人所做的一切，是为实现一个宏伟目标。

[1] 国际大学美术系教授，曾陪同泰戈尔访问爪哇。

苏维埃俄国的伟大事业的特性，是他们以满腔热情创造着兼容民众之事、民众之心、民众之权的前所未有的社会制度。

其他欧洲国家追逐个人利益、个人享受，其声势之大之猛，恰似《往世书》中描述的搅海，搅出了鸩毒和琼浆，但享受琼浆的人是极少数，绝大部分人尝不到一滴。由此引发了愤懑和动乱。大家哀叹这是不可避免的，说人性包含贪欲。贪欲的职业，是强行夺取不公平的享受。为此，明争暗斗永无止境，随时要做好厮杀的准备。然而，布尔什维克的言论让人认识到，人的团结是真实的，等级差别是虚影，以正确的思想和行动否定它的那一刻，它像梦一样飘逝。

铲除等级差别的运动，像海潮汹涌澎湃，裹挟一切，席卷俄国。所以踏上俄国的土地，可以感觉到一颗巨大的心的跳动。

建造博物馆，是他们为把教育扩展到各个阶层而采用的方法之一。他们编织的博物馆之网，覆盖了所有的城市和村庄。这些博物馆起着育人的作用，不像我们圣蒂尼克坦的图书馆那样冷冷清清。

听了有关俄国博物馆的情况介绍，你一定会赞不绝口。莫斯科的契雷德亚科夫画廊，是一座艺术宝库。自1928年至1929年，一年之内，30万人参观了画廊。由于每天接待不了太多的观众，假日里参观须预先登记。

1917年苏维埃政权成立之前，参观画廊的尽是贵族、富翁、文人雅士，被他们称为资产阶级分子、不劳而获者。如今来参观的是劳动者，如瓦工、铁匠、售货员、裁缝等等。此外还有士兵、军官、学生和农民。

毫无疑问，应该采取切实措施，逐步培养这些参观者的艺术鉴赏力。要他们这些门外汉看一眼就领悟艺术真谛，是不切实际的。他们一面走一面看，眼神往往是迷茫的。鉴于这种状况，几乎每座博物馆里配备了讲解员。他们是从宣教部门和国家机关的科技人员中挑选出来的，为观众讲解不收一分钱。讲解应该深入浅出，条理分明，太专业的讲解词，只会教观众越听越糊涂。千万不可让观众错认为看清楚画上的东西就是绘画欣赏。

绘画作品的构图、色彩敷染、线条、空间、明暗方面的不同技法，体现不同的流派。深谙此道的观众很少。讲解员参加正规的专业培训，讲解才能生动活泼，磁铁般吸引住观众好奇而专注的目光。他们应记住，博物馆里并非只挂一幅画，观众也不是只想看一幅画。观众很想看懂博物馆里收藏的各种流派的作品的特色。讲解员有责任分门别类地介绍作品的风格，不过每类作品数量不宜太多，时间不宜超过20分钟。应解释什么是绘画语言和意韵，讲清画的布局与含义的内在联系。剖示绘画的对立要素形成的特质，常能给人以启示。但观众略感疲倦，就应赶快让他们看其他作品。

寄给你的前一封信中我说过，俄国人意气风发，斗志昂扬，大幅度提高工农业产值，使国家异常迅速地强大起来，这是励精图治的范例。他们苦干实干，与富国竞争，保卫了苏维埃政权。

俄国各地建立了许多工厂，培养了大批熟练工人。目前正创造各种条件，提高他们的文化水平，慢慢地帮助他们以心灵领略画作的意蕴。俄国人深知，缺乏艺术修养的人，言行粗野，表面上满不在乎，内心非常虚弱。俄国的现代戏剧有了快速发展。1917年十月革命以后，俄国人面临严重饥荒，照样唱歌跳舞，演出歌剧，这与气势恢宏的历史剧目相辅相成。

俄国戏剧舞台上取得的艺术成就，引人瞩目，艺术家过去和现在都有创新的勇气。创新的非凡勇气，对社会革命起着推动作用。社会、国家、艺术诸方面，他们勇敢地开拓着新的道路。

腐朽的资本主义和国家主义几个世纪以来窒息了俄国人的智慧，几乎耗干了他们的生命力，如今已被布尔什维克彻底摧毁。看到他们在如此短的时间内，为戴着如此多的精神枷锁的民族带来了如此广泛的自由，心中不禁充满喜悦。宗教培植愚昧，扼杀人的心灵自由，这个敌人比公开锁缚平民自由的暴君还要凶恶。现在大家已经看清楚，君主企图把平民变为奴隶，使用的主要武器是使人麻木的宗教。宗教似心毒的美女，拥抱你，迷惑你，把你害死。虔诚之戟比武力之戟更深地刺入人心，且刺得人浑身酥软。

布尔什维克洗涮了沙皇强加给俄国的耻辱和俄国自身的污点，不管别国宗教界的顽固派如何放肆地攻击他们，我绝不说他们一句坏话。无神论比宗教迷信要好得多。俄国的胸脯上长期压着宗教和暴君专制的磐石，你若来这儿可以看见，掀掉了那磐石，俄国如今是多么轻松。

泰戈尔

大西洋波雷蒙号船上

1930年10月3日

二

苏伦特罗纳德：

旅行是用眼睛学习的重要方法。你们知道，多年来，我一直怀有在旅行大学里学习的决心。印度幅员辽阔，各个领域的知识如此繁富，光读汉达尔编写的地名辞典，想全面了解印度是不切实际的。从前，我国盛行徒步朝觐遍布全国的圣地。这是最大限度地广泛而直接感知印度的有效方法。结合教学内容，五年之内，如能带领学生游历全国的名山大川，他们学到的知识将是非常扎实的。

我在俄国亲眼看到，苏维埃政府想方设法让普通群众出外旅游。俄国疆域辽阔，民族众多。沙皇统治时期，可以说，各族群众几乎没有晤面、结识和相聚的机会。不言而喻，那时旅游是一种时髦，是阔佬富翁的专利品。苏维埃政权建立以后，旅游之门才对群众敞开。苏维埃政府首先在游览胜地建立疗养院，然后安排常年辛苦和患病的工人去疗养治病。他们充分利用了沙俄时代建造的大量建筑物。在那些去处，既可静心休养治病，也可学习文化知识。

每年旅游季节，热心于公益事业的志愿者，为各地的游人热情服务。游人的必经之处，开设了传播专门知识的文化站，旨在鼓励群众出门旅游，并为他们提供便利。那儿为旅游者安排的食宿非常周到，还为他们讲解旅游的注意事项。格鲁吉亚是研究地质的理想之地。那儿的旅游文化中心，开设了有关地质构造的辅导班。在适合进行人类学研究的省份，专门为游人培养了一批人类学的辅导老师。

俄国的医疗卫生事业的发展与教育一样迅速。欧洲和美国的学者考察了苏俄在医学领域开展的科学研究，也禁不住啧啧称赞。苏维埃政府聘请享受高薪的专家撰写医学教材，同时十分重视群众中卫生知识的广泛运用，决不让远离医疗站的任何人在恶劣的环境中因得不到照顾和治疗而被死神夺去生命。

俄国的劳动者免费享受疗养，疗养院里有医务所，不仅为他们治病，还提供必要的营养品和周全服务。这些是为老百姓办的好事。他们有的不是欧洲人，按照欧洲的道德标准，他们以前被污蔑为“野蛮人”。

俄国某些地区长期使用的阿拉伯字母，妨碍教育发展。如今推广罗马字母，教学方便多了。

俄国落后民族的人民，每前进一步都遇到困难。但苏维埃政府官员不曾默不作声地袖手旁观二百年（指1757年英国入侵印度之后的近二百年，殖民政府不关心印度人民生活的改善），十几年来他们一直在鼎力相助。耳闻目睹他们的业绩，我不禁暗想，我们难道比乌兹别克人和土库曼人还落后？我们面临的困难难道比他们多一十倍？

关于俄国的落后民族，还有一些情况值得介绍，明天再写吧。后天上午抵达纽约，之后不知道是否还有充裕的时间写信。

泰戈尔

1930年10月7日

致信拉马南德·贾特巴达耶

一

尊敬的拉马南德·贾特巴达耶先生：

离开俄国，我已踏上访问美国的旅途。

这次俄国之行的主要目的，是在短暂的访问期间，考察俄国如何普及基层教育，取得哪些成就。

依我之见，教育落后，是印度胸脯上高耸的苦难之山的底座。种姓差异，宗教对抗，工作效率低下，经济基础薄弱，都与教育落后密切相关。

动身前往俄国之时，我对访问的成果不抱太大的希望。在英属印度，我早已弄到一把丈量有所作为和无所作为的尺子。推着印度朝前走一步，是何等艰难，基督教牧师汤姆逊早就语气忧伤地告诉世人。我也无奈地承认，的确艰难。要不，印度怎会是一副烂摊子！

我是怀着灾难深重的祖国培育的极其孱弱的希冀抵达俄国的。然而，在俄国看到的一切，令我万分惊喜。我不曾得到足够时间去调查俄国有无或有多少“法律和秩序”。听说，采取了许多强制性行动，不审问就给人判刑。各部门均有自由，但不得违抗当局的法规。这是阴暗面，有如月亮的污斑。可我的注意力主要集中于光明面，那一面的光华异常神奇，使暮气沉沉的人全振作了起来。

据说，在欧洲某些圣地，朝拜的跛子承蒙神灵垂怜，眨眼工夫扔掉拐杖，行走自如。这样的奇迹，确在俄国发生了。转眼间他们扔掉一瘸一拐走路拄的拐棍儿，制造了飞车，原先体质不配当兵的人，十年之内成了威武的驭手。

我已年近七旬。几十年来我没有失去耐心。望着印度头顶难以承受的沉重的蒙昧，我更多的是抱怨命数。我以微薄之力尝试着改变极小的现状，可是磨损的希望之车越往前走，绳索断得越多，车轮坏得越厉害。

我不知道我从何处来到这个世界上，但我的路朝圣地神明的祭坛延伸。我的心灵之神指示我承认民神，向民神叩拜。当我胸前挂着那民神的绚丽花环时，所有种族的人召唤我，为我搬来座椅。当我伫立着面戴印度人的面具时，四周是不尽的拦阻。当他们看见我是一个人时，他们尊重我这个印度人。当我只以印度人的面目出现时，他们不会表示欢迎。我恪守自己的宗教信条，我脚下的路就会因布满误解而崎岖难行，我世界的年寿也会萎缩。因此，我追寻的必须是真实，而不是名噪一时，昙花一现。

关于我的俄国之行，真真假假的消息混杂着传到印度。我总难以漠然置之，为此自己责备自己。我一次次思忖，到了应该出家栖身森林的中年，一举一动，一言一行，却仍像置身于世俗社会的人，必然陷入苦恼。我听说并在书中读到俄国遇到巨大困难，但令人欣慰的是，我在那儿看到了克服困难的大无畏气概。

泰戈尔

大西洋上

1930年10月4日

二

尊敬的拉马南德·贾特巴达耶先生：

当王国的贪婪和由此产生的令人难以容忍的冷漠，在我的心空密布失望的阴云时，我应邀前往俄国访问。在其他欧洲国家，我看够了繁荣的华丽。它是那么高远，穷国的妒忌爬不上它的高峰。俄国没有灯红酒绿、穷奢极欲的场所，因此较容易看清它的面貌。

所到之处，我看见俄国人在勤奋地创造印度被剥夺的一切。不言而喻，如饥似渴地参观时，我看见了创造的丰硕成果。

八年前，俄国受压迫的工人、农民和印度群众一样贫苦无助、缺吃少穿、目不识丁。在许多方面，他们比印度人忍受更沉重的痛苦。踏上俄国的大地，我首先发现，短短几年之内，至少在教育领域他们取得的成就，是印度上层人物150年也不曾取得的。我们贫寒的心志，没有勇气在虚幻的背景上画一幅有关教育的奢望之画，但在俄国，从东到西，从南到北，我看见那种奢望变成了现实。

我一再扪心自问："这伟大的奇迹是怎样发生的？"我在心里得到的答案是：这儿没有贪婪制造障碍。"学习文化知识，每个人都可以成为有用的人才。"任何地方无人对此抱怀疑态度。为中亚土库曼斯坦的群众教育创造条件，他们心中非但没有疑虑，反而表现出火样的热情。

在印度，导致我们在经济和精神上趋于衰亡的严重问题，在任何西方国家从未出现过。这个问题是指印度的权利被肢解了，残酷地进行肢解的原因也是贪婪。所以，抵达俄国，当我看见贪婪成为人人喊打的过街老鼠时，它让我获得的莫大快乐，也许还没有让别人享受过。

我承认专政中蕴含极大的危害，我也相信，这种危害已把压迫带到了俄国。强制是专政的消极的一面，那是罪恶。但我同时见到了它积极的一面，那就是教育，性质与强制恰恰相反。

我不认为俄国目前统治的立柱牢不可撼，但宣传教育重要性的力度非同寻常。之所以能这样，是因为其间没有个人或党派的追名逐利和发财的黄粱美梦，只有以特殊的经济学说教育群众，不分民族、种姓和阶层，把每个人培养成才的强烈愿望。

他们的经济学说是否值得完全肯定，下结论为时尚早。因为迄今为止，这种学说大部分时间还在书页上蹒跚行走，尚无足够的勇气让它进入实践的广阔领域。这种学说开初遇到无穷贪婪的顽抗，之后布尔什维克毫不留情地将其歼灭。经过反复实验，不断地修改，这种学说最后呈现怎样的面目，此时此刻谁也说不清楚。

在苏维埃俄国，关于马克思主义经济，用一个模子浇铸群众的思维方式的努力，是有目共睹的。“某些人异常固执，强行堵塞了自由讨论的道路。”我相信，这样的指责是符合事实的。

俄国处于战争状态，国内外到处是敌人。周围的敌对势力，或赤膊上阵，或放暗箭，破坏俄国正进行的各种试验。他们不得不尽快巩固国家大厦的基石，毫不迟疑地使用暴力。然而，不管任务多么紧迫，暴力只有一方面的功能——只破坏，不创造。创造需要两种功能。切不可大打出手，而要把尽可能多的人团结在自己身边，

泰戈尔和少年宫里的孩子

尊重创造的规律。

俄国正做的事是开辟划时代的道路，从旧土壤拔除腐朽制度和观念的根须，怒斥习以为常的享乐。落入这种破旧立新的热情的漩涡之中，人们越来越狂野、激昂的心情再也平静不下来，忘了征服人心有一个过程。

在欧洲，强迫人们相信基督教教典的时候，曾经用棍棒打断叛逆者的骨头，或钉刺火烧，使人成为残废，以此证明宗教的真理。如今，谈到布尔什维克的理论，它的朋友和敌人，都使出九牛二虎之力，表示坚决支持或反对。

在当代文明的不人道的压迫下，诞生了布尔什维克的理论。它的出现，如同大气层某个地方空气骤然稀薄，风暴把电光之牙咬得咯咯作响，一脸杀气地奔来。人类社会中的和谐破碎，促发一场反常的革命。由于个人对集体越来越严重的轻蔑，才响起了以集体的名义牺牲个人的自杀性口号。

社会中贪婪的城堡是应该攻占的，但把个人全送过冥河，社会由谁来维护呢！在病重的当代，布尔什维克的理论不失为一种治疗，这并非胡言乱语。但治疗不会永远延续。事实上，医生的管束结束之时，恰恰是病人的解放之日。

泰戈尔

1930年

写给卡里莫罕·高斯[1]的信

卡里莫罕·高斯：

读了我上一封信，你对苏维埃政府为群众兴办教育采取的一系列措施，大概会有浅淡的印象，今天这封信中，向你简介其中一项措施。

莫斯科城里，为市民开辟的休闲之地，名为“莫斯科教育和消闲公园”。公园的主要建筑是展览大厅。有兴趣的话，可从那儿弄到很多珍贵资料。如每个省为千千万万的工人开了多少诊所，莫斯科所在的省份增加了多少学校。城建馆里，可以知道造了多少公寓和花园，城市各项事业取得哪些成就。展览大厅里有新旧村庄、生产

[1] 泰戈尔创办的国际大学的教师。

花卉和蔬菜的模范农场的模型，苏维埃时期工厂生产的机器的样品，甚至还有合作社烤制的面包。这些成就与革命初期形成鲜明对比！

令人深思的是，布尔什维克无意让民众成为文明社会的愚氓。其主要原因，俄国除了民众没有别的人了。他们不是社会之书的附录，而是社会之书的全部篇章。

莫斯科郊区山上一座旧宫殿，是世袭贵族阿波拉克辛伯爵的府邸。这座宏大建筑成了带有合作社性质的疗养院，昔日地位似宫中奴仆的平民，如今在这儿休养。苏联的合作社协会的任务之一，是建造工人的住房，故而合作社协会又叫“静憩之家”。劳动的季节结束，至少有三万多疲乏的劳动者到这五座疗养院来疗养，每次可住两星期。疗养院里食品供应充足，娱乐设施齐备，大夫的医术高超。以合作社方式修建疗养院，渐渐得到了群众的赞同。

别的国家无人关心工人休养的事。至于印度，即使腰缠万贯也进不了疗养院。

以上是工人的情况，接下来说说俄国的儿童福利。不管是私生子还是夫妻生的孩子，苏维埃政府一视同仁。根据有关法律，不足18岁的子女，由父母赡养，家长不得强迫不足16岁的子女做工。年满18岁的青年每日工作时间仅为6小时。家教协会负责检查父母对子女是否尽了应尽的义务。该协会的工作人员经常深入社区，调查儿童的学习和健康状况。如果发现哪个孩子受到虐待，马上带他离开父母，家教协会承担培养他的责任。

这样做的出发点是：子女不仅属于父母，更属于整个社会，他们能否健康成长，关系到整个社会的兴衰。社会有责任把他们培养成才。仔细想想，社会的责任确实大于而不是小于家庭的责任。关于群众，这就是他们的理念。在他们看来，走上历史舞台的群众，不可能为某一群体牟利。他们是整个社会的躯体，而不是躯体的某一部分。所以，他们的责任由国家承担。任何人不得超越社会寻求个人的享乐和权利。

尽管如此，我并未感到他们正确划分了个人和集体的界线。在这方面，他们的所作所为有点“法西斯”的味道。为了集体而压制个人，他们不容忍任何阻力。他们忘了削弱个人就不可能壮大集体。个人受到束缚，集体就不可能自由。俄国实行强人的专制。这种一人支配十人的做法，会带来短期的良好效果，但不可能永远如此。人人拥戴的铁腕人物，不可能一代代地诞生。

此外，权力欲的无限膨胀，必然扭曲心灵。好在执行颁布的苏维埃政策，他们虽然毫不迟疑地相当无情地压制个人自由，但通过普及教育和行政措施充分发挥了个人的潜力，而不像法西斯那样每日加以扼杀。

再过几个小时抵达纽约，之后是新的旅程。我已不太喜欢连续不断地访问和饮用一个个码头的水。不登美洲大陆的念头，在心里引发多次争执，但旅行的欲望最终赢得胜利。

关爱你的泰戈尔

1930年10月10日

致信《纽约时报》编辑

我接受采访，就当下印度的问题谈了我的想法，有关报道中未经反驳的错误描述，是我不能允许的，可它在今天上午发行的你的报纸上出现了。应让世人清楚地知晓，在我看来，对于印度的自治而言，这给它带来的，是磨炼的一个机会，而不是让外国镇压的机会。表面上维持的、来自外部的安宁，不会带来真正的安宁。经历了一个不可避免的痛苦和斗争的阶段，才会有太平盛世。

泰戈尔

1930年10月10日

写给苏汀特罗纳德·达塔[1]的信

苏汀特罗纳德：

我在南门旁静静地坐过一两回。这不是和风吹拂的南门，通过这扇门，生命之风寻找着遁逸之路。为我治病的医生宽慰我，脉搏和心脏一瞬间爆发的矛盾，对身体造成轻微的伤害便化解了。用不

[1] 孟加拉诗人，杂志《真情》编辑。

太科学的话说，转危为安是一大奇迹。但阎罗派遣的索命鬼那窥探的目光，我是见识过了。医生告诫道，今后，务必小心谨慎。换句话说，昂首挺胸行走，胸脯少不得让死亡之箭击中。静卧床上，死亡之箭则会偏离目标。于是，我像个顺民，半卧着度日。医生很有把握地预言，半躺着充分休息，太太平平过十年不成问题。之后，人生的第十个阶段[1]，是谁也伸手挡不住的。此刻，我斜卧床上写的一行行字，弯弯曲曲，像爬满额头的皱纹。唉，还是让我坐起来吧。

揣摩你信中有令人不快的消息，我不敢读。身体太虚弱了，怕残躯经不住风浪的突然袭击。信中的内容，我能猜到一些。详情的打击，我恐怕承受不了。所以不曾亲自展阅，而让阿米亚读给我听。

强加在祖国母亲身上的枷锁，必须举锤砸碎，每砸一次震得人眼珠突出，可除此别无他法。由英国动手打开枷锁，对我们来说是非常痛苦的事，而它蒙受的损失也不小，最大的损失，是威风扫地。我们对暴戾者的倒行逆施的惧怕中，多少存留一点面子。但我们憎恶懦夫的胡作非为。如今我们对英帝国恨之入骨，我们凭借仇恨中产生的力量去夺取胜利。

不久前我访问了俄国，更加清楚地看到印度赢得光荣的道路是多么崎岖。与俄国的勇士不堪忍受的痛苦相比，印度各地的警棍挥舞，不过是落一阵花雨。请转告我国的青年，任重而道远，任何责任不容推诿。希望他们别再叫嚷“我受不了”，叫苦等于是在为马路上恶棍的棍棒前供奉祭品。

[1] 指逝世。

最近印度在国内外的名声大增，仅仅是因为它不向暴行低头屈服。但愿我们不放弃在苦难中学习藐视苦难的机会。兽性企图唤醒我们中间的兽性，它一旦得逞，我们的失败就不可避免。身处苦境，我们不应该颓唐。证明“我们是人”的时候已经来临。模仿兽行，只会泯灭善良的人性。最后，我们要大声宣告：“我们无所畏惧！”在孟加拉，耐心常常丧失，这是我们的弱点。当我们“张牙舞爪”时，这是对青面獠牙的魔鬼施礼。希望你们不把我的话当作耳旁风，不要光模仿别人，这样就不会枉然洒泪了。

我最大的苦恼是我已没有青春的财富。我四肢不灵便，滞留于驿馆。我已没有与奋进者同行的时间。

泰戈尔

1930年10月28日

1931年

写给特罗纳德·贡迦巴达尼杜亚[1]的信

尼杜[2]：

收到你的来信，非常高兴。

德国巴伐利亚州的形势令人担忧。就像贫穷使人软弱的地方，瘟疫猖獗，当下欧洲饥荒越是蔓延，法西斯主义和布尔什维主义也越强大。两个主义都是不健康的标志。“用力敲打人的自由思维，可为他带来好处。”这种话，心理健康的人是想也不敢想的。肚中饥火越旺，邪恶的想法就越能渗透人的脑子。现在人们担心，布尔什维主义将在印度传播，原因是饥荒日趋严重。当人的死期渐渐临近时，它们就以阎王的索命鬼的面貌出现。一个人可以变得如此可怕，别人见了不寒而栗。杀伐的竞争中，为了决出雌雄，如今全世界的人在摩拳擦掌。为了不死在他人之手，人变得越来越凶狠。这种恶斗没有尽头！残杀的旋风将掠过一片片土地。

不管你做什么事情，千万小心，别与吃人的那些人为伍。欧洲如今从各方面对自己的神圣提出抗议。印度人，尤其是孟加拉人，别的不会，只会仿造。他们许多人正在仿造欧洲的病痛。你千万不

[1] 泰戈尔的外孙。

[2] 特罗纳德·贡迦巴达尼杜亚的小名。

能也患上仿造的传染病。你们那儿肯定有不少妖魔附身的印度人，你别靠近他们，专心致志搞自己的专业。

我已没有学小提琴的兴致，不过，民间乐器是喜欢的。似乎可用它弹出印度乐曲。但你说得很对，学这些乐器要花费很多时间，会占用学习其他知识的时间，那就先放一放吧。但是全面掌握设计技术，对你的事业必不可少，回到国内，马上可以使用。

这儿是雨季，四周郁郁葱葱。我在大吉岭休息了一段时间，回到这儿，心舒神爽。这儿的其他情况，想必你已知道了。

外公

圣蒂尼克坦

1931年7月31日

写给赫蒙达芭拉[1]的信

一

赫蒙达芭拉：

你好！

我的人生分为三部分，分别用于做正事、做闲事和不做事。做

[1] 赫蒙达芭拉（1894—1976），出身于书香门第的孟加拉女作家。

正事，是指在小学教书，写文章，管理国际大学，等等，这些属于履行责任。第二部分是做闲事，这儿全是令人上瘾的材料，如诗、歌曲和画。瘾头越来越大。年幼的时候，诗是我至上的天帝——就像地球的洪荒时期，到处是水，从心原一条地平线到另一条地平线，涛声阵阵。只有情味的游戏，只有梦境的节日。之后在青年时期，我奉命去做正事。在那个时期，我近距离地接触平民。履行责任的呼唤传进我的耳朵。陆地从水中徐徐上升。在那儿，不再在水浪和狂风的袭击下，摇摇晃晃地漂浮，而开始以各种办法建造房舍。不是在黄昏的彩霞里，而在真实世界里，接触的一个个人带着苦乐真切地显现了。

在小学教书是正事

在你描绘的与祭祀相关的日常事务的画面中，我看到了女性的清晰形象。你们具有母性，对生命的爱怜是天生而强烈的。你们照料生灵的衣食住行、沐浴、妆饰，从中得到快乐。为此，你们总有一种饥渴感。幼小时期用玩偶做的游戏中，也显露出你们服侍的欲望。你的姐妹全心全意地侍候你，是出于天生的责任感。侍候不了你，她们心里会产生负疚感。从你对侍奉神明的描写中，我清楚地看到，那是更大地满足母心侍奉欲望的方法。

我的神不在庙里，不在雕像中，也不在天国乐园。我的神在人群之中。那儿饥渴是真实的，也有胆汁分泌，也需要睡觉。这些对于天堂里的神，是不真实的。弗洛伦斯·南丁格尔在战场上救治受伤士兵，那儿，女人的祭祀是真切的。人群中的神是饥渴的、有病的、忧伤的。伟人为他捐赠全部财产，献出生命；不在浪漫感情的抒发中终结侍奉，而以智慧、勇气和牺牲精神使侍奉臻于高尚。

在你的文章中听了你对祭祀的讲述，我觉得，这一切，是封闭的、不满足的、不完整的人生的自怨自恼。有些人每日如此容易地阻止以人的面貌出现的我的神得到祭拜，其实也每日丧失了自己叩拜的权利。他们的国人受到极度蔑视，被蔑视的人群的贫乏和痛楚，反过来使他们的国家忍垢受辱，步履缓慢，落在世界其他国家的后面。

我本不愿说这些话让你难过，但在庙里的神成了民众之神的竞争对手、打着神的幌子欺骗人的地方，我的心再忍受不了。此前，我在佛教圣地菩提伽耶游览时，一位热衷于祭祀的王后，把金币放在住持的脚面上。这些金币，本可用来救济大批饥民。他们不肯为国民的教育、粮食、医疗花一分钱。他们在祭坛前敬献的钱财、花的时间、表达的虔诚，分文不值。人对人的这种极度冷漠和冷酷，在别国是闻所未闻的。其主要原因，是神攫夺了苦命的印度人的一切。

你的大哥

大吉岭

1931年7月14日

二

赫蒙达芭拉：

你好！

首先要对你说的是：由于与十万八千里之外某个煞星面面相对，今天起床，你接连打喷嚏；热牛奶竟烧煳了；右眼皮不住地跳动。于是断定，今天叫用人去买菜，市场上菜价肯定上涨。因为，煞星注视着菜市场。而在你的村庄，你的小叔子，忘了邀请你姨表姐的大伯的儿子来参加幼儿首次吃米饭的仪式，导致亲戚关系中断，因为“土星[1]”扣压了请柬，等等，等等。这些胡言乱语，你一定要从脑子里彻底清除。

你为什么让你的心变得脆弱呢？人世间，有大大小小许多不祥之物。要凭智慧和勇气同它们斗争！有时候失败，有时候胜利，这是人世的必然规律。由于特殊原因，有时心不在焉，豆汤里忘了放盐，做枸酱包忘了加热石灰，就把责任强加到名叫“大意”的东西身上，重重地捶打脑门——比这更软弱的行为，世界上还有吗？这分明是鸡毛蒜皮的小事，却认为是在天神面前犯了罪过，非折磨自己的心灵不可。如果是煞星犯了罪，让天神去教训他好了，凡人何必站在中间代它受过。你要是说，以大无畏精神一举砸碎煞星带来的恶果，那干脆从记忆中把煞星一笔勾销，大无畏精神不就能完好无损吗？满脑子是连飞机也触及不到的“敌人”的恐怖阴影，在人

[1] 有些印度人认为土星是煞星。

生旅途中，谁还能获得胜利？身处印度，你四周全是“敌人”——疟疾，愚昧，守旧抱残，浑浑噩噩，彼此嫉妒、谴责、争吵，蠢人的妄自尊大，等等，等等。我们每日得用智慧、思考和道德力量，同它们作战。在这种情形下，为什么还渲染对皇历中盘桓的“敌人”的恐惧？恐惧从各种路径渗透印度的骨髓，蛀蚀心灵——这些恐惧虽手无寸铁，可谁能拯救理性无从抵达的印度呢？

在我国，人人征求“星宿”的意见，确定结婚的良辰吉日。四周成千上万的事例证明，“良辰吉日”背叛了人的初衷。但愚昧却有增无减。就此进行辩论时有人说，新婚夫妻的命运取决于“吉辰”之果。何止夫妻，兄弟姐妹、公公婆婆、岳父岳母，以及未来的子女的命运，也与此息息相关。果若如此，也不应把邻居、国人和外国人排除在外。一个英国小伙子打猎，误认为一个孟加拉男孩是猴子，一枪把他打死，这时，光卜算死者和杀人者的命运，是不够的。必须追根溯源，整个大英帝国和孟加拉民族的宿命，以及在发明火枪的第一天，星宿们彼此摆出的威胁姿态，才导致了此事的发生。

你读了我以死亡为题材的许多诗，写信问我怕不怕死。一般来说，我是不怕的。生和死，是个体的两个方面——如同观念中的沉睡和苏醒。常常可以看到，幼儿困了，就异常烦躁，乱抓面孔，伸手蹬脚，想让自己保持清醒。大人们见状，并不焦急。他们知道，要是不入睡，清醒是痛苦的。死亡也是这样。假如死亡不来临，带着不断延续的生命，就得大呼救命啊。不可舍弃、必须与人生结合的东西，是很容易让人相信，并接受的。既然死亡是人生的终结，人死了谁会蒙受损失呢？一个人死了，他并没有什么损失嘛。当我活着时，还没有死嘛。提前害怕，愁眉苦脸，管什么用？如果我不在了，哪儿也不会有痛苦。而只要我还活着，今后和现今的情况就大致相同。换句话说，活着的苦和乐，与得失和好恶一样，不停地交替转换。如果不愿放弃今日的生活及其一切责任，那日后的生活也将如此。幼小的时候，我特爱我的奶妈，当时的生活以她为中心。我一天也不能不流眼泪、心情愉快地想象，她离开我一个小时，生活将会怎样。但如今她杳无踪影了，未留下一丝痛苦的痕迹。之后，由其他核心人物构成的生活的价值更高，有更多的苦乐。但最后这一切也将不复存在。在生活中间形成另一个实体时，我因新实体而更博大，绝不会吃后悔药。所以，谈起死亡，最好泰然自若，无所畏惧。当然，某些形式的死亡，是我不乐见的。老虎把我当作食物吃掉，这是我不喜欢的。不过，有些不喜欢的东西被老虎吞食，不叫死亡。其实，被老虎吞食中的死亡，是最值得期待的。假如我五十岁上被老虎吃了，就肯定不必给算命的婆罗门酬金，为保命而举行禳灾仪式了。

你的大哥泰戈尔

大吉岭

1931年11月1日

1932年

致信杜尔查·波罗沙德·莫克巴达[1]

一

杜尔查·波罗沙德：

你读这些作品[2]时，不要受老习惯的影响，认为它们是格律诗。许多人带着老习惯去读，无所适从，不禁大为恼火。散文应该维护散文的荣誉。男人像美女一样待人接物，是有失身份的。男人也有美，但那不是女人的美。我在以前的信中，已讲了这个简单道理。

泰戈尔

1932年

二

杜尔查·波罗沙德：

你如何为《再次集》的诗下定义呢？它不是名副其实的诗，因

[1] 孟加拉诗人、教授。

[2] 指诗人创作的所谓散文诗，其实是自由体诗。

为没有音步。说它是散文，更是大错特错。你称飞马为“马”还是“鸟”呢？我若说散文长了翅膀，论敌就会说：“蚂蚁长翅膀是找死。”分为水陆两部的文学中，我这东西不是水，也不是土。那么，称它为矿物有错吗？心里虽有称它为黄金的骄傲，但没有说出口的勇气。那就称它为铜吧。换句话说，它是一种金属，可以用来塑像。毗湿奴的塑像也行，仙女的塑像也行。换言之，它是具有形象或意蕴的散文，不是挑着词义的重担的散文。总之，是闪闪发光的金属的散文。

定义今后再下吧。目前的问题是，它是否已有模样，如已有模样，就算大功告成了。

泰戈尔

1932年

三

杜尔查·波罗沙德：

你把《再次集》的散文风格比作歌曲的前奏曲，确实不错。因为，在前奏曲中，节拍虽不受约束，却并不得意忘形。换句话说，外面虽不拍鼓，但在自己的体内，行动有条不紊。

然而，在一个地方，歌与诗没有共同点。歌曲的一切不可言传，但不说也明白，诗中是有可以表达的东西的。无从表述的，围绕着可以表达的东西，波澜起伏，就像地球四周的大气层。韵律把可说的与不可说的、内容与趣味连接起来，让它们互相说："我心中的一切就是你心中的一切。"可说的和不可说的，缀连在韵律的花环上。可说的和不可说的，两者融合，便产生诗。诗中发生的事情，就像人婚后生活中发生的事情，有时双方产生矛盾，中间产生一些隔阂，连韵律也无力弥合。我认为那是令人苦恼的一件事。那悲惨的情状，如同洞房花榻上一对新人背对背，脸朝着两个方向躺着。比这更惨的是，"一个新娘一口饭不吃回了娘家"。每天应吃适量食物，这个道理，连瘦弱的病人也明白。但在有些诗作中，艺术女神食不果腹，瘦得像影子似的。这时，不可认为这是精神特征而欢呼雀跃，而应觉得这是物质欠缺而面露愁容。

《再次集》这部诗集中，为宴会准备了大量珍馐佳肴。这仿佛是为乘龙佳婿安排的宴会。他是个男人。给他戴金链挂表，也不能算是盛饰。好在旁边有戴手镯、面纱遮盖一半面孔的"情韵仙女"，扇着艺术趣味的纨扇，为这宴会带来天国乐园的一丝和风。你不要认为我为我自己的作品扬扬得意，突然对我说"谦受益，满招损"之类的格言。现在不谈这方面我已取得的成就的价值，在这封信中，讨论的是这类作品的标准。在我们讨论的这部诗集中，被称为有血有肉的男人的"散文"，如果取得了优势，他有艺术情趣的妻子，为此从半开的门缝中向里窥视，有着她目光和纤影的这个场景，是值得有审美欲望的读者观赏的，这是我的期望。说这部诗集没有韵律，是言过其实，而说它有韵律，在我看来，又太狂妄了。让我解释一下，怎样说才合适。我想从诗味的角度进行解释。

在婚礼上，点了吉祥痣的新娘、新郎，戴着花冠，坐在画有吉庆图案的凳子上。祭司在诵念经文，空中传来唢呐吹奏的萨哈那喜乐。在这种氛围中举行的新人的婚礼，是一清二楚的，是没有任何疑问的。在韵律明晰的诗作中，也有那种吹奏的萨哈那喜乐，也有祭司的诵经。与此同时，还有大红纱丽、联结新人的贝纳勒斯绸带、花环和闪射红光的灯笼。通常我说的诗，是“可说的”和“不可说的”这两者结合的盛典。婚礼需要的物品，早已认真准备了。但以后呢？婚礼不会举行一年。然而，谁也不希望萨哈那喜乐停息的同时，新娘、新郎在空中消失。婚礼结束了，可只要不发生精神或社会的意外事件，婚姻将存在下去。从此，萨哈那喜乐无声地演奏，甚至，不经常加入以难听的最高音阶奏出的尖利乐音，倒是反常的。所以，不可指望不添加别的东西。贝纳勒斯大红纱丽脱掉了，今后参加别的活动，才会再穿。同样，七个字母和十四个字母的诗行，也不是每天都用。但我从不担心，“每天”的诗行，在不适当的地方会遇到危险。甚至左面响起叮当的足镯声，在一片混乱中，那诗行也会传到耳朵里。不过，总的来说，一天二十四小时，妆饰是需要的。突破仪式的固定程序，带来一大便利是：通过双方的结合，家庭之旅的复杂性将得到简化，以精细或粗略等各种形式呈现出来。当然也有双方不结合，却有家庭生活的现象。但那是不幸福的，仿佛是报纸上文学副刊的作品。但有的家庭属于每一天，吉祥女神把这每一天变成永远，而为了展示它的永恒性，不用装饰特殊的客厅，我认为它可跻身诗歌的行列。它的模样可能长得像散文。它中间，有不悦耳的曲子，有抗议的声音，有各种交融，因此，它具有品格的力量，如同《摩诃婆罗多》中迦尔纳的人品，比坚战高尚得多。

然而，某些幼稚的人，听了代表“道义”的国王的故事，竟泪流满面。我不提罗摩的名字，是因为怕民众不满。但我坚信，古代诗人蚁垤创造罗摩这样的主要人物，是为了把他异母弟罗什曼那的品格衬托得更加光彩夺目，甚至对神猴哈奴曼品格，我们也不能不屑一顾。然而，由于浓墨重彩地描绘这个单调人物，使他显得特别高大，人们才注视着他，为他的落难扼腕叹息。薄婆菩提[1]没有这样做。他以诗人的才华创作的《罗摩传后篇》，对罗摩的品格表达了不敬。他树立悉多这个人物，是为嘲讽罗摩的追随者。

你瞧瞧，一下子扯得太远了。言归正传，我的看法是：在打破了束缚的散文领域，如能给诗以女人的自由，那么，就可减少文学家庭的妆饰部分，它的多姿多彩和品格，就可获得许多地盘。诗迈出坚实有力的步伐，与时刻小心翼翼迈的舞步相比，它不应受到讥笑。在舞厅外面，高低不平的神奇的广阔世界，粗犷而迷人。那儿，可迈着有力的步伐行进，时而走在野草上，时而走在乱石上。

你别急。既然涉及舞蹈，就谈完这个话题吧。跳舞需要时间，需要特殊技巧。不借助四周的灯光、花环把它的舞姿烘托出来，就不具备审美价值。可有的姑娘的动作生来具有韵味。诗人看到那种天然姿态，寻找各种比喻。那姑娘的美姿就是诗，哪怕其间没有舞蹈的节奏。为她击鼓，反而会坏事儿。那时，我责怪长鼓呢，还是责怪她的姿势呢？她的姿势从河边的石阶开始，一直延伸到她的厨房她的洞房。无须选择材料为她塑造特殊模式。散文诗也是这种姿

[1] 薄婆菩提系《罗摩传后篇》的作者。

态。它不跳舞，它行走。它轻快地走路，走到各地。它的动作无拘无束。那不是在人群中躲避碰触、撩起衣服或纱丽下摆、拽着面纱遮住一半面孔的谨慎行走。

以上是我为《再次集》所做的解释。我没有发誓不当舞台上更新的一支“再次”之舞的舞蹈监督。我只是琢磨扩大诗的权利，在一面墙上又开了一扇门。这一回到此为止，我的时间不富裕。说不准哪天又有创新的兴致。遇到意外挫折的一些人，认为用散文写诗很容易，他们无疑将聚集在开启的这扇门口。一旦发生刑事案件，他们认为我是他们中间的一员，肯定要我当他们的证人。在那种倒霉日子来临之前，我最好一走了之。我另外一部诗集即将问世，名字是《五彩集》。看到这部诗集，绅士们觉得“我又恢复了正常”，心里将松一口气。

泰戈尔

1932年

1933年

写给比希诺·代的信

比希诺·代：

繁忙中读完了你的诗集。你写诗显示了非凡勇气。许多人在文坛吹嘘风格新颖，其实走的是老路。你有开辟名副其实的新路的毅力。起初路面坑坑洼洼，高低不平，这是不可避免的。常常不小心还会摔一跤。可我听说，你仍用力挥镐刨地。在岁月移动的脚底下，这条路会渐渐平坦。但真平坦了，新时代强壮的行人，又不喜欢它了。

到了我们这个岁数，文学创作不仅要付出体力，也需要放松心情。确定文学的新目标，是为今后的创作。而以前保存的精力，对我们的暮年来说已经足够了。

衷心祝愿在获得成就的道路上你的诗笔不落入新的或旧的窠臼。在创作领域，要规避新旧两种时代。要把信心建立在永恒时代之上。

罗宾德拉纳特·泰戈尔

圣蒂尼克坦

1933年7月13日

1934年

致信戴季陶先生[1]

亲爱的戴季陶先生：

我高兴地见到我的老朋友谭友山教授和他的同伴陈友生教授，又从他们那儿收到你的问候。我同时应该感谢你托谭友山教授捎来由你赠送给我的你的著作。

我非常愉快地在你身上认出增进我们两国文化交往的伟大事业中的同志。两国过去曾经很接近，今天，我们有责任把我们自己从数世纪的相互冷淡中拯救出来，并且以我们最好的东西相互奉献给彼此的将来。我真心赞成成立中印学会的计划，并且乐意献出我们的圣蒂尼克坦作为它活动的中心。

一个扎实的开始就是兴建一座大厦，叫作“中国大厦[2]”，专供贵国的学生和学者住宿，以便和我们合作致力于文化复兴。需要的费用，包括大厦的日常开支，大约三万卢比。当然，如果计划考虑到中印学会的运作，包括奖学金和教授们的薪水以及一个像样的图书馆，其费用就会不少于三万五千英镑。这具体的预算都是本校办公室去年寄给谭友山教授的。不过，当作一个谨慎的开始，开始得

[1] 本篇摘自胡玲玲撰写的《华夏之心点燃天竺之灯》，个别字有改动。在此，谨向作者胡玲玲表示真诚谢意。戴季陶系原国民党中央宣传部长、考试院院长。

[2] 即后来由中国政府资助建造的中国学院。

国际大学的中国学院

越早越好。应该先把大厦建起，这样今后的更宏伟的事业就会有一可靠的基础。请接受我对你和贵国人民的问候。

泰戈尔

1934年3月18日

抗议纳粹的公开信

亲爱的朋友[1]：

感谢你请我关注1934年4月《以色列先驱报》上发表的题为《文明欠亚洲的债》的您的文章。

在我看来，任何形式的种族仇恨，是偏执的野蛮。某些国家某些人，以某种事业的名义，放纵残暴的贪婪，我不能认可那种事业的价值。在印度，我们努力保护健康成长的民族精神，使之不陷入种族仇恨的危险深渊。当我看到，西方国家，把它们的信念建立在这种野蛮的基础上，精心准备用科学的手段进行屠杀时，我不能不为我的人民感到骄傲。他们是贫穷的，受到压迫，但不愿意采用野蛮的方法去赢得人权。它在亚洲不死的精神之上重建了我的信念。

至于德国的希特勒政权，我们阅读有关它的各种译文。当然，不可否认的是，战胜国强加给德国人的耻辱[2]，激励他们去做许多愚蠢的冒险的事情。尽管如此，我们读到的有关残忍行径，如果是真的，那么，文明的良知就不能允许和他们妥协。对我的朋友爱因斯坦的侮辱，使我大为震惊地质疑我对现代文明的信任。“这是迷醉状态下做的一件令人不快的事情，而不是像德国人这种有天赋的人的清醒选择。”我只能从这样的希望中得到些许安慰。

[1] 指《以色列先驱报》编辑恩·伊·比·埃兹拉。

[2] 指第一次世界大战，德国是战败国。

我一生一直大声反对分裂人群的盲目歧视。我呼吁全球的志同道合者手拉手，肩并肩，齐心协力，在我们每个人中间，实现人类的崇高目标。当下，当这份来自各种竞争中真正伟大一方的持续最久的遗产，遭到高举黑旗的侵略集团或高举红旗的狂热的物质理想主义的攻击时，我再次提高我谦和的声音，提出抗议，提出警告，尽管随着年纪增长，声音是微弱的。在我们极端绝望中维持共识，不让我们以散漫的个人行为去打乱各个高尚教派的步伐，人类已取得长足进步。

泰戈尔

1934年8月3日

写给苏汀特罗纳德·达塔的信

一

苏汀特罗纳德：

最近我迷上了线条。辞藻是豪门女子，私囊丰殷，尖嘴利舌，安抚她颇费神思。线条出身贫贱，性情温顺，我与她交往分文不花。以笔指挥树枝开花、结果，是快活地履行责任；率领树底下的光影起舞，是饶有趣味的职业。那儿，枯叶飘落，纷纷扬扬，彩蝶舒翼

泰戈尔在作画

飞舞，入夜，流萤点点，忽明忽灭。丛林的宴会厅里，他们是风流倜傥的有形的贵宾，不受任何人的质询。辞藻管教严厉，对我毫不客气。线条从不责备我纵声大笑。许多事情我撂下不管，信件丢失。一有空就走进培植形象的内宅。因而心里潜藏多年的放荡不羁者[1]勇气陡增。他挥毫作画，不考虑凡世的是非，不理睬人们的褒贬。

泰戈尔

1934年4月

[1] 指诗人作画的夙愿。

二

苏汀特罗纳德：

我心情舒畅。我的画笔没有套上“名望”的笼嘴。名气不来制约我的意志。一开始就未允许它原有的交椅搁在作画的胸脯上，它没有规劝我维护荣誉。那名气拖着臃肿的身体，已经无所作为了。为了保护大部分成果，它派看守站在门口；在正经事情的面前，筑了个祭坛，上面一层层置放千百个主人[1]提出的要求。受冷遇的名气没有露面。和时令之王的彩笔一样，我的画笔是自由的。

泰戈尔

1934年4月7日

写给阿米亚·贾格拉帕尔迪的信

一

阿米亚：

我重读了我诗歌的英译本。《采果集》和《情人的礼物》的大部

[1] 指关注泰戈尔文学作品的出版商、批评家和读者。

分作品内容太单调了，读着感到歉疚。我用不成熟的手漫不经心地译了这些作品。这些作品应该删除。《游思集》中的几首，也要删除。应当删除的几首，我已打上记号。另外两三首删不删，尚未拿定主意。总之，希望你认真地再读一遍。《渡口集》的许多作品，我比较喜欢。我觉得，《吉檀迦利》之后，可先把它付梓。不要按照英文书名分类，取消书名出版，我认为是上策。因为，从现在起，要把这些书先搁置起来。通常不是这样销售的，不必担心亏损。最好把诗集《吉檀迦利》《园丁集》《新月集》《游思集》和《齐德拉》《牺牲》等剧本编成一本书。同时，删除其他单行本中一些应删的作品，也可合编成一本书。一部分读者爱读《飞鸟集》和《流萤集》——但不是所有读者都喜欢。你和了解读者兴趣的人商量一下，确定选用其中哪些短诗——我说不好应如何挑选。总之，挑选诗作不必完全由我定夺。你不要犹犹豫豫，因为，在英文作品方面，我丝毫没有作者常有的傲慢情绪。

泰戈尔诗集《新月集》

你们的罗宾德拉纳特·泰戈尔

1934年11月28日

二

阿米亚：

文学的生命力在语言的血管中流淌，一旦受到阻挡，原作的心脏就会停止跳动。没有活力，这种文学作品的内容必然僵化。翻阅我的旧译，我一再产生这种想法。你也许听说过这样一个故事：小牛犊死了，身边少了它，母牛就不产奶。于是，有人把死牛犊的皮剥下来，牛皮里塞满稻草，做成一个假牛犊。闻到它的气味，看到它的模样，母牛的乳房里便又流出奶来。翻译，就是那种死牛犊的模样。它没有叫声，只有哄骗。为此，我心生愧疚和懊悔。

只要我的文学作品不是短命的，不是属于一个省的，不管什么时候，谁对它产生兴趣，就可以在我的语言中，看到它的真貌。了解其真貌，除此别无他法。在这条正确道路上，如果谁很晚才知道真相，吃亏的是他，作者没有任何责任。

所有宏大的文苑里，都像昼夜一样，轮番出现兴盛期和衰落期。弥尔顿[1]之后，出现了德莱顿[2]和蒲柏[3]。我们初次接触英国文学，正值他们的兴盛期。在欧洲，法国大革命对民心的冲击，也是对壁垒的冲击。于是，眼看着，文学的热情好客传到世界各个角落。文学仿佛成为酿造情趣的共同舞台。各国来宾在那儿获得享受快乐的充

[1] 弥尔顿（1608—1674），英国诗人、政论家。

[2] 德莱顿（1631—1700），英国桂冠诗人。

[3] 蒲柏（1688？—1744），英国诗人。

分权利。我们是幸运的，就在那时候，欧洲的呼唤传到了我们的耳朵里，其中有人类自由的声音。我们立刻做出了反应。那样的快乐，也为我们心中带来了创新的动力。这样的动力，为我们苏醒的心灵指示了通往世界的路。我们自然而然产生的坚定信念是：不光科学，文学也能走出自己的诞生地，走向各国和各个时代。它的赠品如果极为有限，没有款待外国客人的意愿，对于本国同胞来说，不管它多么值得欣赏，它也是贫穷的。我们当然知道，我们获得的英国文学，是不贫穷的。它的财富没有造册登记，藏在本国的铁箱子里。

那些把法国大革命渐渐向前推进的人，坚信人类理想。宗教也罢，王权也罢，凡是贪图权力的，凡是阻碍人类自由的，全遭到他们的反对。具有造福世界愿望的氛围中崛起的文学，是神圣的。那开放的文学，是为各国和各个时代的民众的。它带来了阳光，带来了希望。此前，在科学的帮助下，欧洲对物质利益的追逐，开创了吠舍种姓人[1]的时代。财富的急流，冲毁本国和他国的心田，通过各种支流，流到了欧洲新一代富翁的钱袋里。追求物质利益的思潮，在各地各个领域造成差别和嫉妒心理。成为牟利工具的他们的嫉恨，以及制造差别的有关规定，长期在欧洲的心中发泄不满。那种破坏的力量，陡然突破阻遏，像熔岩流过欧洲大地。导致战争爆发的缘由，是反社会的敌对情绪和对豁达人性的不信任。所以，这场战争的遗物，是魔鬼的遗物。它的鸩毒不会自行消失，它不会带来安宁。

之后，欧洲的心胸冷漠地萎缩了。一个个国家忙着加添国门的

[1] 在印度，吠舍一般是商人的种性。

门闩。彼此的猜疑和遏制有增无减，以前我从未见过这种不文明现象。在政治领域，我们一度认为，欧洲是人类争取自由的圣地。可我们突然看到，那一切荡然无存。套在欧洲各国人民的脖子和手脚上的锁链越发坚硬了。镇压民众从不手软的人，成了国家领导人。这一切的根由是忧虑，而忧虑来自对物质利益的追寻。他们担心在财富的竞争中遇到阻力，担心透过金库墙壁上出现的裂缝，“损失”的煞星将拓宽入库的路。所以，这些国家的人们准备把自己的自由和自尊心出卖给强大的保护者。甚至看到本国悠久文化受到损害，也乐意把统治的野蛮当作头上的桂冠。商贸时代的这种恐惧心理，损害人的尊贵；它卑劣的模样无耻地暴露了。

朝拜商品市场、追求金钱的欧洲低下头，承认自己戕害了自己的人性。作为自救的办法，它在建造自己的监狱。其影响难道不正渐渐扩展到整个文苑。在英国文苑，我们这些外国人现在还能收到曾收到的真诚邀请？不消说，每个国家的文学，主要是为本国读者的。但我们期望英国文学正常的馈赠为远处近处所有的客人提供座位。能为别人安置越来越多的座位的文学，是高尚的文学。各个时代的人，能使那种文学代代相传。它成就的基石在人类的心田。

带着已形成的观念，评判当代外国文学，对我们来说是不安全的。我以有限的人生体验对现代英国文学的认知，很大一部分也许暴露了我的孤陋寡闻。多种英国文学样式的文学价值，也许是极高的，一个个时代会对它做出评判。我不过是在个人感知力的范围内，表达了自己的看法。从一个外国人的角度——这话或许不太准确——应该是从一个外国诗人的角度——我想说，我进入现代英国诗歌文学的权利，是非常有限的。我对英国文学的论述如果有一些价值的话，只能说明，英国文学有许多优点，但缺少的一个优点叫作“世界性”。它有了“世界性”，我在外国，就可毫不迟疑地接受它。我从我接受的英国古典诗歌文学，不仅获得了艺术趣味，也获得了人生之路上的阳光。它的影响至今未从我的心里消失。我在现代英国诗歌中，感觉到很难进入关闭了大门的欧洲。它的冷漠，在我看来，是它狭小胸襟的体现。它是从冷嘲热讽、缺乏信念的僵硬土壤中长出来的。它早没有在国内外对人毫不吝啬地发出邀请的热情了。英国文学已从世界收回它的心。从它那儿有一种声音听不到了，以前听了我们会觉得，我似乎从中听到了天国福音般的我的声音。但若说没有一两个例外，那当然是不公正的。

在我国年轻人中间，我看到有些人不仅懂现代英国诗歌，而且能够欣赏。与我相比，他们离现代更近，因而欧洲的现代诗歌也许离他们不远。因此，我尊重他们有关诗歌的论述，并认为这样的论述是有价值的。只有一个疑惑尚未从我心头消除。当新诗高傲地藐视旧诗，对旧诗提出抗议时，那些胆大的年轻人在心里对它发出的喝彩中，并无永恒真实的证据。新诗的叛逆，常常是一种狂妄。依我说，在科学领域，自然的真实，是在人们面前扩展崭新知识的基础。然而，人的欢乐世界世世代代可以扩大自己的界限，却不能改变其基础。美、爱和神圣每日唤醒人的良知，却没有年龄的界限。不管哪个“爱因斯坦”走来，都不能否认它，不会说“在春花的艳涛中表达了纯正快乐的人，是古代的巴勒斯坦人”。如果哪个时代的人这样胡言乱语，歪着嘴巴讽刺“美”，蛮横地侮辱应受到膜拜的东西，那就只能说，这种态度，是悖违永恒人性的。各国的文学表明，人的乐园，永远是古朴的。人们从迦梨陀娑的《云使》品尝到自己永恒的离愁别绪的滋味，十分欣慰。人的文学艺术载负着常旧中诞生的常新。因此，人的文学艺术是属于人类的。所以，我一次次想到，目前的英国诗歌是狂妄地自我吹嘘的新型诗歌，是推翻古典的新型诗歌。一笔抹杀古老传统的年轻人的心，狂饮新奇的烈酒，疯疯癫癫。但这样的新奇，只是它短命的标志。我们不会对它表示欢迎，不会说：

出生之后，观瞻你的形象，眼睛仍不满足，
亿万个时代把你放在心上，内心仍不舒畅。

但愿我们不错误地认为它真是全新的。它在出生的那一刻就带来了自己的衰朽。在它的年寿之地，不吉利的土星，不管多么明亮，它终归是不吉利的。

祝福你们的泰戈尔

1934年

1935 年

写给妮尔穆库玛利·玛赫兰比希的信

一

妮尔穆库玛利：

最近我已搬家，两间小屋构成我的新居。小屋很合我的心意。现把原因告诉你。高堂吹嘘自己“很大”，将真正的“很大”轻慢地拒之门外。我的小屋不自夸“很大”，不学愚笨的纨绔子弟狂妄地进行“无限”的比赛。

我无意在屋里满足天空的欲望，我要在它的原位得到它，要在外面完整地得到它。

这儿环境幽静。“遥远”来到我身边。坐在窗口我浮想联翩：所谓“遥远”其实是美。我心里想，“遥远”在美的中间。美局限于定义，又超越各种界限；同需求在一起，但又独居；在每一天里，又属于永久。

记得以前一天下午，我乘着轿子穿过田野，一共有八位轿夫。

我看见一位轿夫，像黑色大理石神像，他每一步都跨越职业的低贱，似脚带断链而高翔的大鹏。神因为他的美赐予他恢宏的荣誉。

远空与人最亲，户窗关闭，我就无法看见。贪欲是世俗家庭的壁垒。人将眼馋的东西囚禁在近处的樊笼里，往往忘记贪欲会伤害感情，一似忘记野草压挤农作物。

我写诗，作画，围绕“遥远”做我的游戏。我用各种服装为它打扮，就像苍天的诗人用黄昏、拂晓打扮地平线。

我做的事情中没有贪婪，没有私利，也没有我自己。富于“遥远”的工作中每时每刻有我的广宇。与此同时我望见死的甜美形象、静寂的悠远、生命四周无浪的大海。丰繁的美中有它的席位，有它的解脱。

泰戈尔

圣蒂尼克坦

1935年4月

二

妮尔穆库玛利：

别的事情以后再说。首先要告知的是：我已收到你寄的茶叶。迟迟不复信是我的性格特点。我写信极像我作画。它不通报事件，它本身就是消息。形象在世上漫游，我画的画也是形象，它走出“未知”，走到“熟知”的门口。它不是映像。心中有繁复的破立，繁复的组合；一些凝成理念，一些显示于意象；语言的罗网最终活捉那些天鸟。

心儿在风中侧耳静听，寻觅那寻觅语音的情绪。今日它圆睁双目，要看线条世界里开辟的道路。它寻望，它说：“我看到了。”人世是“形态”的旅程。在永世的清醒者面前走过，他也无声地说：“我看到了。”太初的舞台前传来号令：“拉开帷幕！”雾气的帷幕徐徐升起，形象的舞女登台，千眼雷神因陀罗看得一清二楚。他的观察即创造。他是画家。他观察的盛大节日千古绵延。

泰戈尔

圣蒂尼克坦

1935年4月8日

三

妮尔穆库玛利：

无垠天宇上荡过的时光之舟载着“线条”的旅客，在幽暗的背景前，他们跳“形体”之舞；无声的“无限”的心声，用无句的“有限”的语言和暗示来表达。“有量”款款而行，花篮里装着“无量”的欢乐财富——它不是内容，不是思想，不是语句，仅是形象，用光线塑造。太初创造的最初时刻的声籁今日传到我心中——它揭去无始之夜的面纱，说道：“请看！”这些年我在幽僻处自言自听[1]，从那儿我转移到另一个所在[2]，自画自看。宇宙布满天神观赏的宝座，我坐在他的脚凳上，制造观赏的对象。

泰戈尔

1935年

[1] 指写诗。

[2] 指作画。

致信谭云山教授[1]

我亲爱的教授:

中印文化协会已寄给我一张作为建造中国学院款项的31712.76卢比的支票。我已回信，告诉他们支票已收到，并表达了我的感激之情。然而，我时刻忘不了你。因为我知道，全仗你不倦的奔波，这件大事方能做成。我们何时能盼到你重返圣蒂尼克坦呢?

致以良好的祝愿!

你真诚的罗宾德拉纳特·泰戈尔

乌达扬，圣蒂尼克坦，孟加拉

1935年8月4日

泰戈尔与谭云山

[1] 泰戈尔创办的国际大学中国学院首任院长。

写给南蒂妮·黛维[1]的信

普波[2]小姐：

你怕你的鸭子在我的窗前嘎嘎嘎叫，不让我好好学习。说实话，你不要这样担心。你用小棍子把它们驯得像人一样，它们不可能再做不礼貌的事。它们很尊敬我，待在很远的地方。另外，和你这个婆罗门老师比赛谁的嗓门高，不是它们该干的活儿。你的堂姑姑苏南达和布尔妮玛差不多和你的鸭子一样懂事，常常露面，但不说话。一句话，她们比鸭子们乖多了，几乎每天做一些甜食。我特想吃一点儿，可不是总能弄到。有一天，她们做了一根拉都[3]，我想把它寄到阿比尼西亚[4]做炮弹，不料苏塔甘笃把它塞进嘴里吃了，噎得眼珠子快突出来了。你要是给我一点儿酥油，我也敢把它塞进嘴里吞下去。这样，可以帮我儿媳省些钱。她回家一看，柜子里酥油没少嘛。

你爸爸每天忙着张罗去野餐，去钓鱼。我每天在我的餐厅里野餐，没有叫哪个人来和我做伴。

爷爷

圣蒂尼克坦

1935年10月22日

[1] 泰戈尔的孙女。

[2] 南蒂尼·黛维的小名。

[3] 印度一种油炸甜食。

[4] 埃塞俄比亚的旧称。

写给南蒂达·黛维[1]的信

波莉达[2]：

尼希先生女儿结婚的请柬送来时，我病得很厉害。在那种情况下，记不清请柬是如何处置的。那天我叫人请他把新郎新娘带到这儿，我当面为他们祝福。

你如碰见尼希先生，告诉他我目前身体虚弱，生病的时候，无法恪尽职守，希望他谅解。当他七十五岁时，我把你的结婚请柬给他送去，他卧病在床，回话如不得体，我也会原谅他。

你为何为参加《雪山神女》的演出忐忑不安？就像你平常那样表演，就一定会成功。谁要是挑你的毛病，你就打着我的旗号说，这是我外公的剧本，我想怎么演就怎么演，轮不着你来说三道四！

这儿每天不是下雨就是天气闷热。帕德拉月[3]让大地洗桑拿浴，浑身冒汗，我们一个个也汗流浃背。

阿拉哈巴德市举行会议时，我们这儿欢度放假前的节日。现在正排练《秋天的节日》，谁也不能离开这儿去参加会议。另外，这儿或者别的地方我们表演的舞蹈，要用合适的灯光和背景使之臻于完美。我觉得贝纳勒斯城举行歌咏会，在群情激昂的气氛中，我们的舞蹈将会显得相当单薄，不会给人很好的印象。你记住，我们应该

[1] 泰戈尔的外孙女。

[2] 南蒂达·黛维的小名之一，孟加拉语中意思是老太婆。

[3] 印历5月，公历8月至9月。

经常表演舞蹈，募集资金。随随便便挑一个地方，表演水准一般的舞蹈，舞蹈的价值就会降低。南印度等地区的职业舞蹈家大都将与会，从他们中间聘请指导的舞蹈家，只怕会招来很大的懊恼和惭愧。在这种场合，让圣蒂尼克坦的姑娘显示个性，是不足取的。切记务必保持我们这儿的特色。

听说你们同一条街上有个姑娘弹小风琴，唱歌走调，你去教她正确演唱吧，但不要收费。你对她说，你履行教唱的责任，是为了消除自己耳朵的痛苦。

外公

圣蒂尼克坦

1935年9月13日

写给波罗穆特·乔德里的信

波罗穆特弟：

我年龄的轻舟早已驰过青春的码头。我做着适合老年人的事情，以巩固银丝的尊严。这时，你把我叫回到《绿叶》的栏目里，对我的心儿提出回顾的要求。你说青年人的游乐宫里，我的假日尚未度完。我半信半疑地转过脸，望着我跨越的昔年。大批丰满的“年轻”的塑像，在我眼前浮现。我青春成熟的日子里，青春的消息也不像现在这样潮水般地流出我的笔端。我于是省悟：不离开青春，是得不到青春的。

我已抵达人生最后的码头，东风也呼吁我回顾。我驻足回首，悠悠往事向我涌来。以前舍弃的，我一一细心认辨。我退得远远地，察看充斥我如许苦乐的世界和一些失落的东西。吠陀诗人对心儿说：“你以你的一半创造世界，你的另一半，无人知晓。”另一半如今被挡在

我人生终点的另一侧。我望见终点两侧延伸着的，是两种辽远的静谧，两个宏大的一半。我站在中间，留下遗言——我曾经有过许多痛苦，我感到欣慰的是：我爱过人，也被人爱过。

泰戈尔

1935年

写给阿米亚·贾格拉帕尔迪的信

阿米亚：

维沙克月二十五日[1]

泛舟生辰之川流，

向死日飘浮而去。

[1] 公历5月7日，泰戈尔的生日。

生死的微茫界线上，
是哪个艺人坐在移行的座位上，
以参差不齐的罗宾德拉纳特·泰戈尔
编着一个神奇的花环？

岁月乘车飞逝。
徒步的旅人取出器皿，
乞施些许解渴的净水。
饮毕，落伍在黑暗中；
车轮压破的器皿落在尘土里。
他身后又来一个旅人，
用新杯臼饮新酿的酒浆，
他与前者姓氏相同，
却分明是另一个人。

我曾是个孩童。
寥寥几个生辰的模具
铸造的那个孩童的偶像
你们谁也不认识。
熟稔他形体之真实的
俱已作古。
他不复存在于现在的外壳
和他人的记忆里。

他与他小小的世界远去了。
　清风徐来，
不闻他当年的嬉笑
　和啼哭的回声。
　　尘埃中，
我不曾发现他玩具的碎片。

坐在昔年生活的窄小的窗前，
　他向外凝望。
他的天地局限于有孔隙的宅院。
　　　他稚嫩的视线
被花园高墙和一行行椰子树挡回。
　童话的甘汁调稠的黄昏，
相信和怀疑之间
　　并无太高的墙壁，
遐思轻易地从这边飞到那边。
　朦朦胧胧的暮色里，
　　暗影拥抱着物体，
　两者归属了同一种姓。

区区几个生辰是一座孤岛，
　　一度浴着阳光，
　不久便沉入流年的海底，

落潮的时候，
有时望得见岛上的山巅，
望得见珊瑚的红色轮廓。

此后的维沙克月二十五日
出现于一个阶段之末的
春晓红霞的淡雅里。
少年这个游方僧，
调试好年华的单弦琴，
云游着呼喊着迷茫的心中的人儿，
弹奏无可言传的感情狂想曲。

静听的吉祥女神的宝座摇晃起来，
在一个忘却工作的日子，
她遣差女使者下凡，
在木棉花的色彩陶醉的荫径上
款款而行。
我倾听她们的柔声细语，
似懂非懂；
我瞧见她们黛黑的眼睫
挂着泪花，
微颤的朱唇沁出
郁结的怅愁；

我听见她们华贵的金银首饰
发出热烈、焦灼、惶惑的呼声。
维沙克月二十五日，
黎明从沉睡中苏醒，
她们不让我知道，
暗自留下新绽的白素馨
串联的花环，
幽香迷醉了我的晓梦。

少年时代生辰的世界
与神话的疆域毗邻，
充斥着颖悟与无知引发的狐疑。
那里，光临的公主
披着柔润的乱发，
时而困睡，
时而因点金棒的碰触
骤然苏醒。

光阴荏苒，
春光明媚、姹紫嫣红的
维沙克月二十五日的墙垣坍塌了。
那绿草如茵的小径——昔日，
素馨花叶摇影移，

风儿低声细语，
杜鹃相思的哀鸣中
正午凄清苍凉，
花香的无形诱惑下，
蜜蜂嗡嘤翩飞——
如今延伸着成了通衢。

当初少年练习的单弦琴，
系上了一条条新弦。
以后，维沙克月二十五日
召唤我沿着坎坷的道路，
行至波涛轰响的人海边。
适合、不合适的时刻，
我将乐音织成的网撒向人海，
有的心灵甘愿投网，
有的从破网中逃遁。

有的日子疲惫不堪，
沮丧闯入开拓之中，
诗思被沉重的苦恼压弯。
疏懒的下午，
独辟的蹊径上，
时常出人意料地驾临天国的乐师。

他们使我的服务臻于完美；
为倦乏的探求
送来满斟琼浆的金杯；
以笑声的豪放爽朗制服忧惧；
以灰烬覆盖的焦炭
重新点燃胆略的火焰；
把天籁揉入探索中的表达方式；
点燃我熄灭了的路灯；
使松弛的弦索再奏新曲；
亲手给维沙克月二十五日
戴上热烈欢迎的花环——
他们的点金石的点触至今
留在我的歌声我的诗章里。

然而生活的战场雷声隆隆，
处处进行着殊死的搏斗。
我有时只得放下诗琴，
举起号角，
头顶正午的炎炎烈日四出奔走，
经受交替的胜利和失败。

脚掌扎满蒺藜，
受伤的胸膛血流如注。

狂暴凶猛的恶浪
冲击我人生的船舷，
企图将我生活的用品
沉入诽谤的泥海。
我领略了憎恨、嫉妒、刺耳的喧嚣，
也领略了情爱、友谊、悦耳的歌声，
通过滚动的热泪和嗟叹，
我人生的星球进入了轨道。
历尽曲折、艰辛、冲突，
已届暮年的维沙克月二十五日，
你们簇拥在我身边，
可是你们是否知道，
我作品表现的许多内容
是不完整的、零乱的、被忽略的？
内外的是非曲直、清晰模糊、
荣誉恶名、成功挫折糅合着
塑造成的我的形象，
今日在你们的敬慕、爱戴、宽和中
栩栩呈现。
我欣然承认你们奉献的花环
是我生辰的最后容貌。
同时，我为你们祝福。
临行的时候，

愿此心灵的形象长存你们心间，
　而不因遗留在时代之手
　　而感到骄傲。

尔后，人生的光影织成的
　一切旅程的尽头，
　　让我怡然歇息。
那无名的幽寂的去处，
　让各种乐器的各种曲调
汇成深沉的“终极”的交响曲。

祝福你们的泰戈尔

1935年

致信拉马南德·贾特巴达耶

尊敬的拉马南德·贾特巴达耶先生：

我的书很早就开始在德国销售，势头迅猛，简直就是一场销售大战。最后到了结账的时候，马克数目下滑，折换成卢比，连一小把也没有。全部收入，我装进了德国的口袋。书款假如不被大打折扣，今天，我就不用提着乞讨的布袋，四处奔走了。

访问欧洲时的泰戈尔

目前，我的书经过哪些销售渠道，在哪儿卖了多少本，我一无所知。我只知道，书款没有转到我的账号下。为此，气恼也无济于事。其实，我并未指望有太多的收益。事实上，在欧洲市场上，发行我的书可获得利润，这是无可争议的。但听不到利润的数字，也看不到账本。对我来说，没有必要采用希特勒的那种手段。我在心里安慰自己，在遥远的古代，在诗歌爱好者中间诵读迦利陀娑[1]等著名诗人的诗作时，他们是十分高兴的。我的悲哀在于，我找不到

[1] 迦利陀娑是印度笈多王朝超日王的宫殿诗人。

超日王的地址。那时，代表民众为诗人颁发奖品，是某些杰出人物的责任。我如今哪儿去找这样的国王？假如在普通人中间，谁哪天为表示心里非常满意，根据诗人才华和虔诚，派人把奖品给他送去，那么，像维护版权一类的商业行为，就不会在艺术女神的宫殿里公布丑恶了。既有情趣又有金钱，在民众社会中，两者兼而有之，并不罕见。可他们只付2.25卢比，就觉得已相当慷慨。结果，有艺术情趣而无财力的人，受到了这种残酷的惩处。于是不得不承认，以黄金的价格出售诗人心声的这种商业行为，是野蛮的。

你们的罗宾德拉纳特·泰戈尔

1935年7月8日

致信贾洛昌德拉·达塔[1]

贾洛昌德拉·达塔先生：

你擅长讲故事。来吧，坐在你的椅子上，慢慢地抽水烟，平静、新奇、轻松的语言和引人入胜的故事，就会从你泛着幽默之沫、融和情趣的心泉汩汩地流出来。

国内，国外，你到过许多地方，做过各种行业的工作。你对四周围的一切总睁大你的眼睛，张开你的心灵。自然的表情反映一个

[1] 孟加拉小说家。

人的性格，汇集于不显眼的事情之河的东西，尽管细小，却打上真情的印记，虽然平凡，却有其特点。这些躲不过你的目光，做到这一点很不容易，对于学者，那或许是轻而易举的事。

听说你最初攻读自然科学，后来又钻研梵语典籍。你通晓波斯语。有一年庆祝杜尔迦大祭节，你“嗨哟，嗨哟”喊着号子，拽着长绳，与其他教徒一起，把帝国政府造的载着女神像的彩车拉入海中。你脑子里有不少经济学、政治学知识，有一些古典文学知识，有平民百姓丰富的生命旅程。

总而言之，语言表达是你的特长，你讲故事声情并茂。所以，我常看见你屋里挤满人，他们有的比你年轻，有的比你年长。

你讲故事，但不传授讲故事的技巧，这是你的怪脾气。你洞悉各种人，展示各种人的面目及其人生游戏。

我称之为文学——汇集生活的文学。你心里储存与三教九流打交道的体会，并能有条不紊地表达出来。学者的仆人是不会给它粘贴科学的标签，让文明人感到惊愕的。在合适的地点，你知识的宝库里堆满珠宝，五光十色。它不使典雅的客厅感到难堪。故事的宴会厅里，不允许图书馆、实验室抢占饥饿者的席位。

唯一的原因，是你对听众的同情。他们自觉不自觉地戴着形形色色的桎梏，在悲欢的坎坷路上走得气喘吁吁，筋疲力尽。在命运的迷宫里，人出生，人故世。不管是帝王还是乞丐，听众对他们的逸闻趣事　抱有同样浓厚的兴致。

你讲述他们的悲欢离合，绘声绘色，别人望尘莫及。尤其是现在，某些人用间接知识将感性知识从头到脚地包裹起来，受到一些批评，就大摆其困难，滔滔不绝地辩解。人们生活的底蕴，无人挖掘。

如今问题成堆，奇谈怪论不绝于耳，疑惑无从消除。所以，我四处寻找朋友，寻找擅长讲故事的大众的知心朋友。在这多事之秋，迫切需要教书先生，乡村的小学初中等着他们去上课，等待他们经常为学生讲故事。

大洋彼岸，欧洲人喜欢组织故事会，给孩子们讲《鲁滨孙漂流记》，为不同年龄的听众讲《堂吉诃德》。

而我们四周笼罩着沉重的忧虑的黑暗，演讲的洪流喧腾着搅浑了水乡。教授们无可奈何，只得承认那些演讲也是故事。

朋友，我今日登门向你倾吐我心中的焦虑。如今的学生热衷于标榜自己是现代派，毫不动摇地信任现代的喧嚣。唉，多少人抱着贴着昂贵价格商标的货物，沉没于时光的洪水之中。是永恒的，纵使今日被埋没，总有一天重放光彩。那时人们会高兴地说，讲讲那个故事吧。

泰戈尔

1935年

致信杜尔查·波罗沙德·莫克巴达

一

杜尔查·波罗沙德：

最近，我把一些散文诗集中起来，取名《最后的星期》，出了本新书。评论者们左思右想，不知对这本书该说些什么。必须为它下个定义，于是，有人说，叫它精神产品吧。这样做未尝不可。不过，他们没有细说，这些作品究竟是不是诗，是哪个价位的诗。关于这些作品，一言以蔽之，说这些作品反映了诗人的个人生活，读者听了会不耐烦地说，这些玩意儿与我有什么关系。酒杯里倒进有颜色的水，用酒的尺度，马上可以对它做出判断。但看到一只石碗里彩色的液体，心里就纳闷，它究竟是水果汁还是药水呢？犹豫之间，评论者大声发问，它究竟是贾亚普尔产的还是蒙吉波产的？唉，“干渴”走来判断果汁，最后竟分析是不是石头了。我是诗作的小贩，我提的问题只会是：作品中难道没有味道？难道没有姿势？难道没有窥视？与前门相比，对后门的示意，难道不更多吗？在散文唠叨的嘴上套上了笼头，难道还没有慢悠悠走路的样子吗？对蕴涵哲理的言辞的脸，难道没有做出不做思考的暗示吗？作品中，虽无韵律之王的统治，难道就没有个人与世无争的克制吗？凭借这样的克制，在那些说完了的或者突然来犟劲的话语中，难道找不到沉默的声音吗？回答这些问题，就是对这部作品的评论。迦梨陀娑在《罗怙世系》的首篇中说，句子和含义密不可分。但在某些地方，不管是在散文中还是在韵文中，使句子和不可言传的含义浑然交融的苦差事，诗人都得干。

泰戈尔

1935年6月3日

二

杜尔查·波罗沙德：

绝色美女在舞蹈和歌曲中，表达心中无从倾诉的情感，这被称为抒情诗。她的姿态被约束在韵律中。在韵律的管束下，她们很有分寸地彼此接受，因此，在她们秩序井然的集体行动中，产生力量，给我们的心灵以强烈震撼。当然，这需要妆饰，需要调整，需要特殊舞台。它创造自己的特殊性，创造一种距离。

不过，你不妨撇开舞台，把缀有金线银线的贝纳勒斯绸纱丽放在箱子里，让舞蹈范围内肢体的动作不受甜柔规则的制约——这样做，意蕴难道会丧失吗？即使那样，肢体的天然动作照样优美。谁如果说，柔臂的语言中透露的情愫的暗示，是自由自在的，所以是没有意义的，那他的审美感觉肯定是麻木了。谁如果说，她不跳舞，因而她的举止缺少优雅，或者说她不唱歌，他耳朵听到的话枯燥乏味，那他这番话当然也不值得聆听。事实上，这种不受制约的艺术中显现的特质，我称之为情感的奔放。它在自己内心的真实中延伸自己的广度。它简约的自我表现，与我们建立了极近的关系。她抹虫漆的、结足铃的脚，没有踢“无忧树”。她把纱丽下摆掖在腰里，左手提着篮子，右手从竹架上摘西葫芦，发髻没有梳理，长发披散着，在上午阳光斑驳的树荫凉爽的路上，突然目睹这种场景，哪个小伙子如怦然心动，难道不能称之为抒情诗的感染力吗？实在不行，就称它为散文式的抒情诗吧。这样的情味，适合斟入用桫罗树叶做的散文之杯里，绝不应该倒掉。每日的小事之中，有一面透明的镜子，照着非同寻常的东西——散文中就有一面天然的透明镜子。不过，因此认为“散文诗是琐碎之物的诗的载体”，是不正确的。散文诗韵律也有轻松地承载庞然大物的能力。它像一棵大树，富于韵致的茂密绿叶，没有进行拔尽尖刺的整治，它的叶簇不完全一样，其间既有庄重也有华美。

可能有人会问，散文是遵从什么法规步入诗苑的？回答很简单。你把她想象为家庭主妇，于是你会知道，她吵架，她点数送往洗衣坊的衣服，她感冒、发烧、咳嗽，阅读月刊《世界》——这一切是日常琐事，进入报纸的栏目，在这些事情的空隙之间，涌出温情的流水，像越过山岩的清泉。它不是报纸的内容，它是歌曲一类的东西。可以把它纳入散文诗中，换句话就，可以把歌曲和新闻融为一体。这种交融的目的，是在和喧杂接触过程中，使歌曲的韵味猛烈喷射。孩子们可能不喜欢它，但牙齿坚固的成人会津津有味地咀嚼。

我最后要说的是，在这类作品中，可以把散文变成韵文。散文失去目标，未进入诗苑，是可怜的。天神的统帅迦尔第格耶假如只是他手下斗士的榜样，就不会比魔鬼兄弟苏姆波和尼苏姆波俩更高尚。只有当他的阳刚之美与女性柔美完美结合时，在天国文苑，他才配登上散文诗的王座。

（恳请你彻底忘记孟加拉骑孔雀的迦尔第格耶[1]。）

泰戈尔

1935年5月17日

三

杜尔查·波罗沙德：

你要我谈创作歌曲的体会，我惧怕谈体会，可又非谈不可。

人凭智慧成功地创造了自己的语言。人的感知是哑默的，不可捉摸的，很像幽寂的宇宙。那博大的哑巴用手势表达心意，不做解释。幽寂的宇宙拥有韵律，拥有表现手法，一重重天密布舞姿。

原子分子在无限时空里确定舞蹈的轨迹，在“有限”中翩舞；塑造无数形象。它心里炽热的情感从花草到繁星寻找自己的隐喻。

人的感情强烈到控制不住的时候，必然把话语当作宣泄的工具。静默下来的语言寻找技法，寻找暗示，寻找舞蹈，寻找音乐，推翻原来的含义，扭曲规则。人在诗里写静默的心声。

人的感知选择音乐作为载体的时候，把闪电般活跃的原子群似的乐章拘禁在“有限”里，教它动作，引它奇妙地旋转、跳舞。

[1] 指泰戈尔。

“有限”内就擒的舞蹈，获得以歌塑成的形象。无语的形象群会集在创作的厅堂，那儿，形象的舞女协调来宾的节奏，系足镯的“激情”参加洒红节，

“我已理解。”借助文字、音符、线条表达此话的是学者。歌曲是为这样一些人写的——他们的心儿说：“我体味，感受哀痛，观看形象。”他们在理论上很贫乏，血管里却荡漾着乐音。有机会你可以请教纳罗特[1]隐士，当然不是为掌握煽风点火的伎俩，而是为抵达受定义束缚的理论的新岸。

泰戈尔

1935年

写给普达德卜·巴苏[2]的信

普达德卜：

几天前，你的小说《洞房》送到了我的书桌上。我拖了几天没有翻阅。我是担心不喜欢这本书。由此可见我岁数大了。人年轻时有冷酷的勇气。这从我当年的作品中可以找到证据。如今已不敢贸然下笔指摘别人让别人难受了。因此，读新书，尤其是读有建树的

[1] 印度传说中的隐士，通晓音乐，但喜欢搬弄是非，引起争吵。

[2] 普达德卜·巴苏（1908—1974），孟加拉诗人。

作家的书，便有些忐忑。发表看法，往往是迫不得已。心里犹豫不决，不经意间，有时说轻了，有时则说重了。规避不说，心里才踏实。

毫无疑问，我是喜欢你这本书的，所以心里很坦然。作为小说，你这部作品，可谓别具一格。这是诗人写的小说。对情节铺陈有所忽略，对白之河却快速流淌。一个男人和一个女人这两岸之间，是情感的急流。急流中常出现漩涡，产生的动力不是来自外部，而是很深的河底。假如来自外部，就会有源自历史的大量故事内容。那样的话，从内部照样可形成一个故事。你似乎强悍地阻止了它的出现。你把从外面挑选的两个人物，带进你的庭院。他们的性格得到了表现，但未获得机会进入故事的核心部位，广阔地展示复杂人生。你似乎强硬地宣称，你们不要对此进行干预，所有的门全上了锁，强行进入是令人讨厌的。你让美兜圈子，关注它的许多读者，也许焦急地期待它受到意外打击。你心里如果固执己见，就会把它推到墙外无从看见的地方。你不让伸出托盘的读者接受文学趣味。他们也许只好缩回贪婪的舌头，悻悻地回去了。从头到尾，这本小说端坐在爱情的趣味之座上，两管情笛一起演奏，时而甜美，时而高亢，旋律不断变化。这部作品中，情节发展如此神速，情味如此丰盛，其间没有“繁富的缺席”造成的冷清场面。为作品从外面采撷的素材，是大千世界的。没有的话，就无法建造洞房了。你娴熟地构建了两者的关系。你的故事的特点在于，结束之处，小说继续向后延伸。你展示了轰响着扑来的大浪，之后说，够了，不用更多的东西了。破坏即将开始，这是势在必行的。你展示的大潮是惊心动魄的，有美也有荣耀。它是纯洁的也是可怕的。你展示了炽热爱情中伤及自身的矛盾和其中必然的凶狠，两颗彼此吸引的星中间保持一定的距离，它们各自的运行才是安全的。狂野的激情中，安全减少，将至的毁灭般的冲突就非常令人担忧了。你能用已说的故事把未说故事支撑起来，得益于你的诗性表述。

罗宾德拉纳特·泰戈尔

圣蒂尼克坦

1935年10月25日

1936年

写给普达德卜·巴苏的信

普达德卜：

我已过了能定期向你的杂志提供诗歌的年龄。作品之篮曾一度装满。售完储存的产品，我如释重负。现在不再捉笔，不想再给自己增加负担。现给你寄去一首诗，不过是为表达敬意而已。

你们的杂志是新一代诗人的渡船，要把手中有一定数量船费的乘客送到民众认可的彼岸。我的事情早已做完。我已登岸，大概已走到很远的地方，身影渐渐模糊了。虽然我与你们的岁月相连，其实和你们不是同代人。换句话说，我手头已没有提供新作的订单，不要再相信我还能舞文弄墨。

你们的杂志是你们旅伴的航船。当下在争取名望的人，是它的乘客。不要再给名人立足之地。“现时”如果发火，对他们不尊重，是件好事。没有必要再关注他们，他们并不特别需要别人关注。所以，把心思从他们身上收回来，才有摆“现代”之椅的大片土地。你们如果承认我们曾协助开拓那片领域，就足够了。让我们满心喜悦地祝愿：那把椅子，由你们专用。

罗宾德拉纳特·泰戈尔

圣蒂尼克坦

1936年1月3日

致信贾洛昌德拉·达塔

亲爱的朋友贾洛昌德拉·达塔：

我十七岁的时候，不把学习放在心上，长辈们为此十分焦虑。我二哥当时在阿梅达巴德当法官。出身于名门望族的孩子，其英语知识无论如何要达到一定的水平，以维护家庭的荣誉，为此，决定把我送往英国学习。用心良苦的长辈们商定，让我到二哥那里去住些日子，为出国旅行奠定初步的基础。于是，在民事机构的舞台上，拉开了我熟悉英国的风俗习惯和社会礼仪的帷幕。

少年时期，我的自我表现受到压抑。当时的社会生活，是上层人物的天下。他们有控制别人单独行动的权力，随心所欲地指手画脚，发号施令。我的天性不属俯首帖耳的那一类，但我是很容易动感情的人。我守护着自己的梦想。从外表看，我是循规蹈矩的良家子弟。可我与未来亲切交谈的许多话的嫩芽，早就无声地萌生了。有一天，我手扶游廊的栏杆，一个人默默地坐着，在我身旁走过的大哥，停下脚步摇摇我的头说，罗毗将成为一名哲学家。阒然无声的田野上，除了哲学，也可能生长其他作物。

没有开垦的处女地，首先长出的是荆棘。它是讥嘲世界，显示自己存在的倨傲。少年的行动方式，好似幼鹿长出的第一根犄角，无所顾忌地四处冲撞。少男在跨越少年时期的时候，力图以跳跃的方式冲破界限。它最早表现于我十五岁那年对长诗《因特罗伏诛》

的批评。正是在那个时期，我漂洋过海，前往英国。我写的这些书信中，强烈地表达的纯正豪情，多于客观现实的叙述。孟加拉孩子初到英国，喜欢新的环境，有种种缘由。那是很正常的，是一种好现象。但是，染上了挽起袖子大吹大擂的毛病，只会使形象向丑恶转化。老实说，我与一般孟加拉孩子不一样，那儿没有值得我喜欢的任何东西。那时，我年纪不大，还不能认识到这是心灵贫乏的羞惭的迹象和无可描述的蒙昧的悲惨证明。

成为文学青年之后，我心里开始责备这本书。我逐渐明白，书中并未伤害我旅居的那个国家的荣誉，受损害的只是我自己的荣誉。尽管不少人一再请求，我也不肯出版这本书。但是，我制止出版，它便幽居冷宫，这在充满好奇心的年代是不可想象的。所以，我只得直言相告，作者[1]已承认，这部作品的哪些部分可以保留，哪些部分应该扬弃。到一定的时候，总有人提着脏篮子，来收集垃圾，并拿到市场上出售，这种可能性是大量存在的。在尘世，有许多罪过等待忏悔，到了阴间，才能变得完美。

我希望把这本书纳入文学而不是历史的行列。可读性强的作品的价值在文学著作中，可读性不强的作品的价值在历史著作中。假如我能完全排斥历史学家，对我来说，那是善举，一条解脱之路便在脚下出现。关于我自己的诗歌，我一再下决心，要进行“割舍”的苦修。但是我生性软弱，面对众人的反对，我实现不了我的决心。挑选的责任，不得不让手执巨斧的悠悠岁月承担了，然而，在印刷

[1] 指泰戈尔自己。

机广为运用的时代，悠悠岁月也玩忽职守。我已失去一些书的版权，我越来越软弱了。

《旅欧书札》并非完全不值得保存。站在这本书的立场上，我首先要说一下它的语言。我不敢肯定，可我相信，在孟加拉文苑，这是第一本用白话文写成的书，如今，它将近六十岁了。我无意借助历史为它争辩。相信，这些书信，可以提供采用白话文简明地表达思想的技巧的实证。

其次，清除作品的丛林中的杂草枯藤，发现了其中隐藏着敬意。不尊重的情绪像野草，密集地簇拥在外面，将本质的东西遮盖起来，但未损坏它们。发现了它们，我心里万分喜悦。因为，我历来从心底里憎恨贬损的圆熟、刻薄和狡黠。在人的生活中，喜好的能力，是天帝给予的最高奖品。不管怎样，我所做的这一切，是为了表明，在文学盛宴上，我未为以诋毁为时髦的那些人支付预付款。

特别需要对您说明的是，如果说，那时，映入我眼帘的英国形象，纯粹是由我年幼的思维和不成熟造成的，那不完全正确。在其后的大约六十年中，那儿的人发生的变化，不可以称之为渐进。在不同的时期，历史这盘棋的棋子，往往朝后退一步，再大步朝前挺进。西方正出现这种情况。当年的护照上它的照片，现在不能用了。

我早年赴英国，并不像一个旅游者，换句话说，并非只准我在外面的大街上漫步，东张西望。我像客人那样走进了英国人的家庭。我得到照顾，得到关怀，有时也上当受骗，有过痛苦。但后来我再度赴英国，仅参加一些聚会，未进入寻常人家。若说我那一段生活经历并不全面，那是切合实际的。我住在一位医生家里，他属于文明阶层，受人尊敬，但他也可能不是文明阶层的象征。英国现在宣扬种族平等，但不同阶层之间的差别非常明显。那儿，一个阶层的思想和举止，与另一个阶层没有共同之处，这是很自然的。毫无疑问，当年并非如此。我耳闻目睹了当时的普通家庭和一个富裕家庭的真实情况。书信中对此做了描述。

有几封信中，我较为详细地记述了当年的旅英孟加拉人。如今他们已是消亡的生灵。在有些地方，可以看见他们进入现代的一些痕迹，甚至未去过英国的一些人的言谈举止也骤然暴露出旅英孟加拉人的特征。我熟悉当年的几位旅英孟加拉人，从他们的口中了解到他们的心态和人生观。如果信中有什么言过其实，那恰恰是他们的杰作。他们在我面前夸夸其谈，丝毫不怕丢脸，因为他们从不怀疑我这位腼腆、忠厚的男孩会是什么危险人物。现在，请求他们原谅还得再等几天。他们全在冥河的彼岸。

我在《旅欧书札》中援引了歌曲《来世我是一个洋人》。我亲爱的朋友贾鲁·般多巴泰在《孟加拉文学》杂志上发表的文章中，称这首歌是幽默的生动例子，并宣扬是我的大作。这样一来，佚名作者的脸面保住了，而我的却保不住了。我相信，开展认真细致的研究，可以找到比我书信中这首歌更精彩的例子。

写完这些书信的十二年之后，我再次踏上英国的土地时，这个国家变化不大，当时写的日记，只能算是浮光掠影——好似坐在一辆飞驰的车上瞥见的周围的景色。

写给您的这封信，可作为再版的序言。因为，关于英国，您的体会极为深广，在此基础上，您能确定这些书信和日记的恰当地位，理解某些缺憾和不可避免的赘言，给予原谅对您来说也是不困难的。

顺致敬意！

您的泰戈尔

1936年8月29日

1937 年

致信迪利波·库马尔·罗易

一

迪利波：

我很早就喜欢颂神歌曲。我不知道，其他歌曲中，是否也有颂神歌曲内蕴的那种深厚戏剧表现力。它在文学土壤里萌芽，根子扎得很深，但它的枝叶花果，在音乐的天空获得自己的光荣。我在颂神歌曲中感受到孟加拉人独特天才的荣耀。……有时候，在颂神歌曲中可品尝到波依洛等晨曲的意味，但它的脾性已经变了。这位作曲者不关心曲调的形象，他重视的是内容和韵味。我难以想象，他唱着唱着印度斯坦歌曲，忽又唱起了颂神歌。在这儿，需要孟加拉人的嗓音和柔情。尽管如此，难道不可以说，这样做，作曲方法未突破印度斯坦歌曲的界线？也就是说，用欧洲作曲方式写的歌曲，并非颂神歌曲。给予他的曲调特殊的名字，增加印度斯坦歌曲的数量，不会带来灾难。但它的生命，它的走向，它的姿态，是迥然不同的。

泰戈尔

1937 年 7 月 29 日

3

Light, my light

Words by Rabrindranath Tagore

Music by Wendy Hiscocks

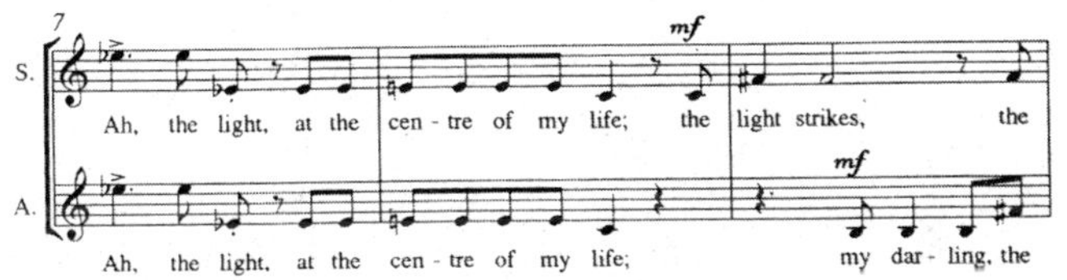

泰戈尔歌曲《光明》乐谱

二

迪利波：

你在《格律》上发表的《歌词和曲子》中做了强有力的辩解。然而，除了科学和数学领域，其他域的争论是不会有最终结论的。如果谁大吼一声，说用纯正的梵文可以说芒果是“法吉里”[1]，并手拿一个“法吉里”，证明它确实个儿大，分量重，核也特大。接着说，不能用梵文名字称呼其他种分量轻的芒果，至多只能用乡村语言说它是“昂波”，简单介绍一下，那么，杰斯塔月初六，用一盘子“法吉里”招待女婿，对岳父来说，就是最安全的。然而，下层平民品尝各种味道的芒果汁，辱没它的高雅名字，是不会犹豫的。“音乐大师”尽可世世代代嫁接“法吉里”类型的歌曲的树苗，但造物主不会在人的心莲上睡大觉。

没有人能阻挡歌词和曲子的结合。两者需要对方。靠这种在实际需要中蕴藏的强大力量，可以进行创造。有的“音乐大师”把在阶级的圈子里摇响脚镣走路当作一种探索，你不要和他辩论。阶级膜拜者和典籍语言的承负者，在世界各种危险中，是特殊人物——在艺术类别中，他们属于法西斯。

泰戈尔

1937年10月29日

[1] 印度马尔达哈地区的一种芒果名字。

致信杜尔查·波罗沙德·莫克巴达

杜尔查·波罗沙德：

歌和诗有一点是不同的。歌曲整体上不可言传。但诗可以诠释，这是毋庸置疑的。“不可言传”环围着“可以言传”，不停地浮漾，好像地球四周的大气层。把“言说”与“不可言传”、内容与意蕴联结起来的是韵律。两者对对方说：“我的心灵和你的馈赠融为一体。”韵律的花环上，“言说”和“默默无言”也身子贴着身子。

最近，围绕歌词和曲子在歌曲中的地位展开了争论。我不是音乐大师，我单纯的头脑中的一个想法是：这不完全是争论的话题。这属于创造的职权范围，即“游戏”的职权范围。苦修者喃喃地诵念咒语，也许能从容地渡越情感之海。但虔诚朴实的人说：“母亲，我认识你，我不会对你膜拜赞颂。”他也许能够获胜。他越超法规，承认那种“游戏”，也承认人的意愿。他说，这是看不见听不见的。他又说，身踞万物之上者，亲手选谁，谁就无忧无虑。目前讨论的一切话题之上，是创造的快乐。当这种快乐获得形象时，就在那种形象中，而不是法官的判决中，真实得到证明。我知道飞鸟有长羽毛的翅膀，但造物主随心所欲，造出来的蝙蝠没有羽毛。动物种类的研究者把它归入鸟类，为它起了名字，它也能飞翔。在动物学家的档案中，不称鲸鱼为鱼。可最关键的是，它能在水中游泳。在创造领域的物质工厂里，让人想到许多不可思议的事情。歌词和曲子放在一起，进行完美的创造，造出来的东西，是受人欢迎的。两者的融合物的光荣，就是创造的光荣。我们从两者融合的创造中获得的乐趣，经过争论，谁乐意称它什么都可以，称呼不过是表象而已。有的人不看重创造，只重视争论，说："我没有获得乐趣。"这种受制于陋习、观念僵化的人，在文学、音乐等艺术领域难道还少吗？我祝愿他们从罗网般的陋习和法规的约束获得自由。但是，这种自由是看不见听不见的。

水和油不能融和，但歌词和曲子并非不能融和。在人类历史的初期，就有融和的例子。没有人否认两者的独异性。但两者深挚的正常恋情，从不掩饰。这种恋情，是一种特殊力量。以世界造物主为榜样，哲人先贤进行创造也用这种力量——通过创造，这种力量就能打动人心。从中产生世界最浓烈的趣味，是原始趣味。两者结合的这种创造，是不是高级创造，不能参照印度斯坦音乐原则来判定。这种判定要遵从自己内心的特殊模式。玛杜拉的寺庙里，我们看到大量建筑和雕塑精品，但我不能说，持续模仿这些精品，就可在建筑领域的探索中获得最高成就。与之相比，还有许多质朴纯洁的典范，其恰到好处的简洁形象，像一首抒情诗，很容易进入人心。比如，吉斯地的大理石陵墓。它不像玛杜拉寺庙有那么装饰物，可我不能把它归入下等建筑物。带着一颗品尝快乐的平常心，不理睬虚假的门楣荣耀，接受创造繁富的情趣，难道有错吗？

在酿造情味的王国，想入非非的人不懂，诠释奥秘有赖于情味。酿造情味，则有赖于个人或群体。所以，分辨是容易的，而品鉴情味是不容易的。

为监督执行日常规则，在固定路径上，向来是由当权者驾船。这期间，造物主让创造的泉水在他自己运动的各条支流中流动——在这条路上，歌词之河独自流淌，曲子之河也在自己的河床上流动，歌词和曲子的水流有时也汇合。在汇合和不汇合这两种状态下，也流动着情味之河——此时，有些人宣传社会分离，高举伟大的阶级灵魂的大旗，我请求他们不要破坏安宁，制造创造的障碍。

写这么长的信，我对衰老之躯犯下了太多的罪过。但与疾病和虚弱的打击相比，还有更沉重的打击，所以，我再也坐不住了。

歌词为曲子加速，曲子也为歌词加速。两者之间存在正常的交流关系。像我这样追求自由的人不能容忍的是，摩奴的《音乐法典》中说这是不同种姓之间的通婚，所以，在情味酿造过程中，必须贬低他们的恋情。歌曲中的终身处子在配受尊重的地方，我尊重他们。但处子处女喜结连理，我会立刻表达喜悦。结了婚，个人自由丧失一部分，精力也有所减少，这可能是真的，也可能不是真的，一种力量消耗，另一种力量会得到补充。

圣蒂尼克坦

1937年10月8日

写给奥波腊·巴苏[1]的信

亲爱的巴苏夫人：

我在阎罗殿门口转一圈又回来了。认识了阎罗，心里已没有恐惧。我知道，不久将踏上最后的旅程。悲痛属于在我身后的那些人。嘴上讲的任何安慰的话，绝对阻挡不了将至的生离死别。您以非凡的忠贞和勤谨服侍他[2]，你高尚的服侍将使您的余生更有价值。你一生非同寻常的经历，将使您的悲恸[3]得到升华。除了这些，我今天没有要说的话了。

你们的泰戈尔

圣蒂尼克坦

1937年11月24日

[1] 贾格迪斯·昌德拉·巴苏的妻子。

[2] 指奥波腊的丈夫贾格迪斯·昌德拉·巴苏。

[3] 泰戈尔写此信时，贾格迪斯·昌德拉·巴苏已逝世。

写给普林比哈里·森[1]的信

普林比哈里先生：

你来信问，《印度命运的主宰》[2]这首歌，我究竟是不是特地为某项活动写的。我由此明白，在某些国人中间，这首歌引发了诟病的声浪，于是你心里产生了疑问。……我回答你这个问题，不是为提高争论的热度，而是为满足你的好奇心。

有一天，我的已故朋友赫姆昌德拉玛·利克，带着比宾·帕尔先生，来求我帮忙。他们告诉我，他们想在国内举行新型秋季祭祀，要把祖国女神的形象融入杜尔迦女神像。为此，他们恳请我创作一首充满虔诚和激情的赞歌。我婉言拒绝，说我心中不可能生发这种虔诚，答应写的话，这将成为我一大罪过的缘由。假如这纯粹是文学范围之内的一件事，不管我有怎样的宗教信仰，对我来说，不会有犹豫的理由。但强行闯入虔诚和祭祀领域，应受到谴责。我的朋友听了很不满意。我后来写了《迷醉世界之心》。不消说，这首歌不适合在祭祀场所演唱。另外，也必须承认，这首歌也不适合在印度全国性的会议上演唱。因为，这首歌词是在印度教文化基础上创作的。这首歌不可能在非印度教徒中间传唱，不可能打动他们的心。

由于命运作祟，之后又发生了类似的一件事。那一年，正准备

[1] 泰戈尔散文集《本国社会》的编辑。

[2] 印度独立后，这首歌成国印度国歌。

National Anthem

जनगणमन अधिनायक जय हे, भारतभाग्यविधाता
पंजाब सिंधु गुजरात मराठा द्राविड़ उत्कल वंग,
विंध्य हिमाचल यमुना गंगा उच्छलजलधितरंग,
तव शुभ नामे जागे, तव शुभ आशिश मागे
गाहे तव जयगाथा ।
जनगणमंगलदायक जय हे, भारत भाग्य विधाता
जय हे, जय हे, जय हे, जय जय जय जय हे
जनगणमन अधिनायक जय हे, भारतभाग्यविधाता ॥

Janaganamana adhināyaka, jaya he, Bhāratabhāgyavidhāta!
Panjāba Sindhu Gujarāta Marātha Drāvida Utkala Banga,
Vindhya Himāchala Yamunā Gangā uchchhalajaladhitaranga,
Tava subha nāme jāge, tava subha āśisa māge,
Gāhe tava jayagāthā.
Janaganamangaladāyaka, jaya he, Bhāratabhāgyavidhāta!
Jaya he, jaya he, jaya he, jaya jaya jaya, jaya he!
Janaganamana adhināyaka, jaya he, Bhāratabhāgyavidhāta!

Translation into English

Thou art the ruler of the minds of all people,
dispenser of India's destiny.
Thy name rouses the hearts of Punjab, Sindh, Gujarat, the Maratha country,
in the Dravida country, Utkala (Orissa) and Bengal;
It echoes in the hills of the Vindhyas and Himalayas,
it mingles in the rhapsodies of the pure waters Jamuna and the Ganges.
They chant only thy name,
they seek only thy blessings,
They sing only thy praise.
The saving of all people waits in thy hand,
thou dispenser of India's destiny.
Victory, victory, victory to thee.

In Bengali script

জনগণমন-অধিনায়ক জয় হে ভারতভাগ্যবিধাতা!
পঞ্জাব সিন্ধু গুজরাট মরাঠা দ্রাবিড় উৎকল বঙ্গ
বিন্ধ্য হিমাচল যমুনা গঙ্গা উচ্ছলজলধিতরঙ্গ
তব শুভ নামে জাগে, তব শুভ আশিস মাগে,
গাহে তব জয়গাথা।
জনগণমঙ্গলদায়ক জয় হে ভারতভাগ্যবিধাতা!
জয় হে, জয় হে, জয় হে, জয় জয় জয়, জয় হে॥
জনগণমন-অধিনায়ক জয় হে ভারতভাগ্যবিধাতা!

自上至下：印度国歌印地语译文和译音、英语译文、孟加拉语原作欢迎“印度皇帝”驾临。王国政府中我一位颇有建树的朋友，特意登门，请我写一首赞扬“皇帝”的歌曲。我听了不胜惊讶，惊讶的同时，心里非常气愤。怀着对他的强烈反感，他写了《统治民众之心》。在这首歌中，我宣布印度命运的主宰获得胜利。在盛衰的坎坷路上，世代奔走的旅人的御者，人民心中的指路者——世世代代人类命运之车的驭手，绝对不是乔治五世、乔治六世或其他皇帝。这一点，那个忠于王国的朋友显然感觉到了。因为，虽说他坚定地效忠王国，可也不是没有脑子。当下，由于观点不同，对我发泄的愤怒，是不足虑的，但它是神经错乱的不祥之兆。

说到这儿，我不禁又想起一件事。它发生在多年之前。当时，我国的社会活动家摊开双手，期待从爬不上去的高耸的王宫顶上洒下恩惠之霖。有一天，他们几个人在某地举行晚会。我一个熟人是他们的说客。他不管我如何推辞，喋喋不休地说，我不去，晚会就热闹不起来。最后，上苍没有给我坚守正当婉拒的毅力，我去了。在动身几分钟前，我写了一首歌《别叫我唱歌》。唱了这首歌，晚会的气氛仍不热烈，与会者心里很不高兴。

泰戈尔

1937年11月20日

1938 年

支持中国人民抗战的公开信

亲爱的朋友们：

你们的一个邻国极大地受惠于你们赠送的文化财富之礼，为其自身的根本利益，它本应培养与你们的友好情义，可它突然扩散从西方引进的帝国主义贪婪的盈毒的传染病。它把建造东方美好命运之厦的巨大可能性，变成了阴森的灾难。它炫耀武力的叫嚣，它滥杀无辜时的狂呼乱叫，它摧毁教育中心，它对所有人类文明准则的极度蔑视，玷污了亚洲的现代精神，而亚洲在当今时代的前沿正努力寻找自己的尊贵席位。更为不幸的是，西方某些高傲的国家，扛着它们庞大的财富，步履踉踉跄跄，怯懦地宽恕它们受到盛赞的文明的旗手们所从事的沾血的政治活动，卑下地跪在肮脏的成就的祭坛上，这种肮脏的成就已经推倒了一些曾被岁月称颂的神圣人权的堡垒。

在这个道德沦丧、危机四伏的时代，我们自然而然只得期盼，曾产生两大伟人——释迦牟尼和基督的两大洲，在人类事业的整个发展过程中，面对富于邪恶的才华的人从事的无耻科学活动，仍履行其责任，继续彰显最纯洁的人格。甘地站在被充斥诋毁的世纪所黯淡了的历史地平线上，在他的身上，难道没有闪现人们所期待的尽责的第一束闪光？然而，日本乖谬地摈弃其美好前景和宝贵遗产——武士道，在卑劣的冒险中，给予我们的，是令人极为痛心的希望破灭，日本在冒险中表面上取得的一些胜利，必将化为齑粉，并让它承载惨败的重荷。

唯一能给人慰藉的期望是，对你们国家发动的周密而凶残的侵略，将使你们英雄那样忍受的苦难具有崇高意义，它可能导致民族灵魂的新生。你们是当今世界上唯一的伟大人民，从不低三下四地赞美军事力量是什么民族精神的一种光荣特征。当一个野兽般的军事力量以可恶的速度占领你们的国家时，我们由衷地祈祷：在这个准备证明其背叛自己最好理想的怯懦的世界上，经受了这场考验，你们能够再次证明，你们相信高尚的人拥有真正的英雄气概。即使你们一时不能单凭膂力取得胜利，你们的精神成果不会丧失，经过

泰戈尔1924年访问中国

艰苦卓绝的斗争，胜利的种子正播入你们的心中，并将一次次证明，它是不朽的。

1938年6月

写给迪利波·库马尔·罗易的信

迪利波：

我已改变我的观点。《人生回忆》是多年前的作品。这部传记发表之后，我的年龄快速向前迈进，人生体验也是如此。大千世界的思潮汹涌澎湃，世事之车朝前飞奔，认识世界的视野也越发宽广了。我看到，生意盎然的心灵，在知识领域、情感领域和实业领域，通过每日的创新，证实人是创造者；人不像昆虫重复一种艺术样式。像榨油作坊老板的眼蒙龟壳的黄牛围着磨盘转圈子，不是音乐、文学和其他艺术样式的最终走向，对此，今日我心中没有丝毫怀疑。我同意赞扬印度斯坦古代音乐教师每日勤练嗓子，但也不愿失去品尝艺术趣味的机会。然而那种趣味如迷醉心灵，使我们迷迷糊糊，有气无力地落在未来岁月各种创新的后面，像笼中鸟，只会背诵学到的话语，因能一字不差地背诵而要求别人喝彩，那么，比起向抄写员的规则敬礼，待在远处，开辟新的探索之路，要好得多。我们不能在千百年的老路上当披枷带锁的学徒。我们要怀着创新的强烈愿望，倾听新时代主宰的呼唤，穿过错误和不完美，奋勇向前。我会被死抱着陈腐观念的老朽咒骂——这辈子已被骂过多次了——但在个性展现方面，我绝不会承认，我过去是被鬼怪缠身的人。如今，在欧洲文人中间，没有一个人不说，阿旃陀石窟的壁画是画中极品。但也没有一个蠢材承认，在阿旃陀石窟的壁画上画线条是最高层次的艺术实践。我乐意对汤森施礼说："师傅，你的道路也是我走的路。"也就是说，这是一条创新之路。在音乐领域，孟加拉曾在打破旧框框的新生活之路上阔步向前。它唤醒诗歌和音乐艺术，不是为了让她成为女仆，而是为了让她成为旅伴，维护她的尊严。新时代的呼唤传到孟加拉时，这个旅伴不会保护印度斯坦音乐的内宅高墙后面的高贵门第——那时，她藐视查蒂拉[1]的管束，在团圆之路上，最终达到目的。为此，必定有人跳出来指责她，但她不会感到羞愧。

我又改变了以前的观点。前后改了多少次，记不清了。假如造物主不一次次改变观点，今天的音乐会上，就会回荡着恐龙的"古典吼叫"，长四只长牙的毛象[2]跳四足舞，惊心动魄，连那些在舞蹈艺术中提倡像角力士一样狂舞的人，恐怕也将被吓得逃之夭夭了。直到我今生的最后一天，我改变观点的意志倘若仍然坚定，我就明白，我至今还有希望活下去。否则，准备葬身恒河，就是当务之急了。在我国的石砌码头上，聚集的人历来最多。

泰戈尔

1938年2月6日

[1] 印度神话故事中罗陀的婆婆。

[2] 一种古哺乳动物。

写给莎汉娜·黛维[1]的信

一

莎汉娜：

那天蒙杜[2]唱了好几首歌，我听了很长时间。……蒙杜唱了《啊，片刻的朋友》，音调变化不大。演唱撩动人的情绪，与歌曲内容相比，演唱者的形体动作似乎更为明显。我发现，听众爱听他唱歌。在表现歌曲内容方面，歌手的自由发挥，应得到赞同。换句话说，歌手可通过歌曲，诠释自己体悟的特殊情感。这种诠释，与作曲家的内心感受可能不一致。歌手不是留声机。你唱我的歌曲时，我听了觉得，我写这首歌达到了目的。这首歌中，多大程度上展示我的写作技能，也在多大程度上显示歌手朱努[3]的演唱天赋。作曲家期待两者合作，使歌曲臻于完美。我假如是过去的皇帝，就会开战，俘获你。因为我的歌曲特别需要你的嗓子。

泰戈尔

1938年4月4日

[1] 著名孟加拉女歌唱家。

[2] 蒙杜即迪利波·古玛尔·罗易。——原注

[3] 似为莎汉娜·黛维的小名。——原注

二

世界的创造中蕴藏无穷无尽的情味。有了灵感，诗人的心灵对各种外部冲击便极为敏感。不管诗人名气多大，但愿他写歌采用的曲调永不耗竭。

前几天，蒙杜带来的女歌手格索尔帕伊为我演唱歌曲。她嗓音甜美，演唱认真，令人佩服。她轻车熟路地调度乐曲，音调时高时低，变化多端，显示非同寻常的娴熟技巧。

不得不说，她唱得很好。但说此话不是出于喜欢。当歌曲具有形象真切、生意盎然的躯体时，随心所欲地扩大它，压缩它，摔打它，扭曲它，是悖违艺术原则的。远古时代多触手海洋生物是无形体的，英语中称之为“无定形生物”，把它一分为二，或一分为七，毫无二致。定形的生物，是不允许这样拿捏的。可以略微越过它的正常界限，但过度是不行的。所以，即使耳朵称赞格索尔帕伊唱的歌曲，心儿也不会附和。对盲目迷信著名歌手的听众解释清楚这音乐的简单原理，是很难的。痴迷没有界限，而用餐是有限度的。谁要是喊“倾倒琼浆，倾倒更多的琼浆”，我们会笑着说，这是疯狂。而提供了适量酸奶、炼乳、甜食，就不要再给了，以维护它们的声誉。否则，后果不堪设想。格索尔帕伊唱的那种歌曲，除了身体的疲惫，没有能中止它的有效内在动力。为此，我不怪罪格索尔帕伊，而要责怪这种歌曲。听她唱歌，不仅能听出她在尽心尽力地演唱，也能听出她有上苍赋予她的才能。而这种才能，是大部分著名歌手所欠缺的。然而，才能给了不当的载体，发挥不了作用。仙女的适当位置在天国乐园，在人间的逊德尔大森林里，维护她的声誉，绝非易事。

泰戈尔

迦梨摩旁

1938年4月29日

致捷克斯洛伐克的公开信

亲爱的朋友[1]：

我仿佛是贵国人民的一员，强烈地感受着他们的苦难。贵国发生的事件[2]，是一大灾难，它可以获得我们最多的同情。这是一幕悲剧，为了人类各种原则的命运，三个世纪以来，许多西方人成为殉道者，可它依然掌握在怯懦的监护人手中。这些监护人为保全自己的脸面，正将这些原则出卖。它使人愤慨地看到，与强悍者怒目对峙时，一些民主人士，竟背离了他们的道义。

我注视着这一切时，心里感到莫大耻辱，感到极为无助。我心

[1] 指维·雷斯尼教授。

[2] 指签订《慕尼黑协定》。

里感到羞耻，是因为看到，给予现代文明的价值观，值得它拥有的价值观，相继被摒弃了。我感到无助，是因为我们无力阻止它。我国也是这种邪恶的牺牲品。我的语言，已无力制止这些疯子的攻击，也无力阻止以前装扮成人类救星的某些人的逃避。我只能提醒尚未完全糊涂的人，当人变成野兽时，早晚是要互相撕咬的。

至于贵国，我只能希望，虽然它被抛弃被劫掠，它将保持本国完整，依凭不容剥夺的资源，重建比以前更富裕的民族生活。

我准备寄给您译成英文的我最近写的一首诗[1]，这首诗中，表达了我的悲愤心情。您可以随意引用。这首诗将在十一月《国际大学季刊》上发表，你喜欢的话，我可以寄您孟加拉文原作。

致以良好的祝愿和真诚的敬意。

泰戈尔

1938年10月15日

写给妮尔穆库玛利·玛赫兰比希的信

妮尔穆库玛利：

最近，我儿媳决定把《虚幻的游戏》改编成歌剧上演。所以，我正在重新修改，缺少的章节正在补充。原作略显单薄，必须进

[1] 指诗作《忏悔》。

一步充实。歌曲写了一首又一首，有时一天写四五首。我的心在青春之浪中晃动——衰老之躯向远处漂去。乐曲中创造的变化，在其他文学样式中是没有的。在寒冷的冬天，我年轻的人生，从昔日的海边，把强劲的春风带入乐曲世界——在我的心苑，鸟儿歌鸣，蜜蜂嗡营——从外面携来事务或闲暇之风的人，仿佛是异乡人——因为，乐音从未触及他们的身子。音乐探索后继有人——但我时运不济——我的继承者在哪儿？

泰戈尔

圣蒂尼克坦

1938年12月11日

致信苏伦陀罗那特·达斯·古波塔[1]

朋友：

无穷的默不作答永远静坐在世代询问的祭坛前，心儿被它抚摩时，谦恭的前额托起自己最高的恩典。我兴奋地站在它门口，滔滔心语尽情倾吐；只是心里知道弦琴不弹奏至美乐曲，不阐述音乐艺术。

惊讶的阳光中“美”有时突然露面，但不奉献自己——推开沃土的门扉，大地一瞬间展示富饶的密室。凡世的胸上金碧的仙居隐

[1] 曾为泰戈尔治病的医生。

现之处，放着琼浆的玉觞，春日的神咒护佑柯枝，嫩叶画着美艳的形象。

心灵做出反应，遗忘的音乐苏醒，不领悟自己的寓意；躲避尘埃的阻截，跟随自己的歌声，我飘然远去。“看见了。”话音刚落，乐曲受缚，哑口无语；我今生的光荣对谁诉说——摸不着的喜悦在胸中腾起。

贫乏包围，品尝苦痛，下流的黑夜、白天，丑恶，我曾亲眼看到，司空见惯的事——人亲手在他人心间注入致命的鸩毒。而聋子听不见什么，谁弹的乐曲淹没了噪音；肮脏、肆虐的风暴中，我听见湿婆的永恒白昼宁静的梵音。

应当掌握的知识，谁肯出来说我已学到了些许？已在收获，我仍跟随“未得”专程拜会“未知”。心灵在世界的狂舞中莫名其妙如狂似疯；那舞韵中我得到解脱，死亡之路上死亡可以躲过。我听见无羁的仙乐中，忘情的万物遨游苍穹；我看见欢庆无限生存的节日，生命之河在奔腾。辞别人世的时候，那奔流的雄姿映在心幕；熄灭寓所里的灯烛，同赴太虚，我和星宿。

我不知白日消逝死亡后面有什么；这生命的哪片绿荫，以最后的光亮在落日之国倾泼什么色泽，制造怎样的幻影。我认知了人生的几许内涵；事实上并无所谓的界限。我心灵中密聚的真实洒遍宇宙便认识自己。

泰戈尔

蒙普　大吉岭

1938年

写给赞格纳特·巴苏的信

赞格纳特：

某个歌手随心所欲地演唱我写的歌曲，无疑损害了这些歌曲的风格。作曲家不能把自己的意志强加于歌手的嗓子，所以，除了忍耐，别无他法。如今在电台演唱的不少歌手也骄傲地说，他们提高了我的歌曲质量。我在心里说，不为提高别人歌曲的质量而浪费才华，自己潜心于创作歌曲，他们更能声名远扬。如果有必要在报上混淆视听，像希特勒等人那样动用自己名字的威力，是最好的选择。

泰戈尔

圣蒂尼克坦

1938年12月20

1939 年

致捷克斯洛伐克的公开信

我亲爱的雷斯尼：

读到您信中有关英国和法国大规模出卖你们高尚人民的消息，心里非常难过。几天前，我会见了尼赫鲁。悲剧发生时，他在中欧。他对我详细介绍了捷克斯洛伐克被肢解的惨况。但那种情形下，您不得不受制于命运。我希望，你们英勇的人民不会丧失灵魂，并非不能重建自己的未来。

泰戈尔

1939 年 2 月 14 日

写给阿米亚·贾格拉帕尔迪的信

阿米亚：

装载乐曲的三只船上，我的水手生涯终于结束了。舞蹈演员带着乐器已返回加尔各答。这几个月，我心中萦绕着美妙歌声，非常

泰戈尔和国际大学艺术团

愉快。这种愉快是纯正的，也是抽象的。近日，我对用文字进行创造产生了怀疑。考察其价值，必须放在流行的各种观念之上，可我尚未找到它的价值标准。

在左右摇摆的状态下，我获得了在人生的第三阶段即林栖期的两个固定居所——歌曲和绘画。在这儿村落的寓所中，没有市场里装满货物的麻袋拖拽的痕迹。关于我的歌曲，争议不断，但并未撼动我的心。一个重要原因，是曲子的完整性，不允许随意割裂。心中创作歌曲的灵感，无从表述。有些歌曲的“高利贷者”，专门检查曲调的纯洁性，评判歌曲的结构，我从不赞赏他们的“博学多才”。在这方面，我把辱没音乐门第的“污点”当作身体的首饰。在艺术的各个门类，我不是正统的婆罗门，尤其在音乐领域。我深知我没有渊博的音乐知识。可我更清楚，通过歌曲可以感知质朴的快乐。在对这种质朴快乐的深切感知方面，陈旧法规的干预丝毫动摇不了我的信念。在这儿，我是固执的，内心的感悟力，造成了我的“狂妄”。由于难以表述，歌曲不可言传的特点，就可守护自己的荣耀，前提是其间确有比人制定的音乐法规更重要的规律。歌曲在心中完全苏醒时，心灵抵达天国乐园。这儿“苏醒”的意思，不是指它处于前所未有的共同创造之中。也许可以看到，它是非常一般的，但对我来说，那时，它的真实性充满纯真的情愫。过了几天，它的强度有所减弱，但对已欣赏的人来说，这无关紧要，只要他不对别人索要一定数量的赏钱。在新的创作欢乐中，我常常忘记过去，就像大树忘记曾催开花朵。所以，当别人忘了我的什么作品时，我也没有察觉。从韵律的源头涌出的形象之泉，沿着无始岁月流淌。当从那源头流出的某条支流，回旋着穿过意念，哪怕只有片刻工夫，凭借神力，也会凝成某种形象。在想象中，可以感触那种神力——仿佛有喝彩声从天堂传到我的凡世——给予我鼓励的天神，原本就是造物主。也许，在那一刻，他们付的钱只是一个硬币，可那是天国的货币。

……在歌曲中，心中浮现一个悠远背景。不管歌曲内容多么邻近，它在乐曲中要乘车前往；我们看到它奔向界限的外面，奔向韵律的另一个世界。在“每日”的抚摸下，它不会蚀损，也不会留下斑痕。

我用维伊鲁比调为剧本《萨玛》写了一首歌，其中一行是：

啊，骄傲的女人，

人生的关键时刻不要无动于衷！

我们在人间多次见过这样的女人，但听了歌曲就明白，她已远离我们多次见到她的地方。痴迷的人心，仿佛坐在这个永世骄傲的女人的脚边，执着地修行。富于歌韵的“距离”，仿佛是她最昂贵的首饰。如果你认为喜欢在远处徜徉的这个歌者，是不真实的，处于陶醉状态，对她不屑一顾；而你如果看到这个骄傲的女人嚼烟末儿，嚼枸酱包，吐红渍，就认为她是真实的，乐意接受她，我就不参与讨论了。在创造领域，她也有一块地盘。但是，她展示占领这块地盘的文件，跑过来取代我天国骄傲的女人，我就对门卫说：“赶走她，我们也无裨益，因为衣襟沾染枸酱包红渍的女人可以获得地盘，不过，反映这种现实的现代维伊鲁比调，在当代著名艺人汤桑手中，还没有创造出来。”它可以出现在语言市场上，但不会在音乐会上出现。在乐曲中创造的永久距离，是凡世的距离，认为它是虚假的，藐视它，我们把“现实”让它掌控，随后去教堂祈求救世主给它们自由。

泰戈尔剧本《吉德拉》

我在歌曲中塑造了萨玛，塑造了吉德拉。剧本内容不纯粹是梦中之物。人物有火一般的苦乐，有优缺点。坚实的真实性不是捏造的。但是，没有把这些写成警察就某个案件写的那种报告——歌曲中挡住了这种报告——这些也不曾越过它四周规定的距离，触及那些不相干的、无由头的、出人意料的或突如其来的东西。然而，世界万物无不挨贴着毫无意义、毫无关系的垃圾。用垃圾的证词，来证明文学的真实——接受这种不合法的规则，我心里是抵触的。至少，在歌曲中，我从不想到这么做。当下在欧洲，“噪音”似乎骑在“乐音”的肩膀上，配合妖鬼跳舞。在我们的文艺晚会上，尚无群魔乱舞的场面。因为，在我们的学校里，没有教授欧洲歌曲。否则，这些年，在孟加拉，一群假妖魔不会忘记捂住自己的耳朵。

总之，现实主义文学的卫士驱赶我时，我的歌曲，是我的逃亡之地。也许这儿的心理学家会说，这就是逃避主义。

祝福你们的泰戈尔

圣蒂尼克坦

1939年2月14日

写给苏达拉尼·森的信

亲爱的苏达拉尼·森：

我以前从未听到过你问的这个古怪问题。

盛衰的坎坷路上世代奔走着旅人，

啊，旅途中日夜回响你这个永恒御者的车声[1]——

我写“世世代代不朽的人类历史上旅途中的永恒御者”，是不是赞扬乔治四世或乔治五世？回答他们这种愚蠢透顶的问题，是对自己的污辱。

圣蒂尼克坦

1939年3月29日

写给普达德卜·巴苏的信

普达德卜：

你们是朝气蓬勃的年轻人。你们的力量像刚刚涨涌的大潮。你们不会想到，我人生的流水已触到河底。残剩的细流上，用船运货，必须用许多竹篙使劲儿撑，才能缓缓行进。

以前写作，内心的欲望，是创作的助手。如今那种欲望已经老死了。内心的冲动极为微弱。为满足外来的约稿要求，不得不挽袖束腰坐在书桌前写，不一会儿精力就锐减。因此，当我的名声放到泰戈尔后时代的天平上称分量，引起一片哗然时，我不禁笑了。收

[1] 后来成为印度国歌的《印度命运的主宰》中的歌词。

获的作物极少时，我的心也参与由此产生的各种争论。疲惫的季节，收割作物的黄昏时分，觉得那些议论是极不切合实际的。这个年龄段，是很不利于提供作品的。在花匠已干完活儿的花园里，这儿那儿偶尔可看到旧时的遗物。哪天突然捡到那种东西，就给你寄去。你不要抱太大的希望。此外，没有提供分量更重的作品的可能性。

你的罗宾特拉纳德·泰戈尔

圣蒂尼克坦

1939年7月1日

支持中国人民抗战的第二封公开信

亲爱的朋友[1]：

中国是伟大的。在令人难以置信的苦难和所做出的牺牲中，您每天都在证明这一点。您的人民所表现的英雄气概，是一部宏伟史诗。我确实感到，不管发生什么，在人类奋斗的精神领域，您的胜利将永放光芒。

泰戈尔

1939年12月26日

[1] 指蒋介石。

1940 年

致信南特库帕尔·桑·古卜多[1]

南特库帕尔：

精细目光采撷的况味，不总是为全体民众的。这是文学不可避免的缺憾。对文学的奖励，取决于个人的思辨。和文学的低级法院一样，文学的上诉法院里，审判也不是由科学原理指导的。在这儿，我们的主要支柱，是众多文化人情趣的认可。然而，谁不知道，文化人情趣的多寡，受制到他们的环境。随着时间的推移，世情不断发生变化。文学批评的标准，是一个鲜活的东西。它有时扩大，有时减少，有时瘦弱，有时强壮。文学批评，不得不接受它常变的尺度，除此，没有别的办法。但是，评论家不承认它的增减是短时现象。他们以科学方式摆出岿然不动的姿势。但这种科学是伪科学，不是真科学；是臆造的科学，不是永恒的科学。当一个人或一个教派的人，突然对文学家表达一种看法时，是参照那一时刻的范式，对文学家或褒或贬的。他没有规模很大的法院，即使判了绞刑，依然真心希望，获刑者尚未断气，脖子上的绞索说不定就断了。煞星临头，获刑者有时候走上而有时候不走上黄泉路。连莎士比亚也摆脱不了批评的不恒定性和不确定性。确定商品价格的时候，吵架，争论，

[1] 孟加拉文学家。

或者举五个人的例子，对所定的价格表示支持，这无异于在水上打地基。水是不稳定的，人的趣味是不稳定的，时光也是不稳定的。在这儿，不人为地树立一成不变的模式，以文学本身来制定文学的标尺，就能太平无事。换句话说，法官的判决，如果具有艺术素养，他执行的标准，就可以光荣地保存在文学宝库里。

泰戈尔的长篇小说《家庭与世界》

在阅读文学评论专著的时候，经常或多或少落入读者的眼帘的，是评论者所固守的特殊评判标准。这样的标准，是他与他所在群体的接触过程中，在他所在的阶层的参与下，制定的，融合了他的特殊学养。谁也躲不过周围的影响。不消说，这种标准，不会全部遵从所有时代的模式。法官心里有自己的一杆秤，但他拄着法律之杖伫立着。不幸的是，这样的法律，是在某种教育或某个人的推动下，由某个时代或某个团体制定的。这种法律，不适合所有时代和所有的人。所以，在读者群中，不同时代出现不同的季节。比如，丁尼生季节、吉卜林[1]季节，等等。当然不是一个小团体的内心受到冲击，广大民众就受制于那个

[1] 吉卜林（1865—1936），英国小说家、诗人。

季节，后来某一天，又发生季节嬗变。科学真理的剖析中，个人偏向是无人赞同的。在科学界宣扬个人的特殊尺度，被认为是愚昧。可在文学界，这种个人辨析，不会受到任何人的谴责。文苑中，一部作品优秀也罢，平庸也罢，它在大多数地方，投靠合适或不合适的评论者，或他们的教派，宣传自己。目前，对财富寡少的同情，或因财富寡少而骄傲，都打扮成全民的榜样，力图制定评判的标准。这很大程度上，可以成为有模仿外国痕迹的一个季节，不会被有倾向性的人所接受。文苑中，批评者的这种傲慢，坐在三十二个孟加拉印刷字母的宝座上。当然，那些人不完全受界层、团体或某个时期的情感的影响，他们的态度相对来说是不偏不倚的。然而谁说得清楚，他们究竟是哪些人？巫师用被咒语浸淫过的油菜籽驱鬼，油菜籽反而成了鬼的藏身之地[1]。我们自负地认为，自己是以最正确的观点，来判断评论家有何专长的。总之，安全的做法，是不故弄玄虚，把文学批评当作文学本身的一部分。而强调观点绝对正确的那种文学，是不能获得最高价值的。文学的价值，在文学趣味之中。

简单浏览一下评论者的文章，得到的印象是，我似乎至少在一些地方，做过与现代同步前进的一些努力，而那样做，与我的诗歌特性是不合拍的。我想就此谈一谈我的看法。

我记得，在我创作《瞬息集》的时候，不少读者对此感到困惑。假如当时存在现代格调，没有人说“我在这些诗作中，开始身穿现代服装”会感到犹豫。人既往的评判标准，骑在他思辨的肩上。我

[1] 以咒语浸淫过的油菜籽驱鬼，油菜籽反倒成了鬼的藏身之地。这是一条孟加拉成语，意思是效果与意愿完全相反。

还记得不久前，一位评论家在他的文章中写道，幽默感是我文库之外的东西。在他看来，这是必然的，因为抒情诗人生来缺少幽默感。尽管如此，他还是提到了我的《独身者协会》和其他的讽刺剧本。不过，他认为，其中的幽默是浮浅的，因为——因为，不用说了。因为，他有他的标准，那种标准是不容争辩的。

我考虑了很长时间，为文学掌舵的责任可以交到谁的手中，换句话说，谁的舵柄在左右两边的波浪中不晃动。有一个人的名字，在我脑海里清晰地浮现。他就是波罗穆特·乔德里。波罗穆特的名字时不时在我心中闪现的原因，是我欠他不少文债。欠文债的能力，是可以自豪地承认的。对长期不欠文债、不承认文债的人，我是不抱敬意的。他引起我关注的，是他绝无私心杂念的高雅情怀。它明亮地显现在他睿智的统筹之中——在他精于谋划的思维高峰上袒露的结论上面，没有偏激的雾气。他内心的悟性，令我惊叹不已。所以，我多次想，他如果成为孟加拉文学的驭手，孟加拉文学就没有那么多垃圾了。他向来心无旁骛，但读者长期对他不表示赞许。糟糕的是，孟加拉人不把某个人拉进一个团体，就不可能认知他。就说我的处境吧，在讨论真实的会议上，我的言论，被戴上许多首饰，叮当作响。这场景人人皆知，对此，我无言以对，深感愧疚。所以，研讨会上，不可能有我的席位。但在波罗穆特·乔德里的文章中，没有丝毫不克制的情绪。鉴于他这些优点，我在心里让他坐在“法官”的位子上。可我明白，已经晚了。危险在于，谁乐意都可坐在预留的位子上。而且有人站在他身后，为他撑伞。

在这儿让我说完最后一句话。有些人在我的作品中未找到中产阶级，大发牢骚，现在是该我对他们做解释的时候了。在孟加拉的恒河冲积平原上，没有一座可炫耀自己历史悠久的建筑。这个邦的“贵族气派”也是如此。我们称之为下层家族的人的基础，并未到达很低的地方。他们在很短时间内昂起了头，之后不久，就同泥土融为一体了。所以，所谓“贵族气派”，是相对而言的。把它片刻之间就破碎的财富送到很高的位子上，是自找烦恼，因为那虚假的高度，不过是时光讽刺的对象而已。由于这个原因，孟加拉邦的贵族，在心性方面，与普通人并无太大区别。确实，对短时敛积的钱财的“清醒认识”，常常怀着抑制不住的骄傲情绪，大张旗鼓地采取把自己和民众分开的措施。这种昂首挺胸的可笑模样，在我们的家族，至少在我们的年月里，是看不到的。所以，我从未在丑剧里扮演大人物的角色。在我心中，如果有与生俱来的特征的话，它既不是极为富裕也不是略为富裕的特征。可以把它放在一个家庭传承的文化中，而这种特异性，也许在别的家庭中，可用家族习见的方式展现出来。事实中，这是非常偶然的。令人吃惊的是，在文学作品中，中产阶层富裕的“傲岸”，突然如疯似癫。不久前，“年轻人”这个单词，也蛇似的昂起了头。近来，在孟加拉文学中，“种姓”之间的暗斗开始了。我访问莫斯科的时候，对契科夫的作品表示赞许，不料碰了个硬钉子。我发现，契科夫的作品中，塞进了门不当户不对的文学联姻方式。所以，他的剧本未能跻身于舞台表演的行列。关于文学，我居然听到有人表达如此虚伪的立场，而如今风向又转了。我曾经一连数月创作以乡村生活为题材的小说。我坚信，此前孟加拉文学中，没有出现乡村生活的这种系列画面。当时，并不缺少中产阶层的作家。他们几乎全沉湎于对波罗达卜辛格或波罗达帕迪德[1]的冥想之中。我担心，今后有一天我的短篇小说被贴上资产阶级作家的标签，被裁定为非文学作品，从此杳无踪影。现在确定我作品的阶级属性时，这些作品未被提及，仿佛它们已不存在似的。“种姓摩擦”融化在我的血液中，因此，拔掉这些“野草”，恐怕是困难的。

最近一段时间，我尝到了难以忍受的病痛。为此，我如果说：“照看我的几个人，也应把脸抹黑，装出一副病恹恹的样子，对我来说，这才是愉快的。”那么，心里就得担心这是心理变态了。天性中有一种纯洁欢快。我个人生活中发生变故，但世界的馈赠并未因此异化——这是我的幸运。假如硬是炮制一群反对的人，那就得说，应为一贫如洗的人在沙漠中建造一块殖民地，否则，他们心里是不可能满意的。难道在文苑，也要为无产阶级读者建造沙漠中的殖民地吗？

泰戈尔

圣蒂尼克坦

1940年

[1] 莫卧儿王朝时期孟加拉的藩王。

1941 年

致信南特库帕尔·桑·古卜多

南特库帕尔：

有一天，我和奥尼尔讨论了文学价值标准不断变化的问题。当时，我说，语言是文学的载体，在一个个时代，语言是经常发生变化的。因此，单词的引申义也有变异。这个话题，需要说得更清楚一些。

像我这样的抒情诗人在诗作中专门经营的，是不可言传的情味。在一代代人的口中，情味的味道，是不一样的，人们对它的喜欢程度持续下降，像干涸的河里的水一样渐渐消失。所以情味的经营，总是走向停业。诗人从不为它的尊荣而感到自豪。但是，提供情味，不是诗歌文学唯一的行当。另一个行当，是形象塑造。往形象中注入的是直接感受，而不仅是揣摩、暗示和音响。年少时我为我的一本书取名《画与歌》。想一想就明白，可用这两个单词确定文学的界限。画不是特别深奥的东西——可以看得清清楚楚。往画中注入情味，它的线条和抹上的颜色，不会被情味遮得模糊。它的结构是坚固的。通过文学，我们体会到人的许多激情，忘掉人的激情，不用花很长时间。但在文学作品中，人的形象鲜明地呈现的地方，是没有遗忘之路的。在这昼夜运动的世界上，往返的无数事物中间，人的形象沿着大路行走。所以，不管你有没有说的勇气，莎士比亚的

暮年泰戈尔

长诗《鲁克丽斯受辱记》《维纳斯与阿都尼》的诗味，我们至今在口中品尝。但是，关于《麦克白夫人》《李尔王》和《安东尼和克莉奥佩特拉》，如果谁说同样的话，那我就要说，他的味觉不正常，有毛病了。莎士比亚开启了人物画廊的大门，世世代代，那儿的观众摩肩接踵。同样，我们可以说，《鸠摩罗出世》中，喜马拉雅山的描写，过于矫揉造作，作品中也许有梵文语调的尊严，但没真实的人物形象。由女友陪伴的沙恭达罗是永恒的。国王豆扇陀可以拒绝她，但任何时代的读者不会拒绝她。世人已经觉醒，她将世代获得人们的欢迎。因此，我说，文坛上形象创造的席位，是恒久的。诗人贡刚的全部诗作可能不会受到后人的喜欢，但他塑造的猴子伐鲁达多会被人记住。莎士比亚的剧本《仲夏夜之梦》的价值可能会减少，但喜剧角色福斯塔夫的影响将永存。

生活是一位艺术大师。他世世代代以各种技巧赋予各国民众以生动形象。亿万人的容貌已消失的遗忘的黑暗中，但成千上万的形象在历史上光芒四射，历历在目。生活的这种创造，如果在文苑轻而易举地获得一席之地，肯定将是不朽的。那样的文学作品是传世之作，如《黎明静悄悄》《鲁滨孙漂流记》等等。我们许多人家中收藏了这些作品。生活这位艺术大师的画作留下来了；其中有的不完整，有些模糊，有的则仍然清晰。生活的影响超越一切时代习见的虚伪，在文苑生动呈现之地，是文学的天国。但生活既是雕塑家，也是幽默者，经营情味，是他的专长。不过，情味之觞上如果没有生活的签名，如果只表现某个时期的特点，或者只显示创作技巧，那么积累的文学趣味就会变味，或者枯竭。伟大的幽默者——生活，若让人品尝某种纯真情味的滋味，那种情味的盛宴的邀请函，就不用担心被退回。“十个月亮落在脚趾上哭泣”，写这行诗运用了诗歌技巧，但其中没有生活趣味，而下面的两行诗：

请用你头上的明亮色彩
染红我的乳罩——

我们从中获得生活的爱抚，这两行诗是可以愉快地接受的。

祝福你们的泰戈尔

圣蒂尼克坦

1941年4月15日中午